核心素养视角下基础教育英语听力教学策略研究

易 斌 著

吉林大学出版社
·长春·

图书在版编目（CIP）数据

核心素养视角下基础教育英语听力教学策略研究 / 易斌著 . -- 长春：吉林大学出版社，2025. 4. -- ISBN 978-7-5768-4901-1

I . G633.412

中国国家版本馆 CIP 数据核字第 2025CP5624 号

书　　名：	核心素养视角下基础教育英语听力教学策略研究
	HEXIN SUYANG SHIJIAO XIA JICHU JIAOYU YINGYU TINGLI JIAOXUE CELÜE YANJIU
作　　者：	易　斌
策划编辑：	李潇潇
责任编辑：	孙　琳
责任校对：	王亭懿
装帧设计：	寒　露
出版发行：	吉林大学出版社
社　　址：	长春市人民大街4059号
邮政编码：	130021
发行电话：	0431-89580036/58
网　　址：	http://www.jlup.com.cn
电子邮箱：	jldxcbs@sina.com
印　　刷：	定州启航印刷有限公司
开　　本：	710mm×1000mm　　16开
印　　张：	21.5
字　　数：	310千字
版　　次：	2025年4月第1版
印　　次：	2025年4月第1次
书　　号：	ISBN 978-7-5768-4901-1
定　　价：	98.00元

版权所有　　翻印必究

前　言

在经济全球化程度日益加深的今天，作为国际交流主要语言的英语的重要性日益彰显。随着信息技术（尤其是人工智能）的发展和社会需求的变化，英语教育面临着前所未有的挑战。特别是英语听力教学，更是承担着培养学生核心素养、跨文化交际能力以及增进国际理解的重要任务。在英语听说读写四项技能中，听力是最令学生苦恼和忧虑的问题之一，英语听力教学也是基础教育阶段最容易被忽视的方面之一。作为一种输入型技能，听力不仅跟口语息息相关（"听说不分家""输入是基础"），还对英语阅读和写作有重要的支撑和促进作用，尤其是在当前基础教育英语课程特别倡导核心素养培养的新时代背景下。然而，在实际教学过程中，英语听力教学仍存在思想上不够重视、教学时间有限、教学方法单一、材料选择不当、信息技术运用不足等诸多问题。这些问题不仅影响了学生的学习兴趣和效果，还制约了英语教学整体质量的提升。

本书旨在深入探讨在核心素养框架下的基础教育阶段英语听力教学的有效路径。全书以提高学生的英语听力水平为核心目标，围绕教学理念更新、教学策略创新、教学资源拓展、课程思政元素挖掘和信息技术融入等方面展开论述，力求为一线教师提供具有可操作性的指导建议，同时为教育管理者制定相关政策提供理论依据。

首先，本书从理论层面出发，剖析了核心素养和英语听力教学的概念，梳理了核心素养在英语听力教学中的体现；其次，从小学、初中、高中三个阶段分析了当前我国基础教育英语听力教学的特点与难点、目标与原则以及存在的主要问题及其成因；再次，结合核心素养培养的要求，提出了有效构建英语听力课堂的相应策略；最后，从核心素养视角，阐述了数字技术在英语听力教学中的应用。

希望本书能够成为广大英语教育工作者的一份有益的参考资料，激发更多人关于英语听力教学的思考与探索，以推动我国英语教育事业向前发展。同时，期待本书能吸引社会各界对英语听力教学的关注和支持，共同为中小学生营造更好的英语学习环境，助力他们成长为具有良好的英语综合运用能力和国际视野的新时代人才。

易斌

目 录

绪论 ·· 1

第一章 核心素养界定 ·· 12

第一节 核心素养的定义与特征 ·· 12

第二节 核心素养的国际比较与发展趋势 ·· 17

第三节 英语学科核心素养的构成与意义 ·· 32

第二章 英语听力教学概述 ·· 53

第一节 听力的内涵与功能 ·· 53

第二节 听力理解的认知要素与过程 ·· 58

第三节 听力教学的理论与模式 ·· 68

第四节 听力教学中的课程思政 ·· 89

第三章 核心素养在英语听力教学中的体现 ·· 102

第一节 英语听力教学中的语感能力 ·· 102

第二节 英语听力教学中的跨文化交际能力 ··································· 118

第三节 英语听力教学中的批判性思维 ··· 135

第四节 英语听力教学中的自主学习能力 ······································ 147

第四章 核心素养视角下小学英语听力教学策略 …… 170

第一节 小学英语听力教学的特点与难点 …… 170

第二节 小学英语听力教学的目标与原则 …… 181

第三节 小学英语听力教学的任务与策略 …… 188

第五章 核心素养视角下初中英语听力教学策略 …… 200

第一节 初中英语听力教学的特点与难点 …… 200

第二节 初中英语听力教学的目标与原则 …… 206

第三节 初中英语听力教学的任务与策略 …… 213

第六章 核心素养视角下高中英语听力教学策略 …… 224

第一节 高中英语听力教学的特点与难点 …… 224

第二节 高中英语听力教学的目标与原则 …… 231

第三节 高中英语听力教学的任务与策略 …… 238

第七章 核心素养视角下数字技术在英语听力教学中的应用策略 …… 277

第一节 多媒体材料在听力教学中的整合 …… 278

第二节 移动学习与个性化听力训练 …… 287

第三节 在线平台与虚拟现实技术的运用 …… 295

第四节 人工智能在英语听力教学中的应用 …… 308

参考文献 …… 317

绪论

基础教育课程承载着党的教育方针和教育思想，规定了教育目标和教育内容，是国家意志在教育领域的直接体现，在立德树人中发挥着关键作用。[①] 课程教材要发挥培根铸魂、启智增慧的作用，必须坚持马克思主义的指导地位，体现马克思主义中国化最新成果，体现中国和中华民族风格，体现党和国家对教育的基本要求，体现国家和民族基本价值观，体现人类文化知识积累和创新成果。[②]

《义务教育课程方案和课程标准（2022年版）》聚焦中国学生核心素养的发展，培养中国学生适应未来发展的正确价值观、必备品格和关键能力，对引导学生明确人生发展方向，成长为德智体美劳全面发展的社会主义建设者和接班人具有重要意义。实施新修订的课程方案和课程标准，需要深刻理解核心素养的课程意义与课程表达，进而促进课程标准转化为现实的课程实践。如何理解核心素养逐步进入课程教学实践层面的内在机制，系统把握聚焦核心素养的课程实践的根本原则，是实现核心素养课程转化所需澄清的重要问题。[③]

[①] 中华人民共和国教育部. 普通高中英语课程标准（2017年版2020年修订）[S]. 北京：人民教育出版社，2020：1.
[②] 中华人民共和国教育部. 义务教育英语课程标准（2022年版）[S]. 北京：北京师范大学出版社，2022：1.
[③] 屠莉娅. 从素养表达走向素养实践：聚焦核心素养的课程转化与行动要义[J]. 教育研究，2023，44（9）：86-96.

一、研究缘起

当前，世界正处于大发展大调整时期，并出现了多极化、经济全球化、信息化的发展趋势。作为一个和平发展的大国，中国肩负着重要的历史使命与国际责任。作为全球使用最广泛的语言之一，英语已成为国际交流、技术交流和文化交流的重要工具。学习和使用英语在吸收人类文明成果、借鉴国外先进科学技术、增进中国与世界的相互了解方面发挥着重要的作用。基础教育中的英语课程可以为提高我国的整体国民素质、培养具有创新和跨文化交际能力的人才、增强我国国际竞争力、提高公民的国际交际技能水平等奠定坚实的基础。

语言交际过程就是传递信息的过程。信息由说话人发送，通过声音载体为听话人所接受，从而完成了交际。交际效果不仅依赖发送信息的说话人的表达能力，还取决于交际末端的听话人所具有的听的能力。事实上，在所有的交际活动中，最基本的能力是听懂别人说话的能力，这是进行对话交流的基础。然而，中国学生在具备了相当的阅读能力后，往往会烦恼自己的听力远远不足以应对正常交际。

除了日常英语交流，听力作为一种语言测试，已广泛存在于中考、高考、大学英语四六级等考试之中。当前，如何激发学生的积极性，培养学生听力技能，提高学生的听力理解水平，促进学生听力素质的全面提高是值得广大英语教师探讨的问题。在包含听、说、读、写四项技能的英语教学中，听力教学占有极其重要的地位。本研究主要源于以下几点考量。

（一）国际化趋势与英语的重要性

在经济全球化的背景下，英语已成为最重要的国际交流语言之一。掌握英语技能对于个人未来的学习、工作乃至生活都有着至关重要的意义。

（二）英语核心素养的提出

近年来，中国教育部提出了"核心素养"这一概念，强调培养学生在现代社会中所需要的关键能力与重要品质。"从本质上说，关注学生的核心素养，就是关注'培养什么人'这一根本问题。在未来的英语课程和教学改革中，培养和发展学生的核心素养，始终处于学校教育的中心地位，是基础教育英语课程能否将立德树人根本任务真正落到实处的关键，其重要性再怎么强调都不为过。"[①]英语学科核心素养一般包括语言能力、学习能力、文化意识、思维品质等四个方面，这要求英语教学不仅要关注语言知识的传授，还要注重学生综合能力的培养，尤其是文化意识和批判性思维的培养。

（三）听力技能的重要性

听力是英语学习中的基本技能之一，它不仅是语言交际的重要组成部分，还是获取信息、理解文化和进行有效沟通的基础。良好的听力能帮助学生更好地理解和运用英语，提高学生跨文化交流的能力。

（四）当前听力教学存在的问题

尽管听力教学在英语教学中的重要性被广泛认可，但听力的实际教学仍存在着一些问题，如教材和资源的选择不够合理、教学方法单一、缺乏有效的评价手段等。这些问题限制了学生听力的有效发展。

（五）教育改革的要求

随着新课程标准的实施和考试制度改革的推进，英语听力教学面临着新的挑战和机遇。教育部门和学校需要探索更有效的听力教学策略以

[①] 梅德明，王蔷. 义务教育英语课程标准（2022年版）解读[M]. 北京：北京师范大学出版社，2022：45.

适应这些变化，帮助学生更好地掌握英语听力。

为了应对上述挑战，学术界和教育工作者需要深入研究如何在核心素养的框架下改进英语听力教学。这包括但不限于听力材料的选择、教学方法的设计、学生学习策略的培养等方面。

二、研究意义

基础教育阶段的英语课程对学生未来的发展具有十分重要的意义。学习英语不仅能帮助他们更好地了解世界，学习先进的科学文化知识，传播中国文化，增进他们与其他国家年轻人的相互交流和理解，还能为他们提供更多教育与职业发展的机会。学习英语可以帮助他们形成开放包容的性格，培养他们跨文化交流的意识与能力，促进学生思维的发展，帮助学生形成正确的世界观、人生观、价值观及良好的人文素养。学习英语能够为学生未来参与知识创新和科技创新做好准备，也能为他们未来更好地适应世界多极化、经济全球化以及信息化等发展趋势奠定坚实的基础[1]。

新时代学生学习英语肩负着讲好中国故事、向世界传递中国声音的历史使命，因此，核心素养视角下基础教育英语听力教学策略研究对提高学生的跨文化交际能力和传播中华优秀传统文化具有多重重要意义。

（一）理论意义

一方面，整合现有的研究成果和实践经验，为英语听力教学构建一个系统性的理论框架，有助于加深教师对听力教学过程的理解。它将帮助教师理解听力教学与其他语言技能之间的相互作用，以及它们如何共同促进学生的全面发展。另一方面，可以进一步丰富和完善英语教学领域的理论体系，特别是关于听力教学的部分，为后续的研究提供参考和

---

[1] 中华人民共和国教育部.义务教育英语课程标准（2022年版）[S].北京：北京师范大学出版社，2022：1.

支持。在核心素养的理念下，本研究能够揭示听力教学是如何与语言能力、文化意识、思维品质及学习能力等核心素养相辅相成、相得益彰的。

（二）实践意义

本研究提供的具体策略可以被直接应用于课堂教学，帮助教师设计听力教学活动。通过实证研究和案例分析，本研究可以为一线教师提供具体的教学建议和启示，有助于提高他们的教学效果。本研究强调听力教学对学生核心素养发展的促进作用，有助于激发学生的学习兴趣，提高他们的语言综合运用能力。研究成果可以帮助学生建立有效的学习策略，提高他们自主学习的能力，从而使他们更好地适应未来社会。同时，在教育改革的大背景下，本研究可以为政策制定者提供提高英语听力教学效果的重要参考依据，推动英语课程的持续改进和发展。

（三）社会意义

在经济全球化的发展背景下，英语听力成了个人竞争力的重要组成部分。核心素养理念下的英语听力教学不仅仅是对语言技能的训练，还包括对情感态度、价值观等的培养。在经济全球化的背景下，具备较高的英语听力水平可以使学生更好地理解不同文化背景下不同的表达方式，促进跨文化的沟通与理解，开阔学生视野，有助于培养具备国际视野的人才，促进国际交流，增强国家的国际竞争力。尤其是本研究响应了"一带一路"倡议等国家战略需求，可以通过提高英语听力教学的质量，为中国学生参与国际合作打下坚实的语言基础。随着国际交往的日益频繁，掌握英语听力技能的学生将能够在更广泛的领域发挥作用，为国家在不同领域做出更大的贡献。

随着教育评价体系的改革，英语听力测试的形式和内容也在发生变化。关于英语听力教学策略的研究可以帮助学生更好地应对这些变化，提高应试能力。

三、研究目的

2014年3月，教育部发布了《教育部关于全面深化课程改革落实立德树人根本任务的意见》提出了"核心素养"这一重要概念，要求将研制与构建学生核心素养体系作为推进课程改革深化发展的关键环节。核心素养概念的提出，旨在充分体现和发挥英语学科的育人功能，落实立德树人的根本任务，是我国顺应世界教育改革发展潮流，从国家战略的高度，为新世纪教育改革确立的发展方向。围绕英语核心素养来设计和实施英语课程，必定会成为我国英语教育改革的一个里程碑[1]。只有抓住学科核心素养，才能抓住学科教育的根本[2]。

2023年5月，教育部办公厅印发《基础教育课程教学改革深化行动方案》，指出要以习近平新时代中国特色社会主义思想为指导，坚持为党育人、为国育才，全面贯彻党的教育方针，落实立德树人根本任务，发展素质教育，促进教育公平。深化课程教学改革，加强机制创新，指导、发动各地和学校深化育人关键环节和重点领域改革，更新教育理念，转变育人方式，坚决扭转片面应试教育倾向，切实提高育人水平，促进学生德智体美劳全面发展。针对这一要求，各部门要同心协力促进教师教学行为和学生学习方式发生深刻变化，改革创新教与学的方式，形成基础教育课程教学改革新气象[3]。

在新时代背景下，核心素养成了基础教育的重要导向。核心素养不仅仅指学科知识本身，更是学生在面对未知情境时运用所学知识解决问题的能力。对于英语听力教学而言，这意味着不仅要教授学生理解英语

---

[1] 程晓堂，赵思奇.英语学科核心素养的实质内涵[J].课程·教材·教法，2016，36（5）：79-86.

[2] 余文森.从三维目标走向核心素养[J].华东师范大学学报（教育科学版），2016，34（1）：11-13.

[3] 罗永华，阳程.核心素养导向下的高中英语深度教学评价指标体系的建构[J].课程·教材·教法，2024，44（3）：126-133.

口语的基本技巧，还要培养他们的批判性思维、跨文化交际能力等多方面的综合能力。

新时代核心素养视角下的英语听力教学策略研究旨在响应基础教育课程改革的号召，通过探索基础教育英语听力教学的改革路径，找寻科学合理的教学策略和方法，不仅要提高中小学生的英语听力，还要促进其核心素养的全面发展，以适应新时代和社会发展的需求。核心素养不仅包括学科知识，还涉及学生在复杂情境中解决问题的能力、批判性思维、创新能力、合作精神，以及跨文化交际能力等多个方面的素质。基础教育英语听力教学在提高学生英语整体水平和语言能力方面任重道远，具体来说研究目的有以下几点。

（一）培养学生的英语综合运用能力

实施有效的听力教学策略，帮助学生提高英语听力水平，从而更好地理解和运用英语。英语作为一门国际语言，在全球化时代尤为重要。良好的英语听力可以让学生在学术交流、职场沟通等方面更具竞争力。

（二）发展学生的批判性思维与跨文化交际能力

丰富听力材料和实践活动形式，培养学生在听取不同观点时的批判性思维和跨文化理解能力。在文化多元的社会中，批判性思维和跨文化交际能力对学生来说至关重要，它们可以帮助学生更好地融入社会并参与国际合作。

（三）促进学生的自主学习与终身学习

教师应通过引导学生运用元认知策略，如自我监控、计划制订等，培养他们的自主学习能力。随着信息时代的到来，终身学习成为必需品。具备自主学习能力的学生能够更好地适应快速变化的社会环境。

（四）提升教师的专业发展与教学效能

研究和推广有效的听力教学策略，支持教师的专业成长，提高课堂教学的质量和效率。教师是教育改革的关键执行者。提高教师的教学技能不仅能提升学生的学习体验，还能促进整个教育体系的发展。

（五）适应新高考要求与评价标准

教师应根据新高考的改革方向，调整听力教学策略，确保学生能够达到新的评价标准。高考是选拔性考试，其评价标准的变化直接影响着教学的方向和重点。适应新高考要求可以帮助学生更好地准备考试。

（六）增强学生的情感态度与价值观

教师应通过积极的教学活动，培养学生积极的情感态度，增强其对英语学习的兴趣和动机。学生的情感状态直接影响学习效果。积极的态度有助于激发学生的学习热情，促进其全面发展。

（七）推动教育公平与均衡发展

通过研究适用于不同地区、不同学校条件的听力教学策略，促进教育资源的公平分配。教育公平是实现社会公平的重要途径。确保所有学生都有机会接受高质量的英语教育有助于缩小城乡和地区之间的差距。

四、研究要面临的问题与挑战

在新时代核心素养视角下，对基础教育英语听力教学策略的研究面临着一系列问题和挑战。这些问题不仅涉及教学方法和技术的应用，还关系着学生能力的培养和教师的专业发展。

（一）学生个体差异显著

学生之间存在显著的个体差异，包括年龄、性别、兴趣、学习风格和英语水平等方面的不同。这些差异可能导致某些学生在听力理解方面遇到困难，而现有的教学策略可能无法满足所有学生的需求。

（二）教材与资源不足

当前的教材和资源无法充分反映真实世界中的英语使用情况，缺乏多样性和现实感。这限制了学生对英语的实际应用场景的理解，降低了听力教学的有效性。

（三）教学方法单一

许多教师仍然依赖传统的教学方法，如播放录音和布置听力练习题。单一的教学方法可能无法激发学生的兴趣，也无法有效提高学生的听力。

（四）技术应用不充分

尽管技术工具（如多媒体、互联网资源等）可以极大地丰富教学内容和形式，但很多学校和教师并未充分利用这些资源。技术应用的不充分导致教学手段落后，难以给学生带来生动有趣的学习体验。

（五）评价体系不够全面

目前的评价体系往往侧重于应试技能，而忽视了学生在实际生活中的英语运用能力。这种评价方式可能会模糊教学重点，使学生缺乏真正的语言交流能力。

（六）教师专业发展不足

教师可能缺乏必要的培训和支持来实施有效的听力教学策略。教师的专业能力直接影响着教学质量，缺乏持续的专业发展会导致教学方法陈旧。

（七）文化意识和跨文化交际能力的缺失

在英语听力教学中，教师往往忽略了文化背景的重要性，导致学生难以理解语言背后的文化含义。课堂教学文化是一种"隐形课程"，对学生核心素养的培养具有先导性和全方位的影响[①]。缺乏文化意识和跨文化交际能力会影响学生在国际交流中的表现。

（八）学习动机与兴趣的缺失

如何有效地激发学生的学习兴趣和动机是一个不容忽视的问题。缺乏兴趣和动机的学生可能难以积极参与听力训练，这会进一步阻碍其听力的提升。

总之，英语听力教学必须坚持以习近平新时代中国特色社会主义思想为指导，全面贯彻党的教育方针，遵循教育教学规律，落实立德树人根本任务，发展素质教育，反映时代特征，努力构建具有中国特色、世界水准的基础教育课程体系。聚焦中国学生发展核心素养，培养学生适应未来发展的正确价值观、必备品格和关键能力，引导学生明确人生发展方向，让学生成长为德智体美劳全面发展的社会主义建设者和接班人[②]。

五、全书内容与结构

本书由绪论和七章内容构成。

绪论部分主要论及研究背景和意义、研究目的与问题及全书内容与结构安排。

第一章是对核心素养的界定。本章对核心素养的定义与特征、核心

[①] 桑国元，叶碧欣，黄嘉莉，等.构建指向中国学生发展核心素养的项目式学习标准模型[J].中国远程教育，2023，43（6）：49-55.
[②] 中华人民共和国教育部.义务教育英语课程标准（2022年版）[S].北京：北京师范大学出版社，2022：1-2.

素养的国际比较与发展趋势进行了分析，对发展中国学生核心素养体系进行了解读，介绍了英语学科核心素养的内涵与目标、学段特征与水平划分以及培养核心素养的意义，并探讨了新课程英语听力教学所需的教师素养和教师角色。

第二章是对英语听力教学的概述。通过对听力的内涵与功能、听力理解的认知要素与认知过程的分析，揭示听力理解的本质与特征，并在此基础上总结了影响听力理解的三种主要因素，即语言障碍因素（语音、词汇和语法）、心理状态因素和认知策略因素。介绍了听力教学的理论与听前、听中、听后三阶段的教学模式，明确了听力教学的地位与原则，分析了听力教学中的困难与对策。同时，围绕核心素养的培养，探讨了英语听力教学中如何开展课程思政教育，以落实立德树人的根本任务。

第三章的主要内容是核心素养在英语听力教学中的体现。围绕语言能力、文化意识、思维品质和学习能力四种核心要素，从英语听力教学中的语感能力、英语听力教学中的跨文化交际能力、英语听力教学中的批判性思维、英语听力教学中的自主学习能力四个方面，论证了英语听力教学中核心素养的表现形式以及培养核心素养的重要意义和方法。

第四、五、六章分别是核心素养视角下小学英语、初中英语和高中英语的听力教学策略研究。这三章从基础教育的三个不同阶段，结合对义务教育英语课程标准和高中英语课程标准的解读，分析了各阶段英语听力教学的特点与难点。同时，基于各阶段学生的年龄特点，提出了英语听力教学的目标与原则、任务与策略，并介绍了可以提升学生英语听力理解能力的具体活动和教学案例。

第七章是核心素养视角下数字技术在英语听力教学中的应用策略。本章从多媒体材料在听力教学中的整合、移动学习与个性化听力训练、在线平台与虚拟现实技术的应用、人工智能在英语听力教学中的应用四个方面分析了数字技术赋能英语听力教学的必要性、意义与要求，并提出了相应的应用策略。

第一章 核心素养界定

21世纪的教育需求已从"有学上"转为"上好学",必须围绕"培养什么人、怎样培养人、为谁培养人"的根本问题,明确培养有理想、有本领、有担当的时代新人的培养要求。核心素养是学生在接受相应学段教育的过程中,逐步形成的适应个人终身发展和社会发展需要的正确价值观、必备品格和关键能力。培养学生的核心素养,是落实立德树人根本任务的有效途径和重要举措[1]。

第一节 核心素养的定义与特征

一、核心素养的定义

素养通常指的是一个人在知识、技能、态度和价值观等方面的综合能力和品质。它可以指个人在某个特定领域的专业能力,也可以是跨领域的通用能力。

在不同的领域和语境中,"素养"一词可能会有不同的侧重。例如:公民素养强调的是一个人作为社会成员而应该具备的知识、技能、态度等,如法律意识、社会责任感等。信息素养指的是有效地寻找、评价、使用和创造信息的能力。数字素养是在数字化环境中识别、理解和使用

---

[1] 梅德明,王蔷. 义务教育英语课程标准(2022年版)解读[M]. 北京:北京师范大学出版社,2022:43.

信息的能力。文化素养强调对不同文化的艺术、历史和社会习俗等的了解和欣赏。科学素养强调理解基本的科学原理和技术，并能批判性地分析科学问题。健康素养则是指了解健康信息和服务，并做出正确决策的能力。

在中国语境下，素养是一种道德性地运用知识解决复杂问题的能力，也是生命个体品质与气质的完整体现[1]。素养不仅仅是知识的积累，更是运用这些知识来解决问题、进行创新以及与他人有效沟通的能力。在现代社会中，培养良好的素养对于个人发展和社会进步都具有重要意义。

核心素养（core literacy）最初是由经济合作与发展组织（organization for economic cooperation and development，OECD）在"素养的界定与遴选：理论和概念基础"基础教育（definition and selection of competencies: theoretical and conceptual foundations, DeSeCo）项目中提出的，强调社会愿景与个人生活需求之间的关系，力图通过教育实现个人成功生活与社会健全发展双赢的局面[2]。DeSeCo 项目把适应当今信息化、经济全球化发展趋势及新技术革命的要求与挑战，以及使学生个人生活成功及社会健全发展，作为关注核心素养的出发点。DeSeCo 项目在界定核心素养的含义时，特别强调以下两点。第一，核心素养是指能够应对复杂情境中的工作要求并成功开展工作的能力；核心素养是行动和情境导向的，即侧重于从具体生活情境中成功行动的角度界定素养概念和确定素养类型。第二，核心素养是比知识、技能更宽泛的概念，它是成功行动或工作所需要的各种素质要素（如知识、技能、态度等）的集合体[3]。

作为一个教育术语，核心素养指的是为了适应终身发展和社会发展

---

[1] 桑国元，叶碧欣，黄嘉莉，等.构建指向中国学生发展核心素养的项目式学习标准模型[J].中国远程教育，2023，43（6）：49-55.

[2] 杨媛媛.基于核心素养的基础教育阶段英语课程政策实施研究[D].上海外国语大学，2021：2.

[3] 陈佑清，胡金玲.核心素养导向的课程与教学改革的特质：基于核心素养特性及其学习机制的理解[J].课程·教材·教法，2022，42（10）：12-19.

需要，个体应具备的品格和关键能力。这个概念在全球范围内被广泛讨论，并在不同国家和地区的教育政策中有所体现，尤其是自21世纪初以来，随着社会经济的快速发展和科技的不断进步，教育界开始重视培养学生的综合能力和适应力。核心素养强调的是学生通过教育所获得的综合能力和品质，而不仅仅是对学科知识的掌握。这些能力和品质使个体能够在不同的生活领域中表现出色，包括个人发展、社会参与和职业成功。核心素养通常包含以下几大维度。

第一，文化基础，涉及人文底蕴和科学精神，即理解和尊重人类文化遗产，以及掌握科学研究的方法和态度。

第二，自主发展，包括学会学习和健康生活的素养，意味着个体能够自我管理和自我提升，同时保持身心健康。

第三，社会参与，涵盖责任担当和实践创新，即具备公民意识，能够承担责任，并在实践中展现创新精神。

在中国的教育体系中，核心素养可以具体细化为以下六个大的方面：一是人文底蕴，包括历史、文学、艺术等方面的文化积淀与人文关怀；二是科学精神，指的是理性思维、求真务实的态度与科学探究的能力；三是学会学习，指的是自主学习、终身学习的习惯与能力；四是健康生活，指保持身心健康、进行生活方式的合理选择和管理的能力；五是责任担当，涉及社会责任感、公民意识和道德行为；六是实践创新，指解决问题、创造性思考和动手实践的能力。

对核心素养的培养，有助于个人形成全面发展的个性，提高解决问题和适应变化的能力；对于社会而言，它有助于培养有创造力、有责任感的公民，增强国家的竞争力和创新能力。因此，培养核心素养的教育不仅是对学生个体成长的促进，还是对整个社会未来发展的重要投资。

总之，培养核心素养是一种超越单一学科知识，强调综合能力和品格的教育理念，旨在培养能够适应未来社会挑战的全面发展的个体。

二、核心素养的特征

核心素养是对"教育要培养什么样的人"这一基本问题的再度追问和应答，体现了基础教育课程教学改革从知识本位向以育人为本而发展的趋势[1]。核心素养作为21世纪教育的核心概念，其特征主要体现在以下几个方面。

（一）综合性与跨学科性

核心素养不是孤立的技能或知识点，而是多个领域的知识和能力的综合，要求学生能够跨越传统学科界限，运用综合性的思维方式来解决问题。例如，批判性思维不仅涉及逻辑推理，还可能包括历史、社会学、科学等多个领域的知识的应用。

（二）实践导向与情境关联

核心素养强调在真实情境中的应用，而非仅仅停留在理论层面的理念。这意味着学生需要将所学应用于解决实际问题的过程中，如教师可以通过项目式学习、实地考察等方式，让学生在具体情境中锻炼本领，提高解决实际问题的能力。

（三）持续发展与终身学习

核心素养关注个体的长期发展，强调终身学习的重要性。在快速变化的社会环境中，个人需要不断更新知识和技能，以适应新的挑战。核心素养的培养应该贯穿于个体的整个生命历程，而不仅仅是学校教育阶段。

---

[1] 杨惠雯.观照核心素养的人本价值：基于布鲁纳两种思维模式的反思与启示[J].全球教育展望，2023，52（8）：30-44.

（四）适应性和灵活性

核心素养要求个体具备高度的适应性和灵活性，能够应对各种不确定性事件和变化。这包括快速学习新技能、调整策略、接受反馈并作出改进的能力。在不断变化的工作环境和社会环境中，这种适应性尤为重要。

（五）社会与情感智力

除了认知技能外，核心素养还包括社交技能和情感智力，如团队合作能力、沟通能力、同理心、自我管理能力等。这些能力可以帮助个体建立良好的人际关系，有效参与社会活动，促进个人与集体的和谐发展。

（六）伦理与公民责任

核心素养还强调道德和伦理价值，以及作为公民的责任感。这包括对多样性的尊重、对公平正义的追求以及环境保护意识等。社会责任感是核心素养的重要组成部分。

（七）创新与创造力

在知识经济时代，创新和创造力是推动社会进步的关键力量。核心素养强调培养学生的创新思维，鼓励他们提出原创想法，设计新颖的解决方案，以及形成勇于尝试和接受失败的态度。

（八）技术素养与信息处理能力

随着数字技术的普及，技术素养和信息处理能力成为现代核心素养的重要组成部分。这不仅包括使用技术工具的基本技能，还涵盖了对信息的甄别、分析和利用能力，以及对网络安全和隐私保护的理解。

这些特征体现了教育理念从单一的知识传授向全面能力培养的转变，

强调个体在知识、技能、态度和价值观等方面的综合发展，以使学生适应具有多元化需求的现代社会。

第二节　核心素养的国际比较与发展趋势

作为个体在知识经济时代面对复杂多变的社会生活和工作环境所必须具备的关键能力和品质，核心素养的概念一经提出，就在国际上受到了广泛关注。不同国家和地区基于自己的教育目标和社会发展需求，对核心素养的内涵和培养方式有不同的理解和实践。核心素养的国际比较与发展趋势是一个广泛而深入的议题，涉及教育理念、政策制定、课程设计、教学实践和评价体系等多个层面。

一、核心素养的国际比较

（一）定义与框架

自20世纪90年代起，世界主要国家和国际组织先后开展了核心素养研究项目，对21世纪学生应具备哪些核心素养进行探讨和研制。代表性的核心素养框架包括经济合作与发展组织的核心素养框架、欧盟核心素养框架（council recommendation on key competences for lifelong learning）、美国核心素养框架（framework for 21st century learning）。2016年，中国发布了学生发展核心素养总体框架及基本内涵。

在西方国家和国际组织的研究中，核心素养通常被定义为关键能力或胜任力。例如，经济合作与发展组织将素养界定为在特定情境中调动知识、技能、态度和价值观等以满足复杂要求的能力。成为"核心素养"需要满足三个条件：一是能对社会和个人产生有价值的结果；二是有助于个人在多种情境下满足重要的、复杂的需求或应对这样的挑战；三是对所有人都很重要。欧盟延续了经合组织的定义，将核心素养界定为技能、知识、能力和态度的组合，突出了核心素养促进个体成为主动的公民、融入社会和成功就业的功能。美国因应劳动力市场和高科技商业领域的发展需求，提出学生应具备批判性思维、问题解决能力、创造力和其他21世纪技能。美国国家研究理事会提出，21世纪素养属于"专长"（expertise）范畴，"专长"指"可迁移的知能"，意味着多种类型知识和技能的协调发展，"素养"术语反映了技能和知识相互交织的观点。有学者总结了不同国家和地区的核心素养框架，提出具有世界共识的核心素养要素，即协作（collaboration）、沟通（communication）、创造性（creativity）和批判性思维（critical thinking），这就是著名的4C核心素养[①]。

2016年9月，由北京师范大学研制的"中国学生发展核心素养体系"正式发布。该体系以培养"全面发展的人"为核心，包括文化基础、自主发展、社会参与三个方面，共有人文底蕴、科学精神、学会学习、健康生活、责任担当、实践创新六大核心素养，以及十八个基本要点。我国最早出现"核心素养"术语的国家文件《教育部关于全面深化课程改革落实立德树人根本任务的意见》中提出："研究制订学生发展核心素养体系。要根据学生的成长规律和社会对人才的需求，把对学生德智体美全面发展总体要求和社会主义核心价值观的有关内容具体化、细化，深入回答'培养什么人、怎样培养人'的问题。"因此，有别于西方国家和国际组织的研究思路，我国研制核心素养的逻辑起点是培养全面发展的人和贯彻社会主义核心价值观的总体要求，立足于实现育人这一教育本体功能。在2016年发布的《中国学生发展核心素养》总体框架中，核心素养被界定为"学生应具备的，能够适应终身发展和社会发展需要的必

---

① 刘婧鞞，刘一萌，顾小清.指向核心素养的智能化深度学习系统框架[J].开放教育研究，2023，29（6）：112-120.

备品格和关键能力"[①]。

中西方核心素养定义思路的差别,实际上源于核心素养在国内外教育体系中功能定位的差异。在西方语境下,核心素养通常被定义为一种关键能力,被定位于学生的学习结果,是对知识、技能、能力等传统学习结果的改进。我国对核心素养的界定是以育人理念为基础的,在关键能力的基础上加入了道德要素,强化了核心素养作为培养目标的价值导向功能,预设了核心素养的人本价值定位。核心素养作为育人目标的定位及其价值导向功能始终被置于基础和优先地位。各国尽管对"核心素养"的定义有差异,但普遍强调个体在知识、技能、态度和价值观上的全面发展,以适应快速变化的社会和经济需求。例如,经济合作与发展组织提出了"PISA 核心素养"概念(阅读、数学、科学和解决问题能力),而联合国教科文组织(UNESCO)则强调对"可转移技能""社会与情感技能"及"可持续发展素养"的培养。

(二)教育体系

各国在教育体系中融入核心素养的方式各不相同。欧盟《终身学习核心素养:欧洲参考框架》强调八项关键能力,包括母语沟通能力、外语沟通能力、数学与科学能力、技术能力、信息处理能力、学习能力、社会和公民能力、创业能力,以及艺术与文化能力。欧盟强调这些能力对促进个人发展和社会参与至关重要;新加坡则在"21 世纪核心素养与学生学习成果框架图"中将核心素养分为社交情感能力、信息通信技术能力、公民素养、全球意识和跨文化沟通能力等,突出了创新、批判性思维和全球意识;美国重视创新和批判性思维,将 21 世纪技能分为"学习与创新技能"(如批判性思维与问题解决能力)以及"信息、媒体和技术技能"等三大类。美国更倾向于通过 STEM(science technology

---

[①] 杨惠雯. 观照核心素养的人本价值:基于布鲁纳两种思维模式的反思与启示[J]. 全球教育展望,2023,52(8):30-44.

engineering mathematics，科学、技术、工程和数学）教育和全人教育来培养学生的核心素养。如前所述，而中国提出的发展核心素养的方针，包括三个方面和六大素养。

（三）教学与评价

在教学方面，国际上趋向于采用情境化、项目式学习和基于问题的学习，以促进学生核心素养的发展。在评价方面，越来越多的国家采用形成性评价和表现性评价，除了传统的纸笔测试，还注重评价学生的实际操作能力、团队合作能力和创新能力。

中国学生核心素养的培养紧密围绕着立德树人的根本要求，坚持以人为本的原则，遵循学生身心发展与教育的客观规律，注重理论支持与实证证据。因此，与其他国家及地区的核心素养相比，中国学生核心素养的发展植根于中华民族文化史的肥沃土壤，系统地反映了中国特色社会主义核心价值观的基本要求，明确以民族认同为基点，突出了尊老爱幼、爱党爱民、追求中国特色社会主义共同理想等鲜明品质，突出了中国特色。中国学生发展核心素养框架具有适应"互联网+"潮流、理解人类命运共同体内涵与价值、体现新时代人才培养要求等具有鲜明时代性的内容特点，彰显了时代特征。中国学生发展核心素养系统体现了德智体美劳诸方面的基本要求，素养内涵的界定坚持必备品格与关键能力的有机统一，每种素养既具有品格属性，又有能力特征，强调了整体要求[①]。

二、核心素养的发展趋势

核心素养也被称为"21世纪素养"。它是人在适应知识社会和信息时代，解决各种复杂问题及应对不可预测情境时所需要的高级能力，是对农业与工业时代"基本技能"的发展和超越，其核心是创造性思考

---

① 林崇德.中国学生发展核心素养：深入回答"立什么德、树什么人"[J].人民教育，2016（19）：14-16.

能力与复杂交往能力。核心素养具有时代性、综合性、跨领域性与复杂性[1]。

（一）综合视角

核心素养的研究正从单一学科领域向跨学科、综合素养的培养转变，强调知识与技能的整合应用，以及情感、社会和道德维度的全面发展。核心素养的培养越来越强调跨学科融合和综合能力的整合，重视在真实情境中解决问题的能力。

（二）个性化与包容性

核心素养的培养不仅关注个人的学术成就和职业技能，还强调社会参与、团队合作、公民意识等社会能力的培养。随着教育技术的进步，个性化学习成为可能，可以更好地满足不同学生的需求和学习风格，确保每个学生都能发展其核心素养。同时，教育公平和包容性成为核心素养教育的重要组成部分，应当力求消除教育差距。

（三）重视数字素养与信息处理

随着信息技术的发展，信息处理能力、数字素养成为核心素养的重要组成部分，与传统的阅读、写作、算术能力并列。在数字化时代，数字素养包括信息筛选、网络安全、数据分析和数字伦理等，是应对信息爆炸和人工智能挑战的重要武器。

（四）可持续发展与全球公民

核心素养的培养既要考虑经济全球化发展的趋势，又要兼顾本土文化的传承和发展，培养具有国际视野和本土情怀的人才。面对全球性挑战，如气候变化、资源管理和社会公正，培养学生的可持续发展意识和

---

[1] 张华.论核心素养的内涵[J].全球教育展望，2016，45（4）：10-24.

全球公民责任感变得尤为重要。这要求教育内容涵盖环保、社会责任和多元文化理解等各个方面。

（五）终身学习

在知识快速更新的今天，终身学习的理念被强化，核心素养中学会学习、自我更新的能力变得尤为重要。核心素养的培养不再局限于基础教育阶段，而是贯穿于个人的终身学习过程中，强调学习能力的培养，使个体能够适应职业生涯和个人生活中的变化。

总之，通过国际比较和发展趋势的分析，人们可以看到，核心素养的提出和培养是教育改革和人才培养模式创新的重要内容。核心素养的国际比较揭示了全球范围内各国在教育目标和方法上的共识与差异，而其发展趋势则体现了教育界应对21世纪挑战时的前瞻性和适应性。各国都在根据自己的国情和教育目标，积极探索和实践，不断调整和完善核心素养的内涵和培养策略，以期通过教育培养出能够适应未来社会需求的人才、能够成功应对未来挑战并促进社会进步和全球和谐的公民。

三、中国学生发展核心素养体系解读

中国学生发展核心素养体系是中国教育改革与发展的重要组成部分，建立这一体系旨在明确21世纪中国学生应具备哪些关键能力和品格，引导教育实践，促进学生的全面发展，以满足终身发展和社会进步的需要。该体系结合了中国的国情和教育传统，同时吸收了国际教育的发展趋势，体现了对未来社会所需人才的预判和培养方向。这一体系的构建，是对传统教育理念和模式的深刻反思与超越，强调培养全面发展的人才，提高国家整体教育质量和国际竞争力。

中国学生发展核心素养体系分为文化基础、自主发展、社会参与三个维度，综合表现为人文底蕴、科学精神、学会学习、健康生活、责任担当、实践创新六大素养，其核心是培养"全面发展的人"，具体内容如图1-1所示。

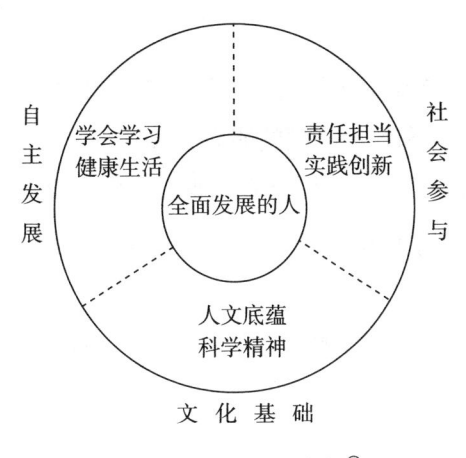

图 1-1　全面发展的人[①]

（一）体系构建原则

中国学生发展核心素养体系是教育部门为了适应新时代对人才的需求而提出的一个重要概念。该体系旨在培养学生的综合素质，使其具备适应未来社会发展的能力。中国学生发展核心素养体系的构建体现了以下四个原则。

1. 科学性原则

构建中国学生发展核心素养体系的科学性原则体现在多个维度上，旨在确保教育内容与方法既符合现代社会的实际需求，又能促进学生的全面发展和个人潜能的最大化发挥。科学性原则具体包括以下几个方面。

一是基于实证研究。构建过程中注重教育科学研究成果的应用，参考国内外教育领域的研究成果，确保教育内容的科学性和有效性。

二是遵循学生身心发展规律。该体系考虑了不同年龄段学生的认知、情感和社会发展特征，确保教育活动与学生的成长阶段相匹配，可以促进其身心健康发展。

三是兼顾国际视野与本土特色。在吸收国际先进教育理念的同时，结合中国的历史文化和社会实际情况，使教育内容既有国际通用性又有

---

① 核心素养研究课题组. 中国学生发展核心素养[J]. 中国教育学刊，2016（10）：1-3.

中国特色。

四是融合多学科知识。强调跨学科的知识整合与应用，促进学生形成综合性的思维方式和解决问题的能力。

五是注重实践操作与创新能力。通过实践活动和社会实践等方式，增强学生的动手能力和创新意识，使理论知识的学习与实际操作紧密结合。

六是关注个体差异与个性化发展。尊重学生的个性差异，提供多样化的学习资源和发展路径，帮助每个学生找到适合自己的发展方向。

七是强化评价机制：建立健全的评价体系，不仅评价学生的学术成就，还关注他们的非认知能力，如合作能力、责任感等，确保评价的全面性和客观性。

2. 时代性原则

构建中国学生发展核心素养体系的时代性原则，强调教育内容与方法应与时俱进，既要反映当前社会经济、科技及文化发展的最新趋势，又要前瞻未来社会对人才的新要求，顺应时代发展，特别是在经济全球化、时代信息化的背景下，注重培养学生的创新意识、信息素养和国际视野。这一原则要求教育体系不仅要传授基础知识和技能，还要让学生具备批判性思维、创新能力、信息技术应用能力以及跨文化交流能力等可使自身适应未来社会变化的关键能力，以确保学生能够在经济全球化背景下具备竞争力，并能积极应对未来的挑战和机遇。

3. 民族性原则

构建中国学生发展核心素养体系的民族性原则强调在培养学生的综合素质时，要充分考虑和体现中华民族的文化传统、价值观念和社会实践特点，尊重并弘扬中华民族优秀传统文化，培养学生的文化自信和民族认同感。这意味着教育内容不仅要传播现代科学知识和技术，还要融入中华优秀传统文化的精神内涵，培养学生对中国历史文化的认同感和自豪感，同时增强其社会责任感和国家意识，使之成为既有国际视野又深植于本国文化土壤的现代公民。

4. 全面发展原则

构建中国学生发展核心素养体系的全面发展原则，强调在教育过程中要全面关注学生的身心发展，不仅要注重知识技能的传授，更要促进学生在道德品质、身心健康、创新能力、社会实践能力等方面的均衡发展。这一原则旨在通过多元化和个性化的教育方式，激发学生的内在潜能，培养他们成为具有人文底蕴、科学精神、学会学习、健康生活、责任担当、实践创新等六大方面核心素养的德、智、体、美、劳全面发展的人，不仅关注学业成就，还重视身心健康、社会交往和道德情操的培养。

（二）核心素养框架

"核心素养"由"文化基础、自主发展、社会参与"三个方面作为主体架构，具体层级如图 1-2 所示。这一框架是指导教育教学改革以及制定人才培养目标的纲领性文件，其宗旨是以培养"全面发展的人"为核心，目的是提升 21 世纪我国公民的适应能力及人才的核心竞争力。

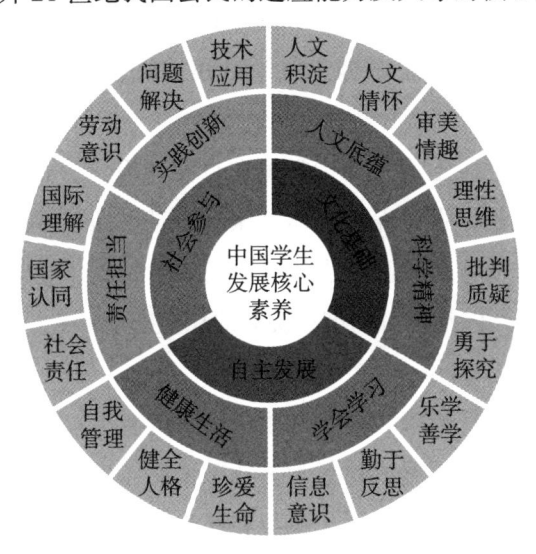

图 1-2 中国学生发展核心素养[①]

---

① 安丰存，王铭玉. 新时代外语学科核心素养建构：价值意蕴、内涵维度与实施路径[J]. 外语研究，2024，41（3）：57-63.

1. 文化基础

人文底蕴：人文底蕴主要指学生在学习、理解、运用人文领域的知识与技能的过程中所形成的基本能力、情感态度以及价值取向。人文底蕴包括语言表达、文学欣赏、历史知识、哲学思考等方面，强调对中华优秀传统文化的学习与传承，以及对多元文化的理解和尊重，以培养具有人文关怀和社会责任感的人。

科学精神：科学精神主要指学生在学习、理解、运用各种科学知识及技能的过程中所形成的思维方式、行为表现和价值标准。科学精神涵盖理性思维、批判性思维、创新创造能力，以及对科学技术的基本了解和应用，注重对科学知识和方法的掌握，以及创新思维和实践能力的培养，以形成理性思维和探究精神。

2. 自主发展

学会学习：学会学习是学生在培养学习意识、选择学习方式方法、评价调控学习进程等方面的综合表现，涉及学习方法、学习策略、自我管理和自我监控能力。对"学会学习"的重视旨在培养学生终身学习的习惯和能力，要培养学生掌握学习策略和方法，形成自主学习的能力，以及对学习的兴趣和自信心。

健康生活：健康生活主要指学生在自我认识、身心发展、人生规划等方面的综合表现，强调保持身体健康、心理健康，提高安全意识及培养良好的生活习惯。要关注学生的身心健康，帮助学生培养健康的生活习惯和生活方式，以及面对困难和挑战的积极态度。

3. 社会参与

责任担当：责任担当主要指学生在处理与他人、家庭、社会、国家以及国际等关系方面所形成的行为方式、情感态度和价值取向。强调培养公民责任感、法治观念、公共参与和社会服务精神。强调学生作为社会成员和国家公民的责任感，包括遵守法律法规、参与社会公益活动的意识等。

实践创新：实践创新是学生在日常生活、学习活动、问题解决、应对各种困难挑战等方面所形成的行为表现、创新意识和实践能力。要鼓励学生参与实践活动，在实践中学习，通过动手操作、问题解决等方式，培养创新意识和创新能力。

（三）核心素养的实施与评价

核心素养不只是引领学校课程建设的上位理念，更要被转化为课程所要着力培养的学生所需的正确价值观、必备品格和关键能力。从素养表达走向素养实践，需要破除对核心素养的抽象理解，将每门课程的素养内涵结构化地嵌入课程目标、课程内容、课程实施与课程评价等关键要素之中[①]。

1. 课程与教学改革

核心素养的实施需要通过课程内容和教学方法的改革，将核心素养的培养融入日常教学中，通过项目式学习、合作学习等方式，让学生在真实情境中学习。核心素养的培养需渗透到学校教育的各个方面，包括课程内容、教学方法和评价体系的调整。

2. 综合素质评价

对核心素养的评价不应仅限于传统的笔试，而应采用多元化的评价方法，如表现评价、成长记录、自我评价等，这样才能更全面地反映学生综合能力的发展状况。建立和完善学生综合素质评价体系，不仅要评价知识的掌握情况，更要评价学生核心素养的发展水平，包括过程性评价和终结性评价。

3. 教师培训与专业发展

教师是培养核心素养的关键，人们需要组织专业发展活动，以提升教师对核心素养的理解和教学能力，提升教师队伍的整体素质。

---

① 屠莉娅. 从素养表达走向素养实践：聚焦核心素养的课程转化与行动要义[J]. 教育研究，2023，44（9）：86-96.

总之，中国学生发展核心素养体系对我国优秀传统文化思想的核心——修身成德和传统教育中最为突出的内容——伦理道德教育进行了充分的继承。我国传统文化包含了丰富的有关个人修身养性（成德立人）的思想观点，其中许多内容在今天仍具有重大的借鉴与传承价值，如仁爱思想、孝亲爱国、正义、礼敬谦和，以及诚信自律等。我国传统文化和传统教育中所包含的丰富思想和优良传统，为民族的、科学的、现代的学生核心素养指标体系的构建提供了重要借鉴。

习近平指出："中华优秀传统文化是中华民族的精神命脉，是涵养社会主义核心价值观的重要源泉，也是我们在世界文化激荡中站稳脚跟的坚实根基。"中国学生发展核心素养要把根扎在中华优秀传统文化的土壤中，同时充分吸收革命文化与社会主义先进文化的丰厚营养，力求引导广大学生坚定文化自信，在经济全球化、时代信息化的当下为每个学生烙上深深的中华文化底色[①]。

四、核心素养教育对教师的新要求

《中共中央 国务院 关于全面深化新时代教师队伍建设改革的意见》对如何建设高素质专业化创新型教师做了部署。中共中央、国务院印发《中国教育现代化2035》，则为建设高素质专业化创新型教师队伍做了规划。而《新时代基础教育强师计划》的颁布实施，为着力推动教师教育振兴发展，努力造就新时代高素质专业化创新型中小学教师队伍，加快实现基础教育现代化提供强有力的师资保障，做了具体设计。教师核心素养和能力是教师专业发展的密码，是教师发展的核心要素，教师核心素养和能力的建设，对于建设高素质专业化创新型教师队伍具有牵一发而动全身的作用[②]。

---

① 林崇德.构建中国化的学生发展核心素养[J].北京师范大学学报（社会科学版），2017（1）：66-73.

② 王光明，甄祎明，刘静.教师核心素养和能力的实践样态：基于对4661名教师的循证研究[J].教师教育研究，2022，34（5）：23-32.

第一章 核心素养界定

教师发展核心素养是落实课程标准要求的内生动力，也是教师追求专业发展的内在诉求。教师作为课程改革的重要成员，需要根据新课标的要求提升专业素养，以筑牢教育大计之根本。新课标视野下的教师核心素养要素，包含必备品格和关键能力两个层面，由思想政治素养、教学素养、信息技术素养和课程创生素养四个核心要素构成，具体内容如图1-3所示。基于新课标的要求，提炼教师核心素养内涵，并促进其生成与发展，对新时代教师队伍建设和培养学生核心素养具有重要意义。

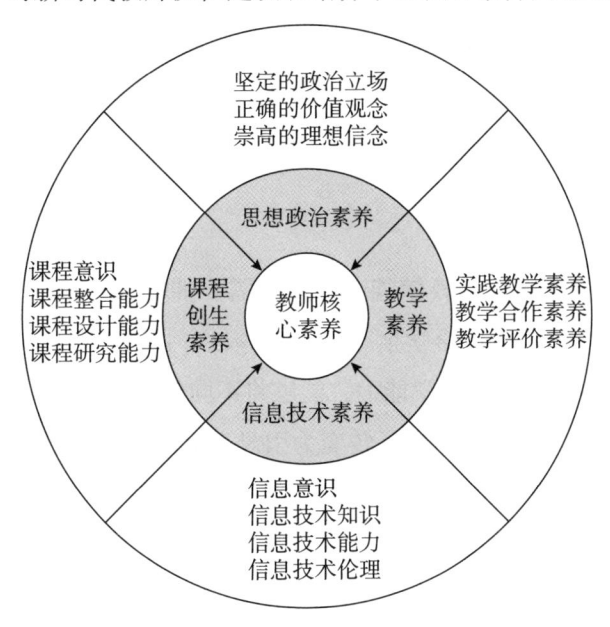

图1-3 基于新课标的教师核心素养结构模型[①]

中国学生发展核心素养是党的教育方针的具体化、细化。在日常教学中，教师只有将学科核心素养的目标转化为具体的课堂教学目标和学生的课堂实践活动，并在这一过程中根据学生表现作出及时的教学调整，才能确保学生在提升语言能力的同时，能通过多元思维的发展，逐步形成跨文化认知、积极的生活态度和正确的行为取向，才能切实发展学生

---

① 辛继湘，李瑞.新课标视野下教师核心素养的构成及发展路径[J].教育科学，2023，39（5）：51-58.

的英语学科核心素养,落实立德树人的根本任务[①]。

核心素养教育对教师提出了更高的要求,这些要求涵盖了职业道德、专业知识、教学技能等多个方面。

(一)职业道德素养

热爱教育事业:教师应当热爱自己的职业,愿意投入时间和精力来提高教学质量,涵养教育情怀。

热爱学生:教师需要关心每一位学生的发展,"一切为了学生,为了一切学生,为了学生的一切",尊重学生的个性差异,建立和谐的师生关系。

(二)专业素养

扎实的专业知识和教学能力:教师需要拥有丰富的学科专业知识,并能够将其有效地传授给学生。核心素养教育强调跨学科学习,教师需要掌握跨学科的知识和教学能力,能够将不同领域的知识融合到教学中。教师需要从传统的知识传授者转变为引导者和促进者,更加关注学生的全面发展和能力培养。

终身学习理念:随着教育内容和技术的变化,教师需要不断更新自己的知识和技能,适应教育发展的新趋势,进行持续的专业发展,保持与时俱进。

遵循教育规律:教师应遵循学生的身心发展规律,合理设计教学活动,促进学生全面发展。

(三)教育艺术

教学技巧:教师需要秉承英语学习活动观,掌握并运用多样化的教

---

① 王蔷,李亮.推动核心素养背景下英语课堂教—学—评一体化:意义、理论与方法[J].课程·教材·教法,2019,39(5):114-120.

学方法和策略，如任务型教学、项目式学习、自主学习、合作学习、探究式学习等，以激发学生的学习兴趣和主动性。

沟通与评价能力：教师应当具备良好的沟通技巧，能够与学生、家长及其他教师有效沟通。教师需要改变评价方式，从传统的考试成绩评价转变为过程性评价和表现性评价，更加关注学生的实际应用能力、创新思维和社会实践能力。

（四）创新素养

创新意识：教师需要有创新思维，要能够在教学中引入新的理念和技术。

课程重组能力：教师要能够根据社会需求和学生特点调整教学内容，促进学生个性化发展。

（五）信息素养

信息技术应用：在信息化时代，教师需要具备一定的科技素养，能够有效利用现代信息技术辅助教学，提高教学效率和质量。

信息整合能力：教师需要具备整合多种信息资源的能力，以便更好地组织教学活动。

（六）情感与价值观

情感支持：教师需要关注学生的心理健康，给予学生情感上的支持和鼓励，帮助学生建立自信。

价值观引导：教师需要通过自己的行为和言语传递正确的价值观，帮助学生树立正确的人生观和价值观。

（七）团队合作与自我反思

协作精神：教师应当积极参与团队合作，与其他教师共享资源和经验。

自我反思：教师需要定期对自己的教学行为进行反思，寻找改进的方法。

综上所述，核心素养教育不仅要求教师具备丰富的专业知识和教学技能，还需要他们具有高尚的职业道德、强烈的创新意识和良好的人际交往能力。这些要求旨在帮助教师培养出具有核心素养的优秀学生。同时，核心素养教育要求教师在教学理念、教学方法、评价方式、专业发展等多个方面都要进行创新和改进，以适应新时代的教育需求。核心素养的本质是培育学生学以致用的能力，也就是运用所学知识解决现实生活中出现的真实问题的能力。随着核心素养时代的到来，广大教师要在培养"记忆型"人才的基础上培养具有能动性的"思考型"人才，帮助学生逐步实现从"学会"到"会学"再到"乐学"的逐级跃升[1]。

第三节　英语学科核心素养的构成与意义

为应对人才全球胜任力不断增强的时代趋势以及满足新时代对教育任务的要求，我国教育部门加大了教育改革力度，发布了《中国学生发展核心素养》总体框架，随后相继颁布了《普通高中课程方案和语文等学科课程标准（2017年版2020年修订）》和《义务教育课程方案和课程标准（2022年版）》，具体落实"核心素养"的各项发展目标要求，明确规定了各门课程的学科核心素养内涵及相关指标。"学科核心素养"开始成为教育教学研究的热点之一[2]。

发展核心素养贯穿于学生受教育过程的始终，具有综合性、整体性及连贯性等特点，是一个系统化工程。学科核心素养的确立是将发展学

---

[1] 王庆霞，孟凡丽.学科核心素养导向下高中英语项目化学习的价值意蕴与实践路径[J].课程·教材·教法，2024，44（1）：143-148.
[2] 安丰存，王铭玉.新时代外语学科核心素养建构：价值意蕴、内涵维度与实施路径[J].外语研究，2024，41（3）：57-63.

生核心素养落实于学科课程教学的前提。学科核心素养是指在特定学科或者某一领域的知识学习过程中形成的,体现学科思维特征及态度,能够适应终身发展和社会发展需要的必备品格和关键能力,是学生在接受特定学科教育过程中逐步形成的知识与技能、过程与方法、情感态度与价值观等方面的综合表现,集中体现了该学科的课程目标、教育理想和育人价值,是核心素养在该学科中的具体化和操作化表述。

一、英语学科核心素养的构成

2014年3月,教育部发布了《教育部关于全面深化课程改革落实立德树人根本任务的意见》提出了"核心素养"这一重要概念,要求将研制与构建学生核心素养体系作为推进课程改革深化发展的关键环节。

为了全面体现英语学科的育人价值,在充分吸收和借鉴国内外有关核心素养的理论和实践研究成果的基础上,结合中国基础教育英语课程的现实需求,2017年制定的《普通高中英语课程标准》第一次提出,学科核心素养是学科育人价值的集中体现,是学生通过学科学习而逐步形成的正确价值观、必备品格和关键能力。核心素养是新课标的灵魂和主线,新课标要求英语课程教材编写、教学改革和考试评价都必须以英语课程所要培育的核心素养为纲。英语教学改革必须致力推动英语核心素养的形成,让英语核心素养真正在课堂落地,这是新课标背景下英语教学深化改革的根本方向和宗旨[1]。

英语学科的核心素养是指学生在英语学习过程中应当具备的关键能力和品质,它们不仅是对语言知识的掌握,更强调在现实世界中有效运用英语进行交流和解决问题的能力。英语学科的核心素养主要包括语言能力、文化意识、思维品质、学习策略四个方面。语言能力是英语学科核心素养的基础,涉及听、说、读、写四种基本技能,以及语法、词汇、语音、语调等语言知识的掌握。学生应能够准确、流畅地使用英语进行

---

[1] 俞聪妹.基于核心素养的英语教学深化改革[J].中国教育学刊,2023(8):41-43.

口头和书面的交流,理解并生成各种类型的英语文本。文化意识涵盖对英语国家文化的了解和尊重,包括历史、地理、社会、习俗、文学艺术等。培养了跨文化交际的能力,能够识别和理解文化差异,促进国际的理解和尊重。思维品质包括对批判性思维、创造性思维、逻辑思维等高级思维能力的培养。学生应能够用英语进行分析、推理、评价和创新,用英语解决问题和表达个人观点。学习能力强调自主学习、合作学习和终身学习的态度与相应方法的掌握。学生应能够设定学习目标,规划学习过程,监控和评价自己的学习效果,有效利用资源进行自我提升。英语学科核心素养的内涵与目标的具体内容如表1-1所示。

表1-1 英语学科核心素养内涵与目标[1]

学科核心素养	内涵	总体目标
语言能力	语言能力主要指在各种社会情境中,学生运用听、说、读、写、看等方式理解与表达意义的能力,以及他们在学习和使用语言的整个过程中所形成的语感和语言意识。英语语言能力构成了英语学科核心素养的基础要素。英语语言能力的提高蕴含文化意识、思维品质和学习能力的提升,有助于学生开阔国际视野和拓展思维方式,开展跨文化交流	语言能力的总体目标具体如下:具有一定的语言意识和英语语感,在常见的具体语言方面拥有语言知识,理解口头和书面语篇所表达的意义,能识别其恰当表意所采用的手段,能有效地使用口语和书面语表达意义并进行人际交流
文化意识	文化意识指对中外文化的理解和对优秀文化的认同,是学生在经济全球化背景下所表现出的跨文化认知、态度和行为取向。文化意识体现了英语学科核心素养的价值取向。对文化意识的培育有助于学生增强国家认同感和家国情怀,坚定文化自信,树立人类命运共同体意识,学会做人做事,成长为有文明素养和社会责任感的人	文化意识的总体目标具体如下:获得文化知识,把握文化内涵,理解文化异同,领会文化精华,坚定文化自信,形成正确的价值观,养成自尊、自信、自立、自强的良好品德,具备一定的跨文化交际能力与传播中华文化的能力

[1] 鲁子问,陈则航. 小学英语课程标准与教材研究 [M]. 上海:华东师范大学出版社,2020:3-4.

续表

学科核心素养	内涵	总体目标
思维品质	思维品质指思维在逻辑性、批判性、创新性等方面的能力和水平。思维品质体现了英语学科核心素养的心智特征。思维品质的发展有助于提升学生分析和解决问题的能力，使他们能够从跨文化视角观察和认识世界，对事物做出正确的价值判断	思维品质的总体目标有以下内容：能辨析语言和文化中的具体现象，梳理、概括信息，建构新概念，分析、推断信息的逻辑关系，正确评判各种思想观点，创造性地表达自己的观点，具备初步运用英语进行独立思考、发展创新思维的能力
学习能力	学习能力是学生在英语学习过程中积极运用与主动调整学习策略、不断拓宽英语学习渠道、努力提高英语学习效果的意识与能力。学习能力构成了发展英语学科核心素养的基本条件。学习能力的培养有助于学生做好英语学习的自我管理，养成良好的学习习惯，拓宽学习渠道，提高学习效率	学习能力的总体目标有以下内容：进一步树立正确的英语学习观，保持对英语学习的兴趣，具有明确的学习目标，能够多渠道获取学习资源，有效规划学习时间和学习任务，选择恰当的策略与方法，监控、评价、反思和调整自己的学习内容和过程，逐步提高使用英语学习其他学科知识的意识和能力

在英语核心素养中，英语语言能力是英语学科核心素养的基础要素，文化意识体现了英语学科核心素养的价值取向，思维品质体现了英语学科核心素养的心智特征，学习能力构成了英语学科核心素养的发展条件，四者相辅相成，不可分割，它们的关系如图1-4所示。学生以主题意义探究为目的，以语篇为载体，在理解和表达的语言实践活动中，融合知识学习和技能发展，通过感知、预测、获取、分析、概括、比较、评价、创新等思维活动，构建结构化知识，在分析问题和解决问题的过程中发展思维品质，形成文化理解，塑造正确的人生观和价值观，促进英语学科核心素养的形成和发展[①]。

---

① 王蔷. 从综合语言运用能力到英语学科核心素养：高中英语课程改革的新挑战[J]. 英语教师，2015，15（16）：6-7.

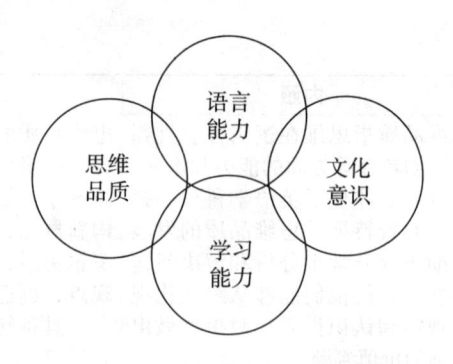

图 1-4　英语学科核心素养图

核心素养概念的提出，旨在充分体现和发挥英语学科的育人功能，落实立德树人的根本任务，是我国顺应世界教育改革发展潮流，从国家战略的高度，为 21 世纪教育改革确立的发展方向。围绕英语核心素养来设计和实施英语课程的实践，必定会成为我国英语教育改革的一个里程碑[1]。

英语学科核心素养涵盖了与语言有关的重要素质，体现了落实"立德树人"的育人要求，与中国学生发展核心素养中的"文化基础、自主发展及社会参与"高度吻合。其中，学习能力属于自主发展的一部分，语言能力和思维品质属于文化基础的一部分，文化意识既属于文化基础的一部分，又属于社会参与的一部分[2]。英语学科核心素养的提出，明确指出，在培养学生综合语言知识应用能力的过程中，教师有责任帮助他们学习、理解、接纳、鉴别与欣赏优秀的中外文化，培养中国情怀，开阔国际视野，增强国际理解，逐步提高多元思维能力、跨文化交际能力、自主学习能力与创新能力，最终形成正确的人生观、家庭观、世界观、审美观、价值观、荣誉观、劳动观等观念。

---

[1] 程晓堂，赵思奇. 英语学科核心素养的实质内涵 [J]. 课程·教材·教法，2016，36（5）：79-86.

[2] 束定芳. 关于英语学科核心素养的几点思考 [J]. 山东外语教学，2017，38（2）：35-41.

二、英语学科核心素养对三维目标的继承与超越

1999年秋启动的新一轮基础教育课程改革旨在落实"以学生的发展为本"的课程理念,第一次把各门课程的教学大纲改成了课程标准,以体现课程本身的灵活性。2001年6月7日教育部颁发的《基础教育课程改革纲要(试行)》中明确提出,国家课程标准是教材编写、教学、评估和考试命题的依据,是国家管理和评价课程的基础,应体现国家对不同阶段的学生在知识与技能、过程与方法、情感态度与价值观等方面的基本要求,规定各门课程的性质、目标、内容框架,提出教学和评价建议[①]。

在知识与技能、过程与方法、情感态度与价值观所构成的三维目标中,知识是人们在不断改造世界的实践过程中所获得的所有认识与经验的总和,技能是指通过各种练习而形成的完成某项任务所需的活动方法,过程是指为实现教学目标而必须经历的活动计划,方法是指教师和学生在共同活动中为实现教学目标和完成教学任务而采取的行为或操作方案,情感态度与价值观是人们对自己亲身经历的事实的经验理解,以及由此而产生的态度和行为习惯。

其中,知识与技能目标的实现是实现过程与方法目标、情感与态度目标的基础条件,是学生体验学习过程、形成学习方法的前提,也是学生提升学习能力、培养情感态度和价值观的有效载体;过程与方法是学生掌握知识与技能进而形成情感态度和价值观的中介机制,也是实现三维目标的关键所在;情感态度与价值观目标是学生掌握相应的知识与技能,逐步形成科学的思维与有效的方法的驱动力,并对前两个目标具有明显的调控作用。

三维目标是学生发展要求的三个维度,是一个教学目标的三个方面,而不是三个目标。它们是统一的整体,是相互依存、互为基础、不可分

---

① 中华人民共和国教育部. 基础教育课程改革纲要(试行)[J]. 人民教育,2001(9):6-8.

割的。三维目标的有机整合是课堂教学的要求,是学生个体发展的需求,是新课改中师生角色重新定位的需要,可以促进课堂教学过程的动态生成。三维目标的提出为课堂教学构建了一个比较完整的目标体系,实现了由知识本位、学科本位向以学生的发展为本的转变,真正意义上有机整合了知识、能力与态度,从而彰显了教学对作为个体的人的生命存在及其发展的整体人文关怀。三维目标的确立对促进学生自主发展具有重要意义,注重学习主体的实践和体验,注重学习者的学习经历和学习经验,引导学生在学习中掌握方法,正确引导直觉过程,有利于改变只重结果不重过程的现象。三个维度的交融体现了工具性与人文性的高度统一,体现了学科教学改革的方向,使日常的科学教育上升到了追求真善美的境界。

　　核心素养相比于课程的三维目标,既有传承又有超越。传承更多地体现在"内涵上",而超越更多地体现在"性质上"。作为核心素养主要构成的关键能力和必备品格,实际上是对三维目标的提炼和整合,把知识、技能和过程、方法提炼为能力,把情感态度与价值观提炼为品格。能力和品格即三维目标的有机统一。相对于三维目标,素养更具有内在性和终极性的意义。素养是素质加教养的产物,是天性和习性的结合。素养完全属于人,是人内在的秉性,素养树人,素养决定人的发展取向。教育的终极任务和价值所在就是提升人的素养。素养让人们真正从人的角度来思考教育、给教育定位。素养导向的教育更能体现以人为本的思想。核心素养则是素养系统中具有根本性和统领性的成分,是为人之根本。核心素养是素养系统中的基础性成分,是人进一步成长的基础和可能,是人进一步成长的内核。

　　学科核心素养既体现了一门学科对人的核心素养发展的独特贡献和作用,又是一门学科的独特教育价值在学生身上的落实。学科核心素养是学科本质观和学科教育价值观的反映。厘清学科核心素养,清晰地界定和描述本学科对人的发展的价值和意义,可以体现本学科对学生成长的独特贡献,从而使学科教育真正回到服务于人的发展方向和轨道上来。

总之，只有抓住学科核心素养，才能抓住学科教育的根本[①]。学科核心素养是学科和教育的有机融合。从三维目标到核心素养，是学科教育高度、深度和内涵的提升，是学科教育对人的真正的回归。

三、英语学科核心素养学段特征与水平划分

（一）英语学科核心素养学段特征

义务教育英语课程从"综合特征"和"分项特征"两方面分学段描述了核心素养目标。综合特征体现了核心素养的成长性、综合性以及整体性。

1. 综合特征[②]

三到四年级：能在教师的指导和帮助下完成学习任务；能理解日常生活中熟悉的简单语言材料，开始产生语感；能用基本的、简短的语言与他人交流，描述身边熟悉的事物；有主动了解中外文化的愿望，能观察、感知不同国家或文化背景下的家庭生活、学校生活、社会生活等的特点，具有身份意识和国家认同感。通过比较，识别各种现象的异同，尝试从不同角度观察世界。对英语学习产生兴趣，初步养成良好的学习习惯；在学习活动中尝试与他人合作，共同完成学习任务。

五到六年级：能在教师引导和启发下完成学习任务；能理解日常生活中常见的简单语言材料，初步形成语感；能围绕各种相关的学习主题，运用所学语言展开交流，表达自己的思想，完成基本的沟通。感知并体验文化多样性，能初步了解与中外文化有关的具体现象与事物；涵养家国情怀，树立文化自信，形成正确的价值观和良好的品格。能初步独立思考，具有问题意识，能多角度、辩证地看待事物，对事物作出正确的

[①] 余文森.从三维目标走向核心素养[J].华东师范大学学报（教育科学版），2016，34（1）：11-13.

[②] 中华人民共和国教育部.义务教育英语课程标准（2022年版）[S].北京：北京师范大学出版社，2022：80-81.

价值判断，并有条理地表达观点；能根据学习进展情况调整学习计划和策略，初步找到适合自己的英语学习方法，基本养成良好的学习习惯；在学习活动中主动探究，与他人合作，共同完成学习任务。

七到九年级：学生能理解日常学习生活中的各种简单语言材料，具有一定的英语语感；能在日常生活或者一般社交场合中运用所学的语言与他人进行信息交流，表达自己的观点与情感态度；能尊重和包容各种不同的文化，具有分析、理解、比较、判断各种文化的差异处与相似处的基本能力，涵养家国情怀，树立国际视野；能理解与感悟世界各种优秀文化的内涵，形成正确的世界观、价值观，形成良好的品格以及健康的审美情趣；能根据所获取的各种信息，分析、综合、比较、归纳、概括、区别、判断主要观点，并发现内在的规律，在信息间建立起逻辑关联，能够独立思考，主动发现问题、分析问题并创造性地解决问题；能积极大胆地尝试运用各种各样的英语学习策略提高学习效率，努力寻求适合自己的英语学习方法，养成良好的学习和反思的习惯；能积极开展自主学习、合作学习与探究学习。

2. 分项特征

英语学科核心素养的分项特征从不同维度描述了各学段核心素养的具体表现，详细内容如表1-2～表1-5所示[①]。

表1-2 语言能力学段分项特征

学段	特征描述
三到四年级	能在教师的指导与协助下，围绕相应级别的主题，理解日常生活中熟悉的简单语言材料，进行信息识别、提取和梳理；能运用所学语言与他人进行交流，描述熟悉的生活及身边的人和事物，并能表明自己的态度，在必要的时候依靠模仿、重复、表情与手势等非语言手段，实现简单的交流与沟通

[①] 中华人民共和国教育部. 义务教育英语课程标准（2022年版）[S]. 北京：北京师范大学出版社，2022：81-84.

续表

学段	特征描述
五到六年级	能在教师的引导与启发下，围绕相应级别的主题，理解日常生活中常见的简单语言材料，领会其基本含义，获取与整合基本的事实性信息，掌握主要内容；能运用所学语言与他人开展交流，传递信息，描述事件，表达个人的看法和观点，实现基本的交流与沟通
七到九年级	能在教师的引导与协助下，围绕相应级别的主题，理解日常生活中的简单语言材料，具有一定的捕捉与归纳特定信息或者关键信息的能力，能抓住要点，分析和推断其中隐含的信息；能运用所学的语言与他人进行交流，描述现象和经历，介绍熟悉的人与事物，表达自己的观点以及情感态度等，到基本准确、连贯和顺畅的程度

表1-3 文化意识学段分项特征

学段	特征描述
三到四年级	能在教师的指导与帮助之下，观察和感知不同国家或者文化背景之下人们的生活、习俗、饮食习惯和重大节日的特点等，具有主动了解中外不同文化的愿望；能借助图片、简单的语言材料（如故事、歌谣、韵文等），获取关于中外文化的简单信息，对所学语篇的文化内容进行比较分析；能用简单的单词、短语及句子描述和中外文化相关的图片、熟悉的具体事物与现象。尝试比较与识别中外文化，具备身份意识与国家认同感
五到六年级	能在教师的引导与启发下，初步了解和中外文化相关的具体事物与现象，具有学习和探索中外文化的兴趣；能通过常见的简单语言材料（如日常对话、故事、介绍和动画等），获得中外文化的简单信息，感知和体验世界文化的多样性；能用简短的句子来描述所学的与中外文化相关的具体事件；认同中华文化，发现与感悟其中所蕴含的人生哲理与观点，形成正确的价值观与良好的品德；初步具有比较与识别中外文化异同的能力
七到九年级	能在教师的引导与协助下，采用合适的策略、方法来认识和中外文化相关的具体事物与现象；尊重与包容不同的文化，具备家国情怀，初步理解人类命运共同体的概念；能借助语言简单、主题相关的语篇和材料来获取与归纳关于中外文化的信息；在参加交流活动的时候，能意识到文化之间的差异在语言交流中的表现，并尝试采用多种多样的策略开展沟通与交流；能基于已有的个人经验与知识，运用所学的英语来描述熟悉的文化现象以及文化差异；具有比较、分析、判断常见的中外文化差异与相似之处的基本能力；能理解和感悟优秀文化之内涵，具备正确的世界观、价值观，健康的审美情趣，以及良好的道德品格

表1-4 思维品质学段分项特征

学段	特征描述
三到四年级	能在教师的指导与帮助下，注意观察、辨别所学语篇内容中的语言与文化现象，发现其中的异同；能根据所获取的信息来判断主要的观点；初步具备问题意识，并尝试从不同的视角来观察世界，积极地提出问题
五到六年级	能在教师的引导与启发下，主动观察所学语篇材料中的各种语言与文化现象；通过比较来识别各种信息的相似处与差异，发现并推断其中的因果关系；能根据所获取的信息，归纳和概括共同的特征；具备问题意识，能提出个人的想法，有条理地表达自己的观点；学会进行换位思考，尝试多角度地认识世界，客观、辩证地看待事物并对它们作出正确的价值判断；能初步开展独立思考，避免盲目地接受或否定
七到九年级	能在教师的引导与协助下，自主地采用恰当的策略与方法，观察与理解所学语篇内容中的语言与文化现象；能通过比较来识别关键信息，区分事实性与非事实性的信息，分析与推断各种信息之间的逻辑关系；能根据所获取的各种信息，尝试归纳与概括主要的观点及规律，不断发现问题、分析问题并逐步创造性地解决新的问题；能从不同的视角认识与理解整个世界，对各种观点开展独立思考，并判断信息的真实性，作出合理的价值判断，尝试提出合理的疑问

表1-5 学习能力学段分项特征

学段	特征描述
三到四年级	能在教师的指导与帮助下，感受到英语学习的各种乐趣；初步认识到英语学习与汉语学习的异同；初步感受到英语的发音与语调等特点，并发现简单的拼读规则；能尝试通过各种模仿、说唱、表演等方式参加语言实践活动。能意识到英语学习需要大胆的表达，不怕犯错；能意识到在交流过程中需要学会倾听，并有礼貌地表达自己的观点。能初步制订自己的学习计划并尝试努力地完成；能发现同伴们的学习优点并主动向他们请教；能积极参加合作学习，初步形成良好的学习习惯
五到六年级	能在教师的引导与启发下，基本认识到英语学习的重要性，增强英语学习的兴趣；初步了解英语学习的规律与特点，尝试运用不同的英语学习方法和策略来提高学习的效率，制订合理的学习计划并努力地实现；能根据自己的学习进展情况对学习计划与学习方法进行相应的调整与优化，初步找到比较适合自己的英语学习方法并加以运用；能利用多种课程资源开展学习，初步形成自主学习的意识，基本养成良好的学习习惯
七到九年级	能在教师的引导与协助下，认识到英语学习的重要性；进一步提高英语学习的兴趣，当遇到困难的时候具备一定的抗挫折的能力；了解英语学习的规律与特点，积极尝试通过不同的英语学习方法和策略来提高学习效率，制订比较适合个人的学习计划并努力实现；及时开展反思，并根据自己的学习进展对学习计划与学习策略进行调整，找到比较适合自己的英语学习方法并加以运用；能主动利用图书馆与其他资源开展拓展学习，初步具备自主学习、合作学习与探究学习的能力，养成良好的学习习惯

（二）英语学科核心素养水平划分

教育部 2020 年发布的《普通高中英语课程标准（2017 年版 2020 年修订）》把英语学科核心素养水平按照素养级别划分为一至三级，每一级都对四种核心素养分别进行了界定。英语学科核心素养水平的划分其具体内容如表 1-6～表 1-9 所示[1]。

表 1-6 核心素养 1：语言能力

素养级别	素养水平
一级	意识到英语和英语学习与个人发展、国家发展和社会进步的关系，意识到语言与世界，语言与文化、思维之间有联系；具有初步的英语语感。在熟悉的语境中，较为熟练地使用已有的英语语言知识，理解多模态语篇传递的要义、主要信息和意图，辨识语篇的整体结构和文体，根据上下文推断意义；陈述事件，传递信息，表达个人见解和情感，在熟悉的人际交往中，尝试构建恰当的交际角色和人际关系
二级	认识英语和英语学习与个人发展、国家发展和社会进步的密切关系，认识语言与世界、语言与文化和思维之间的紧密联系；具有一定的英语语感，在理解和表达中发挥英语语感的作用。在常见的语境中，较为熟练地整合性运用已有的英语语言知识，理解多模态语篇传递的要义和具体信息，推断作者的意图、情感、态度和价值取向，提炼主题意义，分析语篇的组织结构、文体特征和语篇的连贯性，厘清主要观点和事实之间的逻辑关系，了解语篇恰当表意所采用的手段；有效地陈述事件，传递信息，表达个人观点和情感，展现意图、态度和价值取向，在常见的人际交往中，建构恰当的交际角色和人际关系
三级	深刻认识英语和英语学习与个人发展、国家发展和社会进步的密切关系，深刻认识语言与世界、语言与文化和思维之间的紧密联系；具有较强的英语语感，在英语理解和表达中有效发挥英语语感的作用。在更加广泛的语言情境中，熟练地整合性运用已有的英语语言知识，准确理解多模态语篇传递的要义和具体信息，推断作者的意图、情感、态度和价值取向，提炼并拓展主题意义，解析语篇结构的合理性和语篇主要观点与事实之间的逻辑关系，批判性地审视语篇的内容、观点、情感态度和文体特征，赏析语篇中精彩语段的表意手段；准确、熟练和得体地陈述事件、传递信息，表达个人观点和情感，体现意图、态度和价值取向，在较为广泛的人际交往中，建构恰当的交际角色和人际关系

---

[1] 中华人民共和国教育部.普通高中英语课程标准（2017 年版 2020 年修订）[S]. 北京：人民教育出版社，2020：117-120.

表 1-7 核心素养 2：文化意识

素养级别	素养水平
一级	能够在明确的情境中根据直接提示找出文化信息；有兴趣和意愿了解并比较具有文化多样性的活动和事物；感知中外文化的差异，初步形成跨文化意识，通过中外文化对比，加深对中国文化的理解，坚定文化自信；了解中外优秀文化，形成正确的价值观；感知所学内容的语言美和意蕴美；能够用所学的英语简单介绍中外文化现象
二级	能够选择合适的方式方法在课堂等现实情境中获取文化信息；具有足够的文化知识为中外文化的异同提供可能的解释，并结合实际情况进行分析和比较；提高跨文化意识，在进行跨文化交流时，能够注意到彼此之间的文化差异，运用基本的跨文化交际策略；尊重和理解文化的多样性，具有国际视野，进一步坚定文化自信；感悟中外优秀文化的精神内涵，树立正确的价值观；理解和欣赏所学内容的语言美和意蕴美；有传播中国特色社会主义文化的意识，能够用所学的英语描述、比较中外文化现象
三级	能够运用多种方式方法在真实生活情境中获取文化信息；基于对中外文化差异和融通状况的理解与思考，探究产生异同的历史文化原因；具有跨文化意识，能够以尊重文化多样性的方式调适交际策略；领悟世界文化的多样性和丰富性，具有人类命运共同体的意识；分析、鉴别文化现象所反映的价值取向，自觉坚定文化自信；汲取优秀文化，具有正确的价值观、健康的审美情趣和道德情感；能够用所学的英语讲述中国故事，描述、阐释中外文化现象

表 1-8 核心素养 3：思维品质

素养级别	素养水平
一级	注意观察语言和文化的各种现象，通过比较，识别各种信息的异同；根据不同的环境条件，客观分析各种信息之间的关联和差异，发现产生差异的基本原因，从中推断出它们之间所形成的简单逻辑关系；根据所获得的信息，提取共同特征，形成新的简单概念，并试用新概念解释新的问题，尝试从另一个角度认识世界；针对所获取的信息，提出自己的看法，并通过简单的求证手段，判断信息的真实性，形成自己的看法，避免盲目接受或否定
二级	主动观察语言和文化的各种现象，通过比较，识别各种信息之间的主次关系；根据不同的环境条件，客观分析各种信息之间的内在关联和差异，发现产生差异的各种原因，从中推断出它们之间的逻辑关系；根据所获得的多种信息，归纳共同要素，建构新的概念，并通过演绎、解释、处理新的问题，从另一个视角认识世界；针对所获取的各种观点，提出批判性的问题，辨析、判断观点和思想的价值，并形成自己的观点

续表

素养级别	素养水平
三级	正确观察各种语言和文化现象，通过比较，从错综复杂的信息中，识别关键问题，把握全局；根据不同的环境条件，综合分析各种信息的内在关联和各种矛盾，梳理产生这些矛盾的原因，从中推断出它们之间的各种逻辑关系；根据所获得的综合信息，归纳、概括内在形成的规律，建构新的概念，并在实践中，将之用于处理、解决新的问题，从多视角认识世界；针对各种观点和思想的假设前提，提出合理的质疑，通过辨析、判断其价值，作出正确的评价，以此形成自己独立的思想

表 1-9　核心素养 4：学习能力

素养级别	素养水平
一级	认识到英语的重要性；对英语学习感兴趣；有学习动力；有学习计划；掌握英语学习的常用方法和策略；有学好英语的决心和克服困难的意志；虚心学习并向他人求教；有较强的合作精神；了解多种学习资源渠道；积极参与英语学习活动
二级	正确认识英语学习的意义；对英语学习抱有较浓厚的兴趣和较强烈的愿望；有明确的学习目标，能制订并按需调整学习计划；有稳定的学习动机；面对学习困难能分析原因并尝试解决，调节自己的情绪和情感，对英语学习有较强的自信心；能开展课外学习，能利用网络资源等扩充学习内容和信息渠道；开展自主学习和合作学习，反思学习效果并据此优化学习策略和方法，运用英语进行交流和表达
三级	全面和正确认识英语学习的重要意义；对英语学习抱有浓厚的兴趣和强烈的愿望；有长远规划和明确的学习目标，按需制订、调整并优化学习计划；有强烈的学习动机；积极开发课外学习资源，通过网络等多种信息渠道获取最新知识，并根据学习需要加以取舍；勇于面对学习困难并加以解决，主动调控心态和情绪，积极反思学习效果，对英语学习有很强的自信心和成就感；善于自主学习和合作学习，举一反三，积极争取和把握各种学习和表现机会，运用英语进行有效沟通和交流

四、核心素养的意义

核心素养既是培养学生综合能力的内在动力，也是推动我国教育从知识本位向素养本位转型的重要标志。提升核心素养是新时期教育发展的必然选择，是落实我国立德树人根本任务的重要举措，它具有更强的凝聚力和号召力，可以让人们向教学过程汇集知识与智慧，实现全程教育。核心素养已成为 21 世纪教学发展的重要课题，有利于推动学校教育实现质的跨越[1]。"核心素养"不只是引领学校课程建设的上位理念，也是进行教育教学实践的聚焦点和着力点，贯穿学生培养的全过程，并可以被具体化地描述为学生的学习成果与表现[2]。核心素养的提出在全球范围内具有深远的重要意义，主要体现在以下几个方面。

（一）适应未来社会需求

随着科技的飞速发展、经济全球化进程的推进以及社会经济结构的不断变化，未来社会对个体的能力和品质提出了新的要求。核心素养旨在培养能够适应这种变化、解决复杂问题、进行有效沟通与合作、持续学习和创新的未来公民，确保他们能够在不断变化的环境中找到自己的位置并作出贡献。

（二）明确与深化教育目标

核心素养的提出是对教育本质的回归，它超越了单纯的知识传授，强调教育的最终目标是"育人"，即培养全面发展的人。这要求教育不仅仅是知识的积累，更重要的是能力的培养、品格的塑造和价值观的引导，使教育真正服务于人的全面发展。

（三）引领课程与教学改革

核心素养的框架为课程设计、教学内容和教学方法的改革提供了清晰的指导思想。它促使教育工作者重新审视教学内容，将学科知识与实际生活、社会需求相结合，通过项目式学习、探究式学习等方法，促进学生在真实情境中应用知识，发展高阶思维能力，从而实现知识、技能、态度和价值观的综合培养。

---

[1] 李惠敏. 基于核心素养的高校英语教师职业能力发展[J]. 山西财经大学学报，2023（增刊1）：196-198.

[2] 屠莉娅. 从素养表达走向素养实践：聚焦核心素养的课程转化与行动要义[J]. 教育研究，2023，44（9）：86-96.

（四）助力评价体系的转型

核心素养的实施要求教育评价体系从单一的知识测试转向对学生综合能力、情感态度、价值观等多维度的评价。这种评价方式更加注重过程性评价、表现性评价和自我评价，鼓励学生自我反思和自我成长，同时促使教育评价更加公平、全面和个性化。

（五）促进教育公平与包容性

核心素养强调个体差异，提倡面向全体学生的教育，注重每个学生潜能的挖掘和个性的发展。这有助于实现教育公平，确保每个孩子都能在教育过程中找到适合自己的发展路径，实现自身价值。

（六）推进国际交流与合作

国际比较和交流有助于各国教育体系的相互借鉴和学习，促进全球教育质量的提升。共同探讨核心素养的培养，可以增进国际的理解和合作，让人们共同应对全球性挑战，培养具有国际视野和跨文化交流能力的全球公民。

综上所述，核心素养的提出不仅是教育理念的一次重大革新，还是对教育实践的深刻指导，它为培养适应未来社会挑战、具备全面素质的个体奠定了坚实的基础。

核心素养的培养有助于学生适应未来社会的变化，为其终身学习和持续发展奠定基础。核心素养体系注重学生的个性化和差异化发展，鼓励学生根据自己的兴趣和特长进行学习。培养核心素养，可以提升国民的整体素质，增强国家的国际竞争力。

中国学生发展核心素养体系是中国教育改革的重要成果，它不仅为学校教育提供了明确的培养目标，还为学生的全面发展和终身学习指明了方向。随着教育实践的深入，这一体系将不断完善，更好地服务于学生的成长和社会的发展。

中国学生发展核心素养体系的提出，标志着中国教育向更加注重学生个体发展、强调能力与品格并重的方向迈进。它不仅是教育内容和方式的革新，更是对人才培养目标的根本性调整，对于促进教育公平、提高教育质量、培养未来社会所需人才具有深远意义。

当今世界，技术变革、自动化的普及、社会生产和经济增长模式的内生性转变，极大地改变了人们的生产和生活，并对学习者的认知能力和实践素养提出了新要求。面对人类社会发展的不确定性，新一代学习者肩负着更为严峻的社会挑战。教育如何发挥其基础性作用，帮助学习者在一个不断变化、难以预料的世界里找到正确的方向，确保人们在未来拥有一个包容性更高的社会环境、更公正的经济环境和可持续的生态环境，成为摆在学校教育和课程教学面前的现实问题。在这样的背景下，集知识学习、能力建构和价值重塑于一体的"核心素养"的综合表达，成为社会转型时期教育变革的必然选择[1]。

纵观英语课程目标的历史变迁，可以很清晰地看出，这不仅是从"双基"到"三维目标"再到"核心素养"的名称的改变，还体现了英语课程从重视外在的"知识的意义"到重视内部的"人的价值"的转变，体现了英语学科的工具性与人文性的逐步统一。培养核心素养、实现育人价值，是英语课程发展的方向[2]。

五、核心素养与英语听力教学的关系

核心素养不只是引领学校课程建设的上位理念，更要转化为课程所要着力培养的学生所需的正确价值观、必备品格和关键能力。从素养表达走向素养实践，需要破除对核心素养的抽象理解，将每门课程的素养内涵结构化地嵌入课程目标、课程内容、课程实施与课程评价等关键要

---

[1] 屠莉娅.从素养表达走向素养实践：聚焦核心素养的课程转化与行动要义[J].教育研究，2023，44（9）：86-96.

[2] 王卉，黄颖思.强化语言知识：英语课程培养核心素养的关键[J].教育学术月刊，2024（2）：65-72.

素之中[1]。核心素养与英语听力教学之间存在密切的关联，核心素养的培养不仅能够提升学生的听力理解能力，还能使学生在更广泛的层面上发展成为全面、有竞争力的个体。

（一）语言能力与听力技能

听力技能是理解口头信息的基础，有助于提高学生的语言输入能力，是语言能力的重要组成部分。英语听力教学是培养学生语言能力的一个重要组成部分。通过听力练习，学生能够提高对英语语音、语调、语速的敏感度，增强对单词、短语和句型的理解能力。核心素养强调语言能力的综合发展，因此听力训练的目标不仅是听懂单词或句子，更是理解上下文，推断说话人的意图，以及在不同情境下有效接收和处理信息。

（二）批判性思维与听力

核心素养中的批判性思维在听力教学中同样重要。学生不应只是被动地听，还应学会质疑、分析和评价所听到的信息。例如，在听一段演讲或新闻报道时，学生应能够辨别事实与观点，评价信息来源的可靠性，这都是具有批判性听力的表现。教师可以通过设计需要分析、推理和批判性思维的听力任务，促进学生这一能力的发展。批判性思维、创造性思维等高级思维的培养，往往需要通过复杂的听说读写任务来实现，如分析文本、撰写论文、参与辩论等。思维的提升反过来也能促进学生在听说读写上的表现，使他们更深入地理解和运用语言。核心素养的培养可让学生在英语学习过程中学会用批判性思维与创新能力思考问题、解决问题，用合作交流能力丰富自身认识等，是提升学生综合素质的一种重要渠道与手段[2]。

---

[1] 屠莉娅.从素养表达走向素养实践：聚焦核心素养的课程转化与行动要义[J].教育研究，2023，44（9）：86-96.

[2] 董淑娟，刘雪园.高中英语教学中提升跨学科思维能力探究：评《核心素养下英语教学的理念与实践》[J].科技管理研究，2023，43（24）：243.

（三）文化意识与跨文化听力

没有一种核心素养能够脱离文化背景和情境而孤立存在，也没有一种核心素养不涉及文化资源的运用。即便是一般意义上强调范式思维的核心素养，如批判性思维、问题解决、创造力等，也产生并根植于特定的文化背景，受特定文化情境和资源的制约[1]。在学习过程中，通过参与听说读写活动，学生可以接触到不同的文化背景，加深对英语国家的文化的理解，从而增强跨文化交际的能力。文化素材的学习往往通过阅读和听力活动进行，写作和口语则用于表达个人对文化现象的理解和反应。听力教学给学生提供了接触不同文化和语境的机会，学生可以通过聆听来自不同国家和地区的声音，了解英语国家的社会、历史、文化、风俗与价值观。这非常有助于培养学生的文化意识与跨文化交际能力，使他们在未来的国际交往中变得更加得体与自信。

（四）学习能力与听力策略

自主学习和终身学习的态度可以鼓励学生主动探索和实践听说读写练习，提高学习效率。合作学习则通过小组活动增强学生之间的交流，让学生共同提高听说读写的能力。核心素养中的学习能力，如自主学习和学习策略的运用能力，在听力教学中也至关重要。学生应学会选择适合自己的听力材料，预习和复习，做笔记和总结，以及通过反复练习来提高听力水平的方法。掌握这些策略有助于学生在没有教师指导的情况下独立提高听力技能。

此外，听力教学还可以促进学生的情感发展，提升其社交技能。例如，通过听力活动，学生可以学习如何倾听他人的观点，如何在对话中表达同情和理解，如何在团队讨论中有效沟通。这些对培养学生的社交

---

[1] 杨惠雯. 观照核心素养的人本价值：基于布鲁纳两种思维模式的反思与启示[J]. 全球教育展望，2023，52（8）：30-44.

能力和情感智力非常有益。在信息时代，学生需要具备使用技术工具获取和处理信息的能力。英语听力教学可以整合在线音频资源、播客、视频会议软件等数字化工具，让学生在真实的语言环境中提高听力，同时培养其技术素养。

综上所述，核心素养与英语听力教学之间存在着相互促进的关系。有效的听力教学不仅要注重语言技能的提升，还要融入批判性思维、文化意识、学习策略、情感智能和技术素养等多方面的培养，从而全面提升学生的综合素质。外语学科核心素养体系要具有整体性、系统性、阶段性、连续性、发展性等建构特点，外语学科核心素养的实施要做到可定、可行、可教、可学、可评、可续，通过不同学段的课程来具体实现，这样才能助力实现有益于终身发展的核心素养目标[1]。

六、核心素养与英语听力教学中的教师角色

教学中培养学生的核心素养无疑对教师自身提出了更高的素养要求。在核心素养视角下，英语听力教师的角色不仅仅是传统意义上的语言知识传授者，还是为促进学生的全面发展、培养学生的批判性思维、跨文化交际能力和自主学习能力起到重要引领和支撑作用的导师。

（一）学习引导者与促进者

作为引导者与促进者，英语听力教师应全力帮助学生掌握有效的学习策略，特别是在元认知策略方面，教师需要引导学生规划、监控和调节自己的听力学习过程。此外，教师还需要培养学生的批判性思维，通过设计多样化的听力材料，引导学生批判性地分析信息，培养学生独立思考的能力。

---

[1] 安丰存，王铭玉．新时代外语学科核心素养建构：价值意蕴、内涵维度与实施路径[J]．外语研究，2024，41（3）：57-63．

（二）文化传播者与全球视野培养者

在英语听力教学中，教师扮演着文化传播者与全球视野培养者的角色。通过介绍不同国家的文化背景和习俗，教师可以帮助学生理解语言背后的文化含义，增强其跨文化交际能力。同时，听力材料展示世界各地的人们的生活习惯、行为观点和历史故事，可以开阔学生的国际视野，培养学生的全球意识。

（三）技术应用者与创新者

随着技术的发展，教师需要成为技术应用者与创新者。在听力课堂上，教师需要利用多媒体技术，如视频、音频软件等，丰富听力教学内容，提高学生的学习兴趣。同时，教师需要利用在线学习平台和应用程序，为学生提供个性化的听力练习资源，以满足学生个性化学习的需求。

（四）评价者与反馈者

作为评价者与反馈者，英语听力教师需要建立多维度的评价体系，采用形成性评价、同伴评价等多种评价方式，全面评价学生的听力水平和发展潜力。此外，教师还需要针对每位学生的听力特点和需求，提供具体而有针对性的反馈，帮助他们不断进步。

（五）终身学习者与反思性实践者

在终身学习社会，教师需要成为终身学习者与反思性实践者。这意味着教师需要不断学习新的教学理念和技术，以适应快速变化的教育环境。同时，教师需要定期反思自己的教学方法和效果，探索改进的空间，不断提升教学质量。

在核心素养视角下，英语听力教师不仅要关注学生听力的提升，更要注重学生综合能力的发展。通过扮演上述角色，英语听力教师可以更好地帮助学生发展核心素养，为他们的终身学习和发展奠定坚实的基础。

第二章 英语听力教学概述

在经济全球化发展的背景下,英语已成为国际交流的重要工具。通过有效的英语听力训练和教学,学生不仅可以提高理解不同口音、适应不同语速的能力,还能更好地捕捉到语言背后的文化含义和社会语境,这对于培养学生的跨文化交际能力和国际视野至关重要。此外,良好的英语听力能力还可以帮助学生在多元化的环境中更快地适应和融入社会,为他们未来的职业生涯以及个人的发展打下坚实的基础。随着科技的进步和信息的爆炸式增长,具备良好的英语听力成了获取和处理大量英文资料的关键。无论是学术讲座、在线课程还是国际会议,良好的听力技巧都能帮助学生更有效地获取知识,开阔视野。此外,通过持续的听力练习,学生才能够逐渐培养起自主学习的习惯,这在终身学习的时代尤为重要。因此,英语听力教学也必须在践行基础教育新课程理念、培养学生学科核心素养方面作出贡献。

第一节 听力的内涵与功能

一、什么是听力

在人类交往活动中,听是最基本的信息接收形式,是理解和吸收口头信息的交际途径。在语言学习过程中,听是吸收和巩固语言知识及培养说、读、写等语言能力的重要手段。研究显示,听力理解具有认知、效率、实用和情感四大优势[1]。认知优势是指学习语言以听为先，听是一种自然的语言学习方式；效率优势指听能够促进学生对其他语言技能的掌握；实用优势是指听的使用频率高，在交流活动中它所占的时间比例居语言四种技能之首，大致与说、读、写技能持平；情感优势是指听能使学生较早产生成就感和成功感，从而提高学生的学习积极性。因此，现代教育理论主张尽早把听的教学引入外语学习中。

那么，什么是听力？一般地说，听力是识别和理解他人说话内容的能力。广义上的听力就是一个人的听、辨声音的能力，而狭义上的听力就是听力理解能力——在听辨声音的过程中，对所听内容进行概括、分析、综合和记忆以获取信息的一种能力。从交际角度看，听和读一样，都是关于被动接受的技能，听的言语活动是机械地、被动地理解和接受信息的过程。听者无法预料说话者要说的话，也无法控制对方的语速。例如，人们无法放慢速度收听广播中的信息；即使在对话中，人们也不可能让说话者多次重复。但从生理学、心理学和信息加工角度看，听是主动积极的交际行为，是高效率、快节奏的脑力劳动。通过听觉领悟语言是一个复杂的心理过程，它包括接受信息，识别、判断和理解信息等多层次的心理活动，是人们通过智力认识活动，将外部言语转化成内部言语的过程。听不仅要求听者正确感知和辨别声音符号，还需要听者调动其原有的语言知识、背景知识、个人生活经验、语感等，采用一系列认知策略，处理、分析、重构信息，从而理解语言符号所代表的意义[2]。

二、听力的特征

听力作为人类感知世界的一种重要方式，具有独特性。这些特征不仅包括生理和心理层面的特性，还包括在学习语言或进行交流时的具体表现。听力作为一种感知和认知过程，具有以下特征。

---

[1] VANDERGRIFT L, 方申萍. 第二语言听力理解中的学习策略培训[J]. 国外外语教学, 2000（4）: 24-28.

[2] 章兼中, 俞红珍. 英语教育心理学[M]. 北京: 警官教育出版社, 1998: 124.

（一）感知性（perceptual）

听涉及对声音的识别，包括音高、音强和音色。听者需要辨别不同的语音单元，如音素、音节和单词。听力不仅仅是对声音的接收，还包括对所听内容的理解和解释。听者需要记住所听信息，以便进行后续的处理和应用。

（二）即时性（immediate）

听是实时进行的，听者必须迅速处理和理解声音信息。与阅读不同，听者无法像翻书那样来回查看之前的信息，必须回忆所听到的内容。声音是短暂的，一旦发出，如果没有被捕捉，信息就会丢失，除非使用录音设备或其他技术手段。

（三）选择性（selective）

听者可以选择性地关注某些声音或信息，而忽略其他不相关的声音。在复杂的声音环境中，听者可以筛选出相对重要的信息。人们可以在听的同时做其他事情，如边听音乐边工作，或边听讲座边记笔记。

（四）依赖性（dependent）

听的效果依赖听者的语言知识，包括词汇、语法和语用知识。听者对谈话主题的背景知识的了解也会影响其听力理解的效果。

（五）动态性（dynamics）

听是一个动态过程，随着经验和技能的提升，听者的听力也会相应提高。听力理解往往依赖具体的情境和上下文，噪声、回声等因素会影响听的质量，有时甚至会完全阻碍听者对信息的理解。

（六）个体差异性（Individual Difference）

不同个体，听力存在差异，这可能与生理结构、经验、训练强度等因素有关。个体的认知风格和学习策略也会影响听力过程。

了解听力的这些特征有助于人们更有效地进行听力训练和提升听力技能。通过针对性练习和策略的实施，听者可以克服听力障碍，提高听力理解能力。

三、听力的功能

英语听力作为一种语言技能，具有多种功能，这些功能不仅限于简单的信息接收，还涉及理解、分析以及情感交流等多个方面。

（一）信息获取

事实性信息：听者能够从对话、演讲、新闻报道等听力材料中获取具体的信息。

概念性信息：理解复杂的概念、理论和观点，如学术讲座、研讨会讨论上所提出的概念等。

（二）语境理解

上下文理解：根据对话的上下文推断出说话者未直接表达出来的意思。

文化背景：理解说话者所提及的文化、社会背景信息，这有助于更全面地把握信息。

（三）情感识别

情绪感知：通过声音的语调、语气等，识别说话者的情绪状态。

态度理解：判断说话者的态度是积极的、消极的还是中立的。

（四）逻辑推理

逻辑关系：理解句子之间的逻辑联系，如因果、转折等。
结构分析：分析话语的结构，如论点和论据的关系。

（五）批判性思维

评价论证：评价说话者的论点是否合理，是否有足够的证据支持。
比较分析：比较不同的观点或信息来源，形成自己的判断。

（六）跨文化交际

文化差异：识别并适应不同文化中的语言习惯和交流方式。遵守社交场合中的礼仪规范，在对话中及时作出反应或提供反馈。
国际视角：理解来自不同文化背景的人的观点和思维方式。根据听到的问题或指示进行回答或采取行动。

通过分析上述功能，人们可以看到，英语听力不仅是一种被动接受信息的过程，还涉及主动理解、分析、判断以及情感交流等多个方面。良好的英语听力对于学习、工作乃至日常生活中的人际交往都至关重要。

四、听、说、读、写四种语言技能的关系

语言技能包括听、说、读、写技能以及对这四种技能的综合运用能力。语言学家从不同角度对语言技能有以下划分。从语言的形式上看，听和说是口语，读和写是书面语，口语是书面语的有声形式，书面语是口头语言的文字记录。从人类语言发展来看，口语（声音）在前，是第一性的，书面语（记录）在后，是第二性的。口语与书面语在表达的方式与途径以及词汇、句法、信息密度和语言功能等方面有明显区别。从认知角度来看，听和读侧重话语理解和信息输入，说和写可用于表达思想，是信息输出技能。这四种技能在语言学习和交际中相辅相成、相互促进。

事实上，这四项技能是语言运用能力这个系统能力的组成要素，也与掌握语言的阶段有关。外语教学得先培养学生掌握听说读写四种技能，在四技能的基础上，才能培养学生运用外语进行交际的能力。从系统论看，尽管各种要素的比重不可能均等，但要素之间必然存在横向的联系，并以此而共同构成系统，共同发挥系统的功能。它们缺一不可，割断联系也不可。

许多学者和教师在听说读写技能教学先后顺序问题上观点不一。国内外专家认为，学习母语和外语应坚持"听说领先，读写跟上"的原则，说是基础，其他能力都是靠说建立起来的；但也有专家主张中国人学外语应该读写在前，听说随后，因为外语学习从易到难的顺序是"读—写—听—说"，读是最容易的，说是最难的[①]。

笔者认为，教授一种技能的环节先后并无固定的模式，它取决于学生的年龄、生理和心理特点、学习目的和学习环境等诸因素，况且听、说、读、写能力的发展历来是不平衡的，要根据具体情况安排教学侧重点。在英语听说读写四项技能中，听力是最令我国学生苦恼和忧虑的问题之一，英语听力教学也是基础教育阶段最重要也最容易被忽视的问题之一。然而，作为一种输入型技能，听力不仅跟口语息息相关（"听说不分家""输入是基础"），还对英语阅读和写作起着重要的支撑性和促进性作用，尤其是在当前基础教育英语课程特别倡导核心素养培养的新时代背景下。

第二节 听力理解的认知要素与过程

一、听力理解的认知要素

听力理解究竟是一个怎样的过程，由哪些能力要素构成，目前尚未

---

① 贾冠杰.外语教育心理学[M].南宁：广西教育出版社，1996：115.

有定论。但大量的研究表明，听力理解包括以下四个要素：接受、注意、理解意义和记忆。这四个要素构成一个大的、循环往复的、相互作用的过程。

（一）接受

接受是构成听力的第一个要素，即借助听觉器官接收听觉刺激的过程，在英语中用"hearing"一词表示；在面对面的交际中，接受还包括视觉器官所接收到的视觉刺激。听觉和视觉器官接收信号刺激是听力理解的基础。没有接受，听力理解就无从谈起。

（二）注意

构成听力的第二个要素是注意。它是指听者有选择地感知和记忆听觉刺激的过程。人们的需要、兴趣、愿望等都会对人们选择注意的对象产生一定的影响。在人们听的过程中，主客观方面都存在能引起人们注意的刺激，如人们周围出现的各种各样的声音（鸟鸣虫叫、汽车马达的轰鸣、风雨声等），人们身心的状况（头疼、肚子饿、心事重重）等。人们在注意一些刺激的同时，会忽略另一些刺激。

（三）理解意义

构成听力的第三个要素是理解意义。在这个过程中，听者会尽可能理解说话者所要表达的意思。那么人们是如何理解意义的呢？对于这个问题，许多研究人员试图予以解答，并提出了意象理论、分类系统理论和信息加工理论等。它们从不同的角度揭示了人们理解意义的过程。语言意义的理解程度从根本上说还是取决于听者的语言水平。没有一定的语言水平，也就谈不上对语言的理解。

（四）记忆

构成听力过程的第四个要素是记忆。在这个过程中，听者会把听到的信息储存在长时记忆中。长时记忆系统的容量很大，信息被保存的时间相对较长。信息加工心理学认为，人的记忆分为感觉登记、短时记忆和长时记忆。原始刺激通过各种感觉器官进入感觉登记系统，虽然它的容量很大，但是在此环节所储存的信息保持的时间很短，因此感觉登记也被称为瞬时记忆。研究表明，视觉的瞬时记忆只能持续几百毫秒，而听觉的瞬时记忆相对较长，能持续三四秒。如果刺激在感觉登记系统中没有立即被注意到，即没有进入短时记忆系统，就会被忘记。进入短时记忆的刺激，已经从声音形式转换成了有意义的形式，如单词"bit"从音波形式转化成"bit"这一有意义的形式。研究表明，进入短时记忆的刺激被保持的时间为20秒至1分钟。如果在这段时间内，刺激没有被注意，它就会被忘记。但是如果刺激不断地得到注意，如对它进行重复，把它与瞬时记忆或长时记忆的相关信息联系起来进行加工，它就可能进入长时记忆系统。人们会对储存在短时记忆中的信息进行一定的分析，如利用停顿来切分语句，或利用语境来排除歧义现象等，把它们转化成意义表象[①]。

二、听力理解的模式

在听的过程中，听者是如何获取意义的？人们常常运用以下三种理解模式。

（一）自下而上模式

自下而上模式是从语言的角度对听力理解过程进行解释的。该模式认为，人们理解口头语言是一个从部分到整体的对语言进行线性加工的过程，即切分并理解构成单词的语音信号、构成短语或句子的单词、构成连贯语篇的短语或句子。

受该模式影响，在外语教学中人们对听力理解有一个误区，认为在

---

① 李冬梅. 近十年来国内英语听力理解研究述评 [J]. 外语界，2002（2）：30-34.

听力材料中，如果没有语言知识难点，学生听懂材料轻而易举。因此一些教师会在进行听力教学的过程中，先对学生不熟悉的语言知识点进行讲解，然后再让学生听。

诚然，该模式对听力理解过程中的某些现象给予了合理的解释，如认识到了语言知识在整个理解过程中所发挥的作用。但是如果仅从语言知识的角度对复杂的听力理解过程进行解释，显然是把该过程简单化了。例如，该模式就无法解释这样一种现象，即在没有语言障碍的情况下，有时人们还是无法理解听力材料。因此，自下而上模式无法解释整个听力理解过程。

（二）自上而下模式

20世纪80年代早期盛行的自上而下模式也被称为宏观加工模式（macro-processing）。该模式认为，听力理解在很大程度上取决于听者的图式知识（schematic knowledge）和情景知识（contextual knowledge）。

帕特里夏·卡雷尔（Patricia Carrell）和琼·艾斯特霍德（Joan Eisterhold）把图式知识分成了内容图式（content schemata）和形式图式（formal schemata）两类。内容图式指与话题有关的背景知识和社会文化知识。形式图式指语篇的组织方式。情景知识指听者对"听"这一动作所发生的具体情景的了解（如交际双方的情况、交流发生的背景、交谈的题目以及交流的目的等）和对正在呈现的语篇内容的了解（如已经输出的内容和可能要输出的内容）[1]。自上而下模式是针对自下而上模式的弱点而提出的，即语言知识本身并不能完全有效地解决听力理解的问题。但它又过分强调了图式和情景知识的重要性，而忽略了语言知识的作用。

（三）相互作用模式

前面已经提到，听是一个复杂的生理和心理过程。它需要听者运用

---

[1] 吕良环. 外语课程与教学论[M]. 杭州：浙江教育出版社，2003：79.

语音、语义、句法、语篇、语用等方面的知识和社会文化背景知识以及学习策略，对语音信号进行加工，从而使听者理解说者的思想和情感。尽管自下而上模式和自上而下模式都从不同角度对听力理解过程进行了合理的解释，但它们都有偏颇之处，没有展现出这个过程的全景。因此，现在越来越多的人接受了这样的观点，即听力理解过程既是一个自下而上的过程，也是一个自上而下的过程。

有效的听力理解需要听者和听力材料的相互作用。一方面，听者要掌握一定的语言知识、背景知识和情景知识，并根据情况检索、调用大脑储存的这些知识，而且注意力、瞬时记忆、短时记忆等方面所涉及的部位都要处于最佳工作状态。另一方面，听力材料的组织结构要便于人们的认知加工，如题目的信息量要丰富，定位要准确，段落的顺序安排要符合逻辑，各段的内容要主次分明，所蕴含的言外之意要易于为听者所把握，语言的使用要不晦涩，结论的形成要顺理成章等。

三、听力理解的过程与特点

（一）听力的心理过程

从心理学的角度，可以将听的过程划分为分析综合、预测筛选、印证修正三个阶段。

听力心理过程的第一阶段为分析综合。在模式上可将其划分为以下具体六个步骤：一是对语音的感知与识别；二是对具体词、词组等简短材料的意思进行初步的理解；三是对材料进行短时记忆的储存；四是将刚储存的材料与已储存的材料进行联系；五是领会材料的意思并进行长时记忆的储存；六是对材料大意的回顾。

听力心理过程的第二阶段是预测筛选。这里的预测即根据一定的上下文，根据对讲话人的表情、动作和语气等语言手段的观察与熟悉，听了上半句，便推测出下半句的内容。筛选就是将注意力集中到与本话题有关或者关键的部分之上。

第二章 英语听力教学概述

听力心理过程的第三阶段是印证修正。理解词句的表达是否正确，往往需要通过下文加以印证或修正，对上文正确的理解可成为听懂下文的契机，并成为有效理解听力材料的有利条件。

简而言之，听的过程是对声音的感知与识别和对字、词、句、情景意义等的判断的过程。任何一个阶段的失误，都可能导致"听不懂"的结果。

（二）听力理解的特点

听力理解是一个主动积极的理解和解释的过程，具有以下特点。

1. 听者无法控制所听内容的难度

首先，口头语言冗余量大。除了一些正式的讲演、报告、讲座，口语具有很多冗余信息。其次，口语具有随意性。说话者说出的话语有时不太符合语法，内容也可能随意脱离或转移话题。因此，听者要善于剔除冗余信息，避开不相关的内容，抓住主要信息，把注意力集中在语言的内容而不是形式上。最后，语言的各种变体和听者对题材的熟悉程度以及不同的发音方式等，也会增加听力理解的难度。

2. 听者无法控制所听内容的输入速度

听力理解中输入内容时节奏的轻重快慢是由说话人（或录音）控制和掌握的。对听者来说，讲话的内容可谓稍纵即逝。他无法控制语言材料呈现的速度，并需要听一遍就懂。听难以像阅读那样"回顾"。

3. 听者无法控制语言材料呈现的方式

听者对所接受的语言材料的清晰与否、有无视觉辅助（幻灯、图片、录像、手势等），以及所处的物质环境、是否面对面交谈等也是无法控制的。例如，学生如果是在自然环境，即有噪声干扰的环境中听一段录音，他们的理解力就会受到很大影响。我国学生习惯于听十分清晰的语音，对稍有模糊或有噪声干扰的语音材料很不适应。严格地说，这不是交际意义上的听。

    4.听者借助重音、语调以及表情、手势等接受信息

说话人表情达意时总是带着一定的感情色彩。语言的轻重缓急、抑扬顿挫、伴随的手势表情等因素都给讲话内容添加了注解。人们对同一事情的情绪体验和价值判断不同，使用的语音语调和表情、手势也不同，于是所表达的意义就会产生很大的差异，有时甚至截然相反。所以，教师要培养学生借助这些表情达意的手段捕捉信息的能力，以使其作出恰当的合乎逻辑的判断。

综上所述，培养听力并不是一件轻而易举的事，从"说"具有自我控制性，可以避开自己不熟悉的词语这个角度来看，"听"甚至比"说"还要困难一些。

四、影响听力理解的因素

听力的心理机制表明，听者在感知、判断、分析和理解所接收的声音符号的过程中有一系列复杂的心理语言过程，涉及认知与情感因素。关于影响听力理解的因素，许多专家学者阐述了各自的观点。

束定芳[1]等人认为影响听力理解的因素可分为五个方面，即听力材料的特征、说话者特征、任务特征、学生特征和过程特征。

章兼中等人指出，影响听力理解的因素分主观和客观两方面，主观方面涉及语言知识、背景知识、认知策略和情感因素，客观方面指组块或意群、语言的随意性、语速、重音和人际交往。陶嘉玮把影响听力的障碍因素归结为语言和非语言两方面，其中语言方面包括语音、词汇、语法和综合理解的障碍，非语言障碍是指心理和文化障碍。

概括地说，听者所感知的意义一般由语言声音、信息、语境和说话者意图四部分构成。将外部的声音信号转化成内部的理解，不仅需要运用各种语言知识，还需要运用观察、记忆、思考和想象能力以及调动个

---

[1] 束定芳.现代外语教学：理论、实践与方法[M].上海：上海外语教育出版社，1996：122.

第二章　英语听力教学概述

人所具有的知识经验和各种知识策略等。因此，影响听力理解的因素很多，以下就几个主要因素进行分析。

（一）语言障碍因素

由于人们长期以来不够重视对听力技能的培养，我国中学生大多缺乏听力训练，这导致他们在语流中听不懂已学过的词，或者有的内容听懂了，但不知是什么意思。这就是语言文化上存在障碍的表现。语言障碍主要指学生在语音、词汇、语法等方面的障碍。

1. 语音因素

在语音方面，不难发现，那些发音好的学生往往听力也好，而发音差的学生听力也差。这主要是因为学生受母语或方言的影响，自身发音不准，又缺乏必要的语音基础知识。例如，有些学生不能区别音素 [l] [n] 和 [r] 的发音规则。这样当他们听录音时，就很难判断是 "light，night" 还是 "right" 了。还有些学生不能区分音素 [l][n] 和 [r]，这样他们在听录音时就会混淆 "short" "sought" 和 "thought"。如果有许多音素不能区分，必然就会有很多字在声音上不能区分，从而发生意义理解上的混乱和错误。例如，在听力中学生可能因语流过快，出现连读、弱读、同化、重音、语调等现象。

从语音规则上讲，冠词、一些代词、助词、连词和一些介词在句中不重读，语言学家阿尔弗雷德·吉姆森（Alfred Gimson）指出，在连续性谈话中有十几个常用词，如 "at" "of" "the" "to" "as" "and" "or" "a" "his" "an" 等要弱读[①]。而在句子中使用重音往往是讲话者表达意思的一种语言手段，因此也是听话者理解话语的重要依据。例如，在美式英语中 "can't" 读成 [kn't]，当紧跟其后的是以爆破音为首的词如 "go" 时，"t" 就不爆破，听起来与 "can" 几乎一样。区别 "I can go" 与 "I can't go" 的唯一依据是 "can't" 带有句子重音，表示否定。

---

① 黄远振. 新课程英语教与学 [M]. 福州：福建教育出版社，2003：120.

2. 词汇因素

众所周知，词汇是语言的建筑材料，掌握足够的大量的词汇是提高听力的基础。因为在听的过程中如果要等到处理和分析完所有句子的句法结构之后才能获得语义的话，大脑就会超负荷运转，造成故障，无法跟上快速的语流。在日常学习中，人们会发现，在收听 VOA 或其他英语时事新闻时，虽然材料语速不快，句子结构并不复杂，但学生的理解依然存在很大的困难，有时句子听得很清楚，但还是不能理解其中的意思，原因就在于他们对时事新闻词汇的掌握非常有限。

此外，大部分的学生缺乏关于日常词汇和用语的知识，某些词汇他们只了解其中某一些含义，有些学生甚至不了解英语词汇一词多义的特点，所以很难听懂。道理十分简单，如果每个句子中都有几个生词，而在听时只思考那些生词，就不能理解整篇文章。例如，在听时事新闻时，如果听不懂"super power"（超级大国）、"arms race"（军事竞赛）、"Watergate"（水门事件）等政治术语，就不可能明白作者所表达的意思。例如，"They see eyes to eyes with each other."不是"大眼小眼互相看"，而是"达成一致意见"的意思；"How goes the enemy?"不是问"敌人怎么了"，而是问"时间几点了？"；而"Thick cheeks bring success."则是"厚着脸皮，处处占便宜"之意。可以看出"enemy""success"并不是原意"敌人"和"成功"。所以，以原来的思维去理解，就偏离了原意[①]。可见掌握词汇是听力的关键。

3. 语法因素

除有正确的发音、较大的词汇量之外，学生还必须有丰富的语法知识和较强的语感，并熟悉各种句型。只有这样，当声音信息传到耳膜时，才会产生正确而快速的反应。例如，听力材料中很多时候都会出现以下几种虚拟语气。

---

① 张成国. 浅谈中学英语听力教学 [J]. 钦州师范高等专科学校学报，2004（2）：101-104.

W: It is 9:40 now. Tom should have been here half an hour ago.

M: His wife said he left at 9:30, so he won't be here until 10:00.

Q: When was Tom supposed to be here?

A. At 10:00　　　B. At 9:00　　　C. At 9:10　　　D. At 10:30

很多学生选 A. At 10:00，但正确答案为 C. At 9:10。这就是虚拟语气的陷阱。不难看出，熟悉语法，无疑能帮助学生减少误听的发生，从而迅速领会句子的主旨。

（二）心理状态因素

听力理解的过程是一个较复杂的心理活动过程。听力过程中不良的心理素质主要表现在听音时过于紧张和注意力不集中两方面。心理学研究表明，当人的情绪处于紧张焦虑的状态时，易产生恐惧心理。有些学生一遇到不理解的单词或句子就烦躁不安；有些学生甚至还没开始听就产生了畏难情绪，在听的过程中处于被动无助的状态，精神高度紧张，产生急躁情绪，其后果是脑子出现短暂的"空白"。这种状态下的听力理解就不能保证连续性和正确性。这就无形中给学生设置了信息输入的屏障，降低了信息加工的有效性，从而影响了学生对听力材料的理解。

除此之外，还有注意力不集中的问题。很多学生都有这种感觉，长时间地听不太熟悉的英语语音、语调、词汇、句子等内容，会觉得疲倦，容易走神。这种情形哪怕出现几秒钟，信息的输入都会出现断层，势必影响听力的效果。正因为有这种心理状态的存在，许多学生在一定的时间内提高不了自己的听力。此外，环境的变化对学生的心理也会产生较大的影响。同样的听力内容，在教室里听老师讲和在录音室里听录音，学生的心理准备和活动方式是不一样的。而多数学生又不善于调整心理状态，因此听力理解上会有困难。

（三）认知策略的因素

听话人的认知策略一般有预测、猜测、判断、推理等。它是对所吸收的语言信息的积极思考和再加工，在实践上也是一种听力技巧。主要应根据具体的语境、听者对题材主题的熟悉度和行文的语法逻辑关系来选择运用何种认知策略。其中，人物、场合、主题构成了特定的语境。不同的人物由于身份、相互间的关系、场合的不同所采用的措辞方式也不同。即使是同一句话，由于时间和场合不同，意义也会发生变化。听者不仅可以根据说话者的年龄、身份及相互关系预测讲话内容，也可根据谈话内容、场合等判断说话者的身份，进而推断他的观点和态度。如果听者对谈话的主题非常熟悉，他也就不难理解说话者的意图或"言外之意"。另外，行文的语法逻辑关系，如比较、假设、因果、转折、并列以及先后关系等都有明显的话语标志。例如，听到"however"就表示转折等。

第三节　听力教学的理论与模式

一、听力教学的地位与原则

听，作为一种语言活动形式，在人类的认知活动中，占有极大的比重。根据美国外语教学法专家威廉·里弗斯（William Rivers）和坦珀利（M. S. Temperly）的统计，听在人类交际活动中所占比例为45%，位列听、说（30%）、读（16%）、写（9%）各语言活动之首[1]。在语言学习过程中，听还是吸收、巩固语言知识和培养说、读、写语言能力的重要手段。语言习得主要是通过获得大量的可理解输入来实现的，而"听"则是获得可理解语言输入的一个最重要的渠道和手段。因此，在外语教学中人们应给听力教学足够的重视，积极探讨听力理解的性质和过程，认真研究听力教学的理论与方法，努力提高听力教学的效果，使听力教学

---

[1] 贾冠杰.外语教育心理学[M].南宁：广西教育出版社，1996：36.

在外语教学中发挥其应有的作用。因此，听力课是外语学习的一个必不可少的组成部分，听力课的教学质量会直接影响学生语言知识的接受、语言技能的训练和交际能力的培养。

听、说、读、写是语言的四大技能。说和写是输出技能，听是输入技能，但它也与其他技能一样重要。从四个技能的顺序来看，人们也能得出这一结论。而且这一顺序还反映了语言学习的发展过程。对初学母语的儿童来说，他们先学习听，然后学习说，再往后学习读，最后学习写。以这一顺序学习母语是非常自然的。但成年人有许多工作要做，许多东西要学，他们比儿童从母语中所受到的干扰更多。因此，在四大技能中，听力也许是在第二语言的学习中最容易被忽视的一种技能。

如果没有较好的听力理解能力，成年人能否真正地掌握好一门外语呢？答案是"不"。众所周知，在外语学习中，听力不仅是一个技能，还是语言的基础。它不能与其他三个技能相分离。在外语学习中，它是整体的组成部分。因此，如果学生不能很好地处理这四者的关系，就不能在语言学习中打下扎实的基础。

在英语语言学习中，听力的重要性体现在以下三个方面。

第一，听力给听者留下很深的印象，并且能帮助训练听者的记忆力。在语言学习中，声音的印象比词语的印象更深，更加形象。语调的升和降，重读音的主和次，以及声音的抑扬顿挫，可以给听者一种真实的、鲜活的体验，并且能使听者将所听内容保留更长的时间[①]。一些学生甚至将听力用于政治和语文学习。他们先将要记忆的材料录成语音，然后再一遍遍地听，直到在脑子里记住录音内容。声音在人的脑海中所停留的时间长，也许会永久地存储在那里。

第二，听力要求人具备并且可以训练人的快速反应能力，还能培养人的语感。人们所听的录音材料有一定速度，即正常速度和教学速度。二者尽管有差别，但都有存在意义。与阅读相比较，读者阅读时可随意

---

① 梅艳. 英语教学手段的新思考[J]. 外语电化教学，2002（3）：35-38.

停止。如果他们理解了，就可继续读下去；如果他们读不懂，可以再读一遍，没有时间等方面的压力，读者可以随意控制阅读速度。但是当他们听的时候，即使是最慢的速度也是有意义的，速度是由讲话人控制的，听者处于一种接收状态。如果听者不能跟上说话速度或不能快速反应，他就不能理解听力材料。有时，听者抱怨在听力过程中反应太慢，那是因为讲话人讲的速度相对较快。实践表明，只要听得越多，那么人的反应也将变得越快。一般说来，听得多的人要比听得少的人的语感强。

第三，听力帮助听者用英文来思考并且有助于其直接理解。听连续的句子之所以能帮助听者用英文来思考并直接理解，是因为语言的快速连续性不能给听者以时间来将他们听到的内容译成母语。那些通过语法翻译方式来学习阅读的人往往不能用英文来思考。他们对文章的理解是基于对语言所进行的语法分析的。也就是说，他们先将文章译成母语，然后再学习。事实上，这种语法分析已成为理解过程中的一种中介。听者的理解能力是由根据语法规则进行分析的能力来决定的，这种能力是一种逻辑分析能力而不是一种语言能力。因此，当他们听的时候，就感到很困难，这也许是他们不能快速反应的另一原因。从上述内容来看，听不需要翻译的过程。事实上，它摒弃了翻译这一中介。听促使听者去思考，去做出快速反应，因为不这样做的话，就根本不能听明白。这样，听也就能帮助人们直接理解了。当然，听还有许多其他的优点，比如，人们能从听当中获取信息并掌握说话技能，并最终促进说、读、写能力的提高。

听力教学受学生的心理过程和外部环境的影响相对更大，因此，在英语教学中，为了培养学生良好的听力，必须坚持以下原则。

（一）主体性原则

现行的人民教育出版社所编教材的一个最大特点便是变过去的"教师中心"为"学生中心"，使教学内容围绕学生的活动来设计。在教学中教师的角色应当是"学长""引路人""教练""导演""裁判"或"共同学习者",而不应再把学生当作知识的"容器",要充分体现以人为本、尊重学生的主体性、满足学生全面发展的新课程理念。

(二)实践性原则

外语是一门实践性很强的学科,"听"是进行交流实践的基础。但交流应是双向的,听是输入信息,而说是输出信息,听力不应只是单纯地"听",而应结合"说""读"和"写",这样才能体现外语教学的实践性[①]。

(三)成功性原则

让学生在学习中不断产生成就感,就能大大地促进学生学习的积极性、主动性,开发他们的潜能。听力教学更应遵循这一原则。

(四)协同性原则

在听力教学中,要尽量避免单一的交流或活动方式,应提倡师生间、学生间的多边交流活动,并采取视、听、说结合,眼、耳、手互助的方式,以达到听力最佳效果。只有师生积极互动,才能达到共同发展的目的。

二、听力教学中的困难与对策

在四项技能中,听力是最容易令学生头疼的问题,也是教师教学的难题。概括起来,听力教学中的常见困难有以下几方面。

(一)学生语言知识方面的差异

1. 语音发音不准

学生由于自己发音不准确而造成的对近音词的混淆,会影响学生对所听内容的理解。例如,对语流中的同化、强(弱)读、连读、省音、

---
① 贾道新.高中英语听力教学初探[J].黑龙江教育学院学报,2002(6):118-119.

失去爆破等语音变化不能正确识别，如"Four of us went out for a walk, then decided to go to the nearest restaurant for supper."一句，由于这个句子在朗读中运用了连读、失去爆破等语音规则，学生连续听了几遍也搞不清是什么意思，直到看了整个句子以后才弄清楚真正的意思。可见，语言基础的优劣直接决定了听力水平的高低。

2. 词汇量少

部分学生因为缺乏一定的单词、习语和句型的积累，在听音时会出现概念模糊或误解句子的真实含义的情况。例如，bed clothes（被褥）经常被误认为是"睡衣"，而 next fall（明年秋天）中的 fall，如果认为是"摔倒"就大错特错了。

3. 语法知识差

良好的语法知识有助于学生理解听力材料，帮助他们准确地判断动作及其发生的时间、动作的执行者以及说话人的情感、态度、价值观等。如果语法知识点混淆不清，也会直接影响听力理解的效果。如"He used to get up at six in the morning."和"He is used to getting up at six in the morning."这两句话的含义是存在差异的，前者指"过去常常在六点钟起床"，而后者则指"习惯于六点钟起床"。

（二）文化背景知识方面的缺陷

每种语言都是在特定的社会和历史背景下产生和发展的。因此，每种语言都反映了不同社会历史时期所特有的不同习俗、历史背景、文化差异、语言习惯，以及文化现象，如 Spring Festival（春节）、moon cake（月饼）、Dumpling（饺子）等。这些中国人常见的词，外国人却并不太了解它们的文化背景。

同样，在学习英语的时候学生也会面临类似的问题，如 Thanksgiving Day（感恩节）、Christmas Day（圣诞节）、sandwich（三明治）、fireplace（壁炉）等。因为文化背景的不同，即使语言表达准确无误，有时也会发生误解。例如，当学生看见外籍教师的时候，可能会亲热地问候一声"Where are you going?（您上哪儿去？）"或者"Have you had your breakfast?（你吃过早饭了吗？）"。这两句话在中国人看来是习以为常的对话，但对英、美等西方国家的人来说，问及某人的去向、收入、年龄（尤其女性）等问题常常被认为是极不礼貌的，会被误解为是在干涉别人的私事。而询问西方人是否吃了饭，则暗含着邀请对方吃饭之意。可是，许多学生由于对英美国家的历史、文化常识和礼仪知识不甚了解，对西方人的兴趣爱好、生活习惯、风土人情、文化背景等不熟悉，可能会听不懂有关这方面内容的材料，觉得不知所云。

（三）听力习惯和方法技巧方面的差异

一些学生抱怨录音速度快、听力难，这与他们不良的听力习惯有很大关系。有些学生听的时候过于紧张，难以发挥出正常的听力水平，这使原本熟悉的题材也变得陌生。还有些学生不善于抓主要内容，不善于捕捉重点细节并做必要的记录，在听时平均分配注意力，试图听懂材料中的每个单词，遇到不理解的单词和句子就停下来思索，这无疑会跟不上语速。

还有一部分学生在听力测试过程中不能直接用英语理解听力材料，而是借助于中文，中间经历了一个"心译"的过程。另外，由于不少学生缺乏日常的专门的听力技巧训练，他们不了解听力试题中各种类型的材料的特点，也不懂如何使用正确的策略与方法来应对不同类型的试题，因此不能熟练地选择答案。有时候即使他们能够听懂内容，也会因为没有掌握一些有效的答题技巧，而产生错误的理解和判断。

（四）如何克服听力教学中的困难

一堂好的听力课，应该是一个以传授和训练技能为主的过程。在这一过程中，教师应充分发挥自己的主导作用和学生的主体作用，这样才能优化英语听力课的教学质量。同时，必须坚持以学生为中心开展听力教学，做到有的放矢。教师可以采用以下方法克服听力教学中的困难。

1. 减轻学生心理负担，激发学生听音的兴趣

引导学生产生积极的心理情绪对提高听力教学效果十分重要。首先，在课堂上，教师应尽量用英语组织教学，创设英语环境。教师可以讲一些英语幽默故事，穿插英文歌曲及国外歌星、球星的趣事等，还可以利用多媒体教室，用VCD、录像带等放一些精彩电影、电视片段，增添课堂乐趣，活跃气氛，调节学生心理状态。其次，使用暗示方法，营造轻松、和谐的气氛，努力消除学生害怕、紧张、沮丧、反感等心理障碍。例如，听前教师可让学生在音乐的伴随下做放松体操、深呼吸，这时，教师可结合材料用轻柔的语言对内容进行提问，引起讨论，也可介绍背景，展示画面等，使学生在心理上处于期待听的状态。最后，教师应重视教学反馈。教师对学生回答的不同反馈，对学生造成的心理影响是不一样的。肯定的回答可以增强学生的自信，提高学生的学习兴趣，而否定的回答会使学生兴趣下降，失去信心。因此，教师要多表扬，多鼓励，树立起学生的学习信心。

2. 合理选择听力材料，科学设计听力练习

教师选择听力材料时应注意：第一，由浅入深，由短到长，循序渐进，切不可急于求成；第二，选一些地道的英、美原声播音；第三，听力材料要多样化，应让学生接触多种题材（社会、科学、日常生活等）和多种体裁（对话、独白、新闻广播、讨论、座谈乃至歌曲等）的语言材料。

设计听力练习时，应先明确训练目的。综合训练中听力习题应主要针对语言要素的听辨能力进行训练；专项听力训练中的听力训练习题一方面用来检测学生对所听材料的理解程度，另一方面用来有针对性地引导和训练学生使用各种听力的技巧。此外，在设计听力练习的时候还要合理地选择题型。从方式看，有听口答、听笔答和"信息转换"（即听后画图、填表、做动作等）；从形态看，有多项选择、正误判断、YES/NO或WH问答等；从给题时间看，有听前设问，也有听后提问，题型及内

容应与目的一致，为目的服务。

3. 坚持课堂与课外相结合

为了开展好听力教学，提高学生的听力，仅仅依靠有限的课堂时间是远远不够的。教师有必要鼓励学生课后多听磁带，多听多看英语节目，多背诵英语短文、诗歌和精华片段，多学唱英文歌曲。提高听力技能的一个重要方法是反复练习，熟能生巧，充分应用所学到的知识去培养语感。如果条件允许的话，可以不时邀请外籍教师到学校进行专题演讲，让学生学习和了解英美国家的文化与传统。为学生和外籍教师组织聚会等活动，创造与他们面对面互动与交流的机会。这些形式，不仅可以让学生消化课堂上所学到的东西，还可以让学生发现自己的不足，更能激发学生学习英语的热情，让学生坚定学好英语的决心和信心。

4. 改变不良的听力习惯，培养听力技巧

首先，要克服"心译"，培养直接理解的习惯。克服"心译"，关键是培养用英语思考的能力。听音过程中，有些学生总想把听到的英语译成汉语，而英译汉的心理过程会使学生因跟不上声音的信号而不能全面把握所听的内容。汉语的干扰也不利于学生培养语感和直接使用英语思维的习惯。其次，要克服依赖文字材料的习惯。英语听力，自然指不看文字材料听英语的能力。因此训练时，学生自始至终坚持不看材料，才有利于培养听力。

三、听力教学的理论与发展趋势

（一）听力教学的理论

听力教学的发展经历了几个阶段。20世纪60年代，听力教学研究侧重对学生语音系统的了解。教学重点放在对不同元音组合的音节的分辨、语调的高低、重音的变化等语音信号的识别上。20世纪80年代，教学重点转移到对学生进行常规的听力理解的训练上。训练的重点已不是辨音，而是对大段语音的整体理解。

近十几年来，人们对听力过程的本质有了进一步的认识。在日常生活中，人们都是有目的、有选择的听。听力训练的安排力求更贴近实际生活，更符合能力自然发展的过程。同时，强调学生在听力课上进行小组活动，提倡听者之间的互助和协作。可以看出，教学的中心日益倾向于激发学生的主动性，帮助学生建立自信心。

目前关于英语听力教学的理论大致有三派。

其一，以结构主义为理论基础的听说法。该理论认为，听力仅是一个被动的接受语言后将其对号入座的"解码"（decode）过程。这种定义比较简单，并未揭示听力的基本特征。

其二，信息加工论。该理论视交际为信息的意义与信号的传递，认为"听"是信息传递与加工过程中对语言信号与意义的接收、保存与处理。

其三，心理语言学中的认知学派和应用语言学。该理论认为，听力理解的过程与阅读理解一样，都是人脑中已有的知识结构与外界知识相匹配的结果，指出说话人和听话人都具有建构语言的机制，对信息的加工不是人与外界知识的简单匹配，而是根据已有的知识框架主动建构新知识的过程，是说话人与听话人互相理解与合作的过程。

英语听力教学理论是基于语言学习理论和心理学原理的，旨在有效提升学习者听力理解能力的一系列原则和方法。具体来说，听力作为语言学习中至关重要的一个环节，其教学理论经历了从行为主义到认知主义，再到建构主义和社会文化理论的发展过程。

1. 行为主义理论

行为主义理论是心理学的一个重要流派，它在20世纪初兴起，并主导了心理学界长达半个世纪。行为主义理论的核心观点是，人的行为是由环境刺激而决定的，而非内在的心理状态或意识。行为主义者认为，心理学应该研究可被观察到的行为，而不是主观体验或意识。行为主义理论的主要观点包括以下内容。

（1）可观察行为：行为主义者认为，心理学应该研究可观察和可测量的行为，而不是内在的心理状态或意识。

（2）环境决定论：行为主义者强调环境对个体行为的影响，认为人的行为是由外部环境刺激而决定的。

（3）条件反射：在行为主义理论中，条件反射是一个核心概念，包括经典条件反射和操作性条件反射。经典条件反射是由伊万·巴甫洛夫（Иван Павлов）提出的，他通过实验研究了狗如何通过声音学会分泌唾液。斯金纳研究了动物如何通过行为后果（如奖励或惩罚）来学习新的行为，并提出了操作性条件反射。

（4）强化与惩罚：在斯金纳提出的操作性条件反射中，强化（奖励）和惩罚是两个重要概念。强化可以增加某种行为的出现频率，而惩罚则能减少某种行为的出现频率。

（5）行为塑造：行为主义者认为，通过逐步强化接近目标行为的行为，可以塑造或改变个体的行为。

行为主义语言学习理论产生于20世纪60年代，其代表人物是伯尔赫斯·斯金纳（Burrhus. Skinner）。该理论认为语言是一种行为，语言习得与人类的其他行为一样，是一个"习惯形成"的过程，是"刺激—反应—强化"过程的结果[1]。因此，早期的听力教学理论深受行为主义的影响，认为语言学习是一种"刺激—反应"过程。在听力教学中，教师播放录音材料，学生则被期望能够正确模仿或复述所听到的内容。这种方法侧重于重复练习和条件反射，强调机械记忆和模仿。

2.认知主义理论

认知主义是一种心理学理论，它重视个体在处理信息、解决问题和学习新知识时的内部心理过程。这种理论认为，人们不仅仅是对外部刺激做出反应的被动接受者，还能积极地处理这些信息以构建自己的理解和知识。认知主义的主要特点包括以下内容。

---

[1] 胡艳芬.行为主义理论指导下的HUC英语口语能力培养体系[J].外语电化教学，2009（3）：33-37.

（1）信息加工：人脑被视为一种信息处理器，可以接收、存储、检索和使用信息。

（2）符号表征：认知主义者认为知识是以符号形式存储在大脑中的，如概念、图像或语言。

（3）问题解决：学习是一个主动的问题解决的过程，在这个过程中，学习者会利用已有的知识来解决新的问题。

（4）意义建构：学习不仅仅是在记忆事实，更重要的是理解并构建这些事实的意义。

（5）元认知：元认知是指个体对自己的思考过程的认识和监控能力，提高元认知有助于提高学习效率。

认知主义学习观将认知视为具有信息的结构，经历再认或建构符号模式，以至能理解概念并表现出推理信息、解决问题、使用与理解语言这些一般的能力的过程[①]。随着认知科学的发展，人们开始意识到听力理解是一个涉及认知加工的复杂过程。认知主义理论认为，听力理解不仅仅是被动接收声音信号，还涉及对信息的主动解码、记忆、分析和整合。在听力教学中，教师应设计活动帮助学生发展预测、推测、推理和总结等高级认知技能。

3. 建构主义理论

作为21世纪教育改革的重要指导理论，建构主义理论的提出被广泛认为是当代教学心理学中的一场伟大的革命。建构主义的思想源于康德对理性主义与经验主义的综合，建构主义理论融合了让·皮亚杰（Jean Piaget）的"自我建构理论"以及列夫·维果茨基（Lev Vygotsky）的"社会建构理论"，并将二者有机地应用于学习理论之中，从而在此基础上形成了"意义建构"[②]。

建构主义认为，知识不是通过教师传授而得到的，而是学习者在一

[①] 伍志鹏，吴庆麟. 认知主义学习观与情境主义学习观[J]. 上海教育科研，2010（10）：48-51.

[②] 杨维东，贾楠. 建构主义学习理论述评[J]. 理论导刊，2011（5）：77-80.

定的情景，即文化背景下，借助其他人（包括教师和学习伙伴）的帮助，利用必要的学习资料，通过意义建构的方式而获得的。它提倡学习要在教师的指导下，并以学习者为中心。也就是说，它既强调学习者的认知主体作用，同时并不忽视教师的主导作用。皮亚杰认为，儿童是主动的学习者，真正的学习并不是由教师传授给儿童，而是出自儿童本身，应让儿童自发地和主动地进行学习[①]。教师被认为是意义建构的协助者、合作者和促进者，而不是知识的传授者和灌输者；学生被认为是信息加工的主体，也是意义的主动建构者，而不是外部刺激的被动接受者以及被灌输的对象。

建构主义理论是一种关于知识和学习的重要理论，它强调个体要主动地构建自己的知识体系。建构主义理论认为学习不仅仅是一个简单的信息传递过程，还是一个复杂的过程，其中学习者需要根据自己的经验和背景来解释和理解新的信息。建构主义理论突出强调以下几个方面。

（1）图式与认知发展：图式是认知结构的基本单位，代表了个体对世界的理解方式。图式可被看作个体用来组织和解释周围世界的心理模型。建构主义理论认为认知发展是通过图式的形成、重构和扩展来实现的。这个过程受三个主要的认知机制的影响：同化、顺应和平衡。

（2）同化、顺应与平衡：同化是指个体将新信息整合到现有的认知结构中去的过程。当新信息与现有图式相符时，个体可以通过同化将其吸收。顺应是指个体在遇到与现有图式不匹配的新信息时，必须调整或改变其认知结构以适应新信息。顺应过程可能会导致图式的重构。平衡是同化和顺应之间的一种动态平衡状态。学习者通过自我调节机制达到新的认知稳定状态。

（3）学习环境与学习观：建构主义强调在真实世界的情境中进行学习的重要性。这里的学习环境包含会话、情境、协作以及意义建构等要素。建构主义认为学习是一个主动的过程，是学习者基于自己已有的经

---

① 皮亚杰.皮亚杰教育论著选[M].卢濬，译.北京：人民教育出版社，1990：4-5.

验构建知识的过程。学习过程中强调合作学习和同伴间的交流。

（4）社会文化因素：维果斯基在社会文化理论中强调了社会互动在认知发展中的重要作用。最近发展区（Zone of Proximal Development, ZPD）的概念强调了在适当支持下，学习者所能够达到的能力范围。

建构主义理论强调学习者的主动参与和意义建构。在听力教学中，学生被看作知识的积极构建者，通过与材料的互动、与他人的对话和反思，构建自己的理解。教师的角色转变为指导者和促进者，提供资源和情境，让学生在真实或接近真实的情境中练习听力。

4. 社会文化理论

社会文化理论认为人是其自身的社会历史的产物，众多心理构念，如希望、绝望、想象、信念等作为中介，帮助人们在社会历史的建构过程中发展自己的身份认同。人们通过思辨，在自己的社会历史中勾勒出人生片段，从而从一种主体性和身份认同转向另一种主体性和身份认同。社会文化理论强调个体主观能动性（Individual subjective initiative）在学习发展过程中的作用[①]。社会文化理论的提出者是苏联心理学家列夫·维果茨基（Lev Vygotsky）。它强调社会互动和文化背景在个体认知发展中的重要作用。维果茨基的社会文化理论不仅关注个人的认知过程，还考虑了个体所处的社会环境和文化背景是如何影响这些过程的。社会文化理论强调以下核心概念。

（1）社会互动：维果茨基认为，个体通过与他人的社会互动来学习和发展认知技能。通过观察、模仿和参与集体活动，个体可以获得新的知识和技能。

（2）文化工具：文化工具指的是语言、符号、文字以及其他由特定文化所创造出来的工具。这些工具可以帮助个体解决问题、表达思想，并且能促进个体高级思维的发展。

---

① 高洋,曾罡,王晓晨.社会文化理论视域下高校青年英语教师多元身份发展研究[J].西安外国语大学学报,2023,31（3）:73-78.

第二章　英语听力教学概述

（3）内部化：内部化是指个体将外部的社会互动转化为内在的认知结构和心理操作的过程。例如，儿童最初可能会通过与成人的对话学会解决问题的方法，随后逐渐将这些方法转化为自己独立思考的一部分。

（4）最近发展区：最近发展区是指个体在没有帮助的情况下所能达到的认知水平和在成人指导下或与更有能力的同伴合作的情况下所能达到的认知水平之间的差距。教育者可以通过提供适当的支持和挑战来促进学习者的认知发展。

（5）支架式教学：支架式教学是一种基于最近发展区概念的教学方法，教师或更熟练的学习者为学习者提供必要的支持，帮助他们完成任务或解决问题。随着学习者能力的不断增长，支持会逐渐地减少，直至学习者能够独立地完成任务为止。

（6）合作学习：社会文化理论强调小组内的合作学习，通过讨论、协商和共同解决问题，学习者可以在相互支持的环境中发展认知和社会技能。

（7）文化差异：不同的文化背景会影响个体的认知发展方式和速度。教育者需要考虑到文化多样性，并采取相应的教学策略来满足不同文化背景下学生的需求。

社会文化理论强调教育环境中的社会互动和支持对于促进学习者认知发展的重要性，强调语言学习是在社会互动中发生的，受到文化背景和情境的影响。在听力教学中，教师应考虑学生的生活经验和文化背景，设计包含文化元素的听力材料，鼓励学生在小组讨论和角色扮演等活动中使用英语，促进社会互动和文化意识的培养。

5.分层教学与差异化教学理论

分层教学（layered teaching）和差异化教学（differentiated instruction）是两种旨在适应学生个体差异的教学策略。它们都强调根据学生的兴趣、学习风格以及能力来调整教学的内容与过程。分层教学认为学生具有不同的学习能力和速度，因此应该将学生按照能力水平进行分组教学。差异化教学认为每个学生都有自己独特的学习风格、兴趣和优势，教学应该尊重和适应这些差异。因此，考虑到学生听力水平的差异，分层教学和差异化教学理论主张根据学生的个体差异提供不同程度的挑战和支持。根据学生的不同听力水平，教师可以设计不同难度的听力材料与任务活动，以确保每个学生都能在适度的挑战下不断学习与进步。

英语听力教学理论是一个动态发展的领域，综合了多种理论视角，人们发展英语听力教学理论旨在创造一个有支持性和挑战性的学习环境，帮助学生在真实情境中发展听力理解能力。教师需要根据学生的具体需求和教学目标，灵活运用这些理论指导教学实践。

（二）听力教学理论的发展趋势

英语听力教学理论的发展趋势反映了语言学、教育学、心理学以及相关技术的最新进展，主要表现在技术辅助听力教学、听力自主学习与元认知策略以及综合听力技能教学几方面。这些趋势不仅影响着教学方法，还塑造了教师的角色和学生的学习体验。

1. 技术辅助教学（technology-supported instruction）

随着信息化时代的到来，技术的发展对英语听力教学产生了深远的影响。它不仅改变了教学的方式，还极大地丰富了学习的资源和手段。一是新技术为听力教学提供了多样化资源，为学生提供了广泛的语言输入，帮助他们熟悉不同口音、语速和语言风格。二是新技术为学生提供了个性化的学习体验。一些应用程序和网站还提供自适应学习路径，根据学生的表现自动调整难度。三是互动式学习。有技术支持的听力练习通常包括互动元素，如即时反馈、测验、游戏和虚拟对话，可以提高学生的学习动力和参与度。四是虚拟现实、增强现实和多媒体技术可以给学生创造出接近真实的听力情境，让学生在安全的环境中练习应对各种交际场合。五是视频会议软件和在线教育平台使远程听力教学成为可能，学生可以在任何地点参加实时或异步的英语听力课程。六是自动评分系统和人工智能技术能够即时评价学生的听力理解能力，提供详细的反馈，帮助学生识别弱点并有针对性地进行改善；七是技术工具如录音软件、字幕编辑器、在线词典和翻译工具等，使学生能够自我评价听力理解效果，进行录音练习，或查阅不懂的单词，增强了学生学习的自主性和独立性。

2. 自主学习与元认知策略（autonomous learning & metacognitive strategies）

元认知策略是指个体用来管理和调控自身认知过程的方法和技术。这种策略可以帮助个体有效地监督和控制自己的思考过程，以达到更好的学习效果。元认知策略通常包括以下几个方面。

计划策略：在开始一项任务之前，设定明确的目标，制订学习计划，包括预测可能遇到的困难和解决方法。预估完成任务所需的时间和资源。

监控策略：在执行任务的过程中持续监控自己的进度和理解程度。在分配注意力时，确保注意力集中在当前的任务上。使用自我提问来检查理解情况。

调节策略：根据在监控过程中所发现的问题或偏差，调整学习方法或策略。当遇到难以理解的内容时，采取不同的解释或寻找额外的帮助。调整学习速度，如果需要更深入的理解，则放慢速度。

元认知策略的运用可以帮助个体提高学习效率和质量，同时增强个体自主学习的能力。因此，英语听力教学越来越注重提升学生的自主学习能力和元认知策略，如计划、监控和评价自己的学习过程。学生被鼓励设定个人学习目标，选择学习材料，以及使用有效的学习策略，如预测、总结和自我测试。

3. 综合技能教学（integrated skills teaching）

传统的听力教学倾向于孤立地训练听力技能，但现代转向了综合技能的教学，即在听力活动中同时促进说、读、写技能的发展。这样可以更全面地提高学生的语言交际能力。

英语听力教学理论的发展趋势表明，教学方法正朝着更有互动性、更加个性化、技术和文化敏感程度更高的方向发展，同时强调批判性思维、情感支持和自主学习的重要性。这些趋势要求教师不仅要有扎实的专业知识，还要具备灵活运用多种教学策略的能力，以适应不断变化的教育环境。

四、听力教学的三阶段模式

教学模式在教学中起着非常重要的作用。在传统的教学中，听的训练，包括在以句型或课文为中心的综合教学，着重于语言形式的听辨和记忆。近些年来，人们已认识到以理解语篇内容简介为目的的听的活动及听力技巧的专项训练对培养听力、最终形成交际性听力的重要性[①]。广大英语教师也开始向这方面转变。然而，笔者发现，在有的听力教学课堂上，常出现这样的模式：教师放录音—学生听后做理解练习—教师检查学生的答案，仅此而已。这与其说是在进行听力教学，不如说是在进行听力测试。虽然这种方法对提高学生的听力水平也会起到一定的作用，但是如何更有效地进行高中英语听力课堂教学，需要考虑的方面有很多。笔者认为，听力是听和理解能力的总和，是一种积极的思考过程，教师应循序渐进地设计每堂听力课的程序，在有效地训练学生听力的同时，传授一定的语言知识，转学生被动听的过程为学生主动索取知识的过程。听力课堂教学应把听、说、读、写四种技能有机结合起来，不为听而听，而是为学而听，为初步运用英语的能力的提高而听。在进行英语听力教学的过程中，人们可以采取以下三阶段操作模式。

（一）准备阶段

1. 精心挑选听力材料

根据学生的学习情况和学生现有的英语水平合理挑选适当的听力材料，不仅至关重要，还是准备阶段必做的工作之一。挑选材料时，应注意以下几点。

（1）选择从易到难逐步深入的系列材料。也就是说，从短句到长句，

[①] 余必正. 听力课教学"三阶段"模式与英语素质教育[J]. 现代中小学教育，2001（3）: 28-29.

从句子到短文，从短文到现场对话，逐步深入。

（2）选择针对性、操作性较强的材料，如挑选接近教材内容的有关英美文化、人文、历史、地理和风俗习惯等方面有代表性的材料。

（3）选择能结合新教材特点的材料。即口语化、语言规范、交际性强的材料。此类材料既能使学生习得实用的交际语言，又能培养学生在真实语境中的应变能力。

2. *仔细准备多媒体设备*

除了挑选听力教学材料，教师还应充分利用实物和图片、幻灯片、录音、录像、电视等媒体进行听力教学，做到形象直观、生动活泼，帮助学生理解听力材料。

3. *巧妙设计训练方式*

一般来说，听力教学可采用以下几种形式。

（1）填空。培养学生抓关键词的能力。空出句中的关键词，如主语、谓语动词、表示时间或地点的名词、否定词、从属连词等。学生听完录音后，教师可要求学生填空。在训练短文填空时，重点可放在抓关键词上，教师可以要求学生边听边填，听完一段后，给学生 8～14 秒，供其回忆检查，并为第二段听力做好准备。

（2）听写。培养学生在无任何文字信息的情况下，直接从录音中获取信息的能力。听写时学生不必拘泥于拼写或句子的完整，只需记录关键词，甚至可以用自己熟悉的速记符号来记录。听写可以从单词开始，逐步向段落过渡，所选材料的结构应简单明了，词汇通俗易懂。

（3）复述。听完一个句子或一个段落以后，教师可以让学生立即复述所获取的信息，这一做法旨在要求学生借用原句中的关键词，用自己的话复现原文（句）的意思。

（二）教学阶段

为了将各种准备工作有效地付诸教学实践，笔者以为，可将听力课的教学分成以下两个阶段。

1. 听力前

听前阶段要充分发挥教师的主导作用，即教师要根据所听材料的难度，提出具体的目标任务，还应通过创设情境或者运用幻灯片设计提问，介绍相关的背景知识，导入新课内容，引导学生开展想象、猜测、推断、联想等思维训练，并解释有关单词、短语和句型。

（1）预测：在听录音材料前，教师有必要先将标题或提示写在黑板上，让学生根据标题分组讨论（pair work/group work），猜测该材料所述的大致内容和事情发展的过程及结果，让学生在心理上处于一种听录音前的准备状态。学生如果能通过标题或提示猜出作者想要说的话，就能更好地理解材料。这种猜测是学生根据自己学过的语言知识和思维逻辑对所听材料进行推测的能力的体现，因此，培养这种能力是听力前阶段不可缺的一步。例如，如果教师要给学生听一篇有关因纽特人生活情况的材料，教师在听前可为学生列出表格（表2-1），让学生思考。学生通过左边的信息，可大体推测右边空格中可能的内容。这样一来，学生在听录音时就能做到心中有数了。

表 2-1 听前阶段表格示例

Things you know(about Inuit)	
Things you are not sure of	
Things you would like to know	

（2）对关键词的点拨与提示：为了提高听的准确性，在进行听力训练之前，教师可先对那些估计会给学生听材料造成重大阻碍的关键词做必要的提示，但对那些不影响听力的生词不做讲解。

（3）明确听的任务：教师可让学生浏览听力题干，明确听的任务，使学生"负重"，带着问题去听。如果不进行这样的限制式训练，学生在听的过程中就要尽力去听懂每个词，这对绝大多数学生来说，是不大可能的，会使学生的积极性和信心受挫[1]。所以，教师应让学生带着问题去听，带着预测的"答案"去验证自己的观点，在比较的过程中提高听的能力。当学生正确地完成这些提示性的问题后，他（她）会获得成功的愉悦，进而提高对听的兴趣。

2. 听力中

听时阶段要发挥学生的主观能动性，体现"以学生为主体"的教学理念，即要求学生在听第一遍的时候，努力把握听力材料的整体意思；在听第二遍的时候，注意捕捉具体信息，记录听到的要点；在听第三遍的时候，对问题进行分析、判断和比较。教师要通过反馈检查学生的听力理解程度。

（1）初听（泛听）。教师应让学生带着问题听完材料后，从记忆中捕捉文章的主要信息，以使学生养成良好的习惯，即在听一篇材料时，不平均分配注意力，而是听关键词，抓主要线索，辨别并获取"相关信息"，摒弃"无关信息"。否则，学生将主次不分，什么都想抓，什么都抓不住。这一过程属于听力的起始阶段，学生可边听边记，记录材料中的人名、地名、时间等信息，以便回答考察细节的题目。总之，在这一过程中，教师应提醒学生抓住文章的主线及关键词。

（2）理解检查。学生听完材料后，教师可提一些简单的问题，并提问不同层次的学生，以得到及时的较准确的教学反馈。

（3）复听（精听）。初听时，不少学生很有可能会因为材料较难或语速较快对听力材料似懂非懂，不能及时地理解学过的词，也无法在初听时达到对文章内容较全面的掌握。因此，教师有必要让学生复听文章的细节，重点把握文章所提供的主要线索及事实，并根据文章的体裁、意义回答以下列词语开头的问题：who、what、how、when、which、where等。教师要力求让学生在泛听的基础上，深化对所听材料的理解。

（4）讨论回答。在让学生两次对文章的感知以后，教师可让学生独

---

[1] 刘靖. 听力教学中的策略运用[J]. 基础教育外语教学研究，2004（2）：52-54.

立完成练习题，然后让学生分组讨论答案。讨论中，学生可以相互补充、相互帮助并达成共识。如遇争论不一的问题，教师可让学生再听有关材料的相关内容，直到学生完全听懂为止。在这一过程中，教师应让学生听说结合：为了说得出，必须听懂；只有听懂了，才能接着说。以说促听，以听带说。

（三）听后阶段

听后阶段是培养记忆、分析、归纳、概括等能力的训练阶段，教师要鼓励学生复述文章大意，讨论听力理解中的深层次问题，如作者的态度和观点等，让学生进一步理解所听材料的意义，最后通过呈现材料内容，让学生感受到听英语的成就和乐趣。

在通过听力获取了一定的语言信息之后，教师可及时总结出材料中所涉及的语言知识、文化背景，并对学生难以接受的、英汉差异较大的一些语言现象予以讲授。在学生感知语言材料的基础上，教师可设置一定的模拟语境，使学生在一定的语境中学习语言知识。例如，教师可通过让学生进一步回答、讨论更深层次的问题（如判断说话人的意图，说话人对问题的态度等），来使学生对听过的内容形成更系统、更完整的概念，并使学生在"听"的基础上，把听说读写四项技能适当结合起来，形成综合运用能力。另外，很多听力材料，都是很好的诵读材料，在听之后，教师可把材料发给学生，作为平时的朗读材料。这对促进听力教学也是很有帮助的。

新课程改革是为了使素质教育的目标落到实处，"三阶段"模式也体现了素质教育的内涵与要求。

第一，"三阶段"模式可以调动全体学生积极参与，体现了素质教育的普遍性。三阶段教学模式要求教师根据不同类型的听力材料和学生的实际情况，精心设计一系列形式多样、从易到难、由浅入深的听力测试练习，让不同层次的学生在教师的指导下充分燃起对知识的渴望，体验成功的喜悦。

第二,"三阶段"模式强调学生潜能的开发,体现了素质教育的完整性。在听力课堂教学中,教师可以通过引导,提高学生在课堂上思维的活跃度,突出语言的交际功能,为学生创造一个良好的问答或自由讨论的语言环境,使他们的语言能力有效地转化为语用能力。而且,这一教学模式应始终贯穿于听、说、读、写能力的培养之中。该模式侧重于使用不同类型的听力材料,挖掘文章的内涵和主题思想,将思政教育融入教学,有利于促进学生的全面发展。

第三,"三阶段"模式充分发挥了学生的主体作用,彰显了素质教育的主体性。传统的听力课往往会忽视听前与听后阶段的教学,反复播放录音,穿插对不熟悉的单词的解释,始终使学生处于被动的接受状态。三阶段模式则完全不同。学生一直处于学习的主体地位,并在教师的指导下学习思考和表达自己的观点,这使他们的主体地位得到了真正的体现。

第四节 听力教学中的课程思政

一、课程思政的内涵

落实课程思政理念是中国教育体系中的一项重要改革措施,其核心是在各类课程教学中融入思想政治教育的内容,旨在全面提升学生的政治觉悟、道德品质和社会责任感。课程思政的目标是通过将思想政治教育与各门课程相结合,培养具有社会主义核心价值观的高素质人才。"课程思政"这一概念早在2014年就由上海市教育委员会提出并在上海的一些高校进行了试验,且取得了较好的成效。

2016年12月,习近平在全国高校思想政治工作会议上强调,要把思想政治工作贯穿教育教学全过程。要想做到这一点,就要用好课堂教学这个主渠道,思想政治理论课要坚持在改进中加强,提升思想政治教育的亲和力和针对性，满足学生成长发展需求和期待，其他各门课都要守好一段渠、种好责任田，使各类课程与思想政治理论课同向同行，形成协同效应。在这一重要论述的引领下，"课程思政"作为一种综合教育理念，为高校立德树人实践取得显著效果，发挥了重要作用[①]。

课程思政，即将思想政治教育元素，包括思想政治教育的理论知识、价值理念以及精神追求等融入各门课程中去，潜移默化地对学生的思想意识、行为举止产生影响[②]。本质上，课程思政既是一种思想政治教育理念，又是一种思想政治教育方法。说它是一种思想政治教育理念，是指"课程思政"是对高校思想政治教育的理性认识、理想追求及形成的观念体系，需要人们从课程实施的视域来认识与实施它。说它是一种思想政治教育方法，是指"课程思政"又是一种对实施思想政治教育的方式、手段与程序的组合，即通过全员参与和运作整个课程来进行思想政治教育，是指导和帮助学生生成与发展社会所期待的思想政治素质的活动与过程[③]。

就培养目标来说，课程思政强调的是学生的全面发展，并不仅仅局限于专业知识和技术技能的掌握，更重要的是通过教育活动塑造学生正确的世界观、人生观和价值观。这意味着要让学生在学习过程中逐步形成良好的道德品质和社会责任感，成为具有坚定理想信念、高尚道德情操、扎实专业知识和较强实践能力的社会主义建设者和接班人。

课程思政的实施不仅有助于学生掌握专业知识和技能，还能够帮助学生树立正确的价值观和社会责任感，培养其成为德智体美劳全面发展的社会主义建设者和接班人。在当前快速变化的社会环境中，实施课程

---

① 王景云.论"思政课程"与"课程思政"的逻辑互构[J].马克思主义与现实，2019（6）：186-191.

② 王学俭，石岩.新时代课程思政的内涵、特点、难点及应对策略[J].新疆师范大学学报（哲学社会科学版），2020，41（2）：50-58.

③ 何玉海.关于"课程思政"的本质内涵与实现路径的探索[J].思想理论教育导刊，2019（10）：130-134.

思政能够为国家和社会培养出更多具有高度社会责任感和使命感的人才。课程思政的实施主要通过以下途径进行。

第一，课程内容整合。将思想政治教育的内容有机地融入各专业课程的教学之中，确保学生在获取专业知识的同时，接受系统的思政教育。

第二，教学方法创新。采用案例分析、角色扮演、项目实践等多种教学方法，增强课程的实践性和互动性，提高学生的参与度和学习效果。

第三，师资队伍建设。加强对教师的思想政治素质的培养，提高教师的专业能力和教学技巧水平，使其能够更好地将思政教育贯穿于教学过程。

第四，校园文化建设。通过举办讲座、研讨会、文化节等活动，营造良好的校园文化氛围，促进学生的思想道德建设。

总之，课程思政是一种综合性的教育理念，它旨在通过将思想政治教育与专业课程相结合，全面提高学生的综合素质和能力，为社会输送高质量的人才。

二、课程思政的功能

课程思政的功能不仅限于传统的思想政治教育，还涵盖了价值观教育、专业素养提升、社会责任感增强、创新思维能力和心理健康教育等多个方面。这些功能共同作用，旨在让学生全面发展，成为具有高度社会责任感和创新能力的专业人才。

（一）强化价值观教育

课程思政的一个关键功能是强化价值观教育。通过思想政治教育与专业课程的结合，教师能够在传授专业知识的同时，引导学生树立正确的世界观、人生观和价值观。这种结合方式使价值观教育不再局限于理论课程，而是贯穿于整个学习过程中，可以帮助学生形成健康的人格和社会责任感。

（二）提升专业素养

课程思政还能够提升学生的专业素养。通过在专业课程中融入思政元素，学生不仅能够掌握必要的专业知识和技能，还能学会如何运用这些知识解决实际问题。例如，在工程类课程中强调职业道德和社会责任，可以使学生在未来的职业生涯中更加注重可持续发展和公共利益。

（三）增强社会责任感

通过课程思政的教学模式，学生能够更深刻地理解个人与社会的关系。在课堂教学中加入社会实践项目、志愿服务等内容，可以让学生亲身体验到自己的行为对社会产生影响的过程，从而增强他们的社会责任感。这种体验式学习有助于培养学生的公民意识和参与社会建设的积极性。

（四）培养创新思维

课程思政还可以激发学生的创新思维。在教学过程中，教师可以通过案例分析、小组讨论等方式鼓励学生批判性思考，挑战既有观念，探索新的解决方案。这样的教学方法有助于培养学生的批判性思维和创新能力，使其在未来面对复杂多变的社会环境时更具竞争力。

（五）促进心理健康教育

课程思政同样重视学生的心理健康教育。教师可以通过在课程中融入心理辅导和压力管理等内容，帮助学生建立积极的心态，学会应对学习和生活中的各种挑战。这种全面的教育方法有利于构建一个更加健康和谐的校园环境，为学生的全面发展奠定坚实的基础。

三、课程思政的特点

（一）全面性

课程思政的一个显著特点是全面性。它不仅仅局限于某一门课程或某一个年级，而是贯穿于整个教学体系之中，覆盖所有学科和各个教育阶段的。无论是基础教育还是高等教育，无论是文科还是理科，都可以找到课程思政的影子。这种方式，可以确保思想政治教育能够全方位地影响学生的成长和发展。

（二）渗透性

课程思政的另一个特点是渗透性。不同于传统的独立开设的思想政治课程，课程思政是将思想政治教育的内容有机地融入专业课程的教学之中。这意味着教师在教授专业知识的同时，会结合课程内容适时地进行思想政治教育，从而使学生在学习专业技能的同时，接受思想政治教育的影响。

（三）实践性

课程思政强调实践性，即通过实践活动来加强学生的体验和感悟。这包括但不限于社会实践、志愿服务、创新创业项目等。通过这些实践活动，学生不仅能够将所学的理论知识应用于实际情境中，还能在实践中培养团队合作能力、社会责任感以及解决实际问题的能力。

（四）互动性

课程思政注重师生之间的互动交流。教师不再是简单的知识传递者，还是引导学生主动思考、积极参与的角色。教师可以通过小组讨论、案例分析、角色扮演等形式，鼓励学生发表自己的观点和想法，促进师生之间、生生之间的交流互动，从而加深学生对思想政治教育内容的理解和认同。

（五）时代性

课程思政与时俱进，紧跟时代步伐。随着社会的发展和技术的进步，课程思政的内容也在不断更新和完善。它关注当前社会热点问题，如环境保护、科技创新、法治建设等，通过这些主题引导学生关注社会现实，培养他们的时代责任感和使命感。

（六）多样性

课程思政在教学方法上体现了多样性。除传统的讲授法之外，还可以采用多媒体教学、网络学习、翻转课堂等多种教学手段，使思想政治教育更加生动有趣，易于被学生接受。教学方法的多样性能更好地满足不同学生的学习需求，提高教学效果。

概括起来说，课程思政的本质是立德树人，课程思政的理念是协同育人，课程思政的结构是立体多元的，课程思政的方法是显隐结合的，课程思政的思维是科学创新的。寓德于课是课程思政的首要特点，人文立课是主要特点，价值引领是核心特点[①]。

四、英语听力教学中开展课程思政的意义

"课程思政"即课程中的"思政"，作为显性教育与隐性教育相结合的课程理念，它实现了思想政治教育从"单课程"教学向"全课程"育人的转变。也就是说，思想政治教育功能从过去单一的"思政课程"延伸拓展到了通识教育课程、专业课程、实践课程等全部课程，从而大大地丰富了思想政治教育的课程载体[②]。英语听力教学中开展课程思政不仅能够提升学生的语言能力，还能在价值观教育、文化自信、跨文化交际

---

① 王学俭，石岩.新时代课程思政的内涵、特点、难点及应对策略[J].新疆师范大学学报（哲学社会科学版），2020，41（2）：50-58.
② 王景云.论"思政课程"与"课程思政"的逻辑互构[J].马克思主义与现实，2019（6）：186-191.

能力、心理健康、创新思维以及社会责任感等方面发挥积极作用，为培养全面发展的人才奠定了坚实的基础，具有重要的现实意义。

（一）强化价值观教育

在英语听力教学中开展课程思政的首要意义在于强化价值观教育。通过精选包含积极价值观和社会责任感的听力材料，教师可以在教授语言知识的同时，引导学生树立正确的世界观、人生观和价值观。例如，教师可以通过讲述中国在国际事务中的积极作用、环境保护、科技创新等方面的故事，激发学生的爱国情怀和社会责任感。

（二）增强文化自信

英语听力教学中融入课程思政还有助于增强学生的文化自信。介绍中国优秀的传统文化、历史发展、现代化成就等内容，可以让学生更好地了解和认同本国文化，从而让学生在跨文化交流中更加自信地表达自己的观点。

（三）提升跨文化交际能力

课程思政在英语听力教学中的实施，能够有效提升学生的跨文化交际能力。通过反映不同文化背景和社会习俗的听力材料，学生不仅能提高语言理解能力，还能学会尊重和理解不同文化的价值观和行为习惯，这对于培养具有全球视野的国际化人才至关重要。

（四）促进心理健康教育

在英语听力教学中融入课程思政，还能够促进心理健康教育。组织讨论和分享活动，可以让学生在轻松愉快的氛围中学习，减轻学生学习压力，增强学生自信心。此外，教师还可以通过听力材料中的正面案例激励学生，帮助他们树立积极向上的人生态度。

（五）培养创新思维能力

课程思政在英语听力教学中的应用还可以培养学生的创新思维能力。教师可以通过设计一些开放性问题或任务，鼓励学生根据所听内容进行创造性思考和表达，从而激发他们的创新潜能。

（六）激发社会责任感

在英语听力教学中开展课程思政，能够激发学生的社会责任感。通过组织讨论社会热点问题、环保议题等内容，教师可以引导学生思考个人行为与社会责任之间的关系，培养他们成为有责任感的社会成员。

（七）促进全面发展

课程思政在英语听力教学中的实施，最终目的是促进学生的全面发展。它不仅能够提高学生的语言技能，还能促进学生在思想道德、文化修养、身心健康等多个层面上的成长，为培养新时代所需的高素质人才奠定坚实的基础。

五、听力教学中开展课程思政的策略

课程思政是将马克思主义理论贯穿教学和研究全过程，深入发掘各类课程的思想政治理论教育资源，从战略高度构建思想政治理论课、综合素养课程、专业教育课程"三位一体"的思想政治教育课程体系，促使各专业的教育教学，都善于运用马克思主义的立场、观点和方法，探索实践各类课程与思想政治理论课同向同行，形成协同效应的重要途径[①]。在当今教育背景下，课程思政已成为教育教学的重要组成部分，旨在将思想政治教育与专业知识的传授相结合，培养具有正确价值观和良

---

① 高燕. 课程思政建设的关键问题与解决路径[J]. 中国高等教育，2017（C3）: 11-14.

好道德的学生。在英语听力教学中融入课程思政，不仅能够提高学生的语言能力，还能促进学生全面发展。

（一）选择富含思政元素的听力材料

教师需要精心挑选富含思政元素的听力材料。这包括但不限于介绍中国文化传统、历史发展、科技进步等内容的音频资料。例如，可以选择讲述关于中国改革开放以来取得的重大成就的故事，或是介绍中国在环境保护、扶贫攻坚等方面的成功案例。通过这些材料，学生能够在学习语言的同时了解到中国的发展历程和所取得的成绩，增强民族自豪感和社会责任感。

（二）设计富有启发性的课堂活动

设计富有启发性的课堂活动，以激发学生的思考和讨论。例如，可以让学生围绕某个听力材料的主题展开小组讨论，探讨其中所涉及的社会现象及其背后的原因。此外，还可以通过角色扮演的形式，让学生模拟不同的情景，如国际会议中的外交官、环境保护活动中的志愿者等，以培养学生的社会责任感和跨文化交际能力。

（三）引导学生进行反思与总结

教师应该引导学生进行反思与总结。在完成听力练习后，教师可以组织学生分享自己的看法和感悟，鼓励他们从多个角度思考问题，并提出自己的见解。这种互动式的学习方式有助于学生形成正确的世界观和价值观。

（四）融入现实生活案例

融入现实生活中的案例也是有效的方法之一。教师可以利用新闻报道、纪录片片段等真实素材作为听力材料，让学生了解国内外的重要事件和社会热点问题。这种方法不仅能够增加学生的学习兴趣，还能让他们意识到语言学习与现实世界的紧密联系。

（五）利用多媒体技术辅助教学

利用多媒体技术辅助教学也是一个好方法。现代科技为教学提供了丰富的资源和支持，如在线音频库、虚拟教室平台等。教师可以利用这些工具制作多媒体课件，整合文本、图像和视频等多种形式的信息，以更加直观和生动的方式呈现课程思政的内容。

通过上述方法，教师可以在英语听力教学中成功融入课程思政，既提高学生的语言水平，又促进他们的全面发展。

总之，在听力教学过程中，教师必须充分意识到自身肩负的育人责任，深化对课程思政本质的认识。课程思政建设的基础在"课程"。没有好的课程建设，课程思政功能就会成为无源之水、无本之木。课程思政建设的重点在"思政"。没有好的"思政"教育功能，课程教学就会失去"灵魂"，迷失"方向"，从而导致课程教学中知识传授、能力培养与价值引领之间发生割裂甚至冲突。课程思政建设的关键在教师。教师是教书育人的主体，也是课堂教学的第一责任人。"我的课堂我做主"是对主体和责任的宣告。课程思政建设的成效在学生。学校一切教育教学活动的根本目的是培养出更高质量的人才。因此，课程思政改革的效果如何，最终必须以学生的获得感为检验标准[1]。

六、听力教学中有效融入课程思政的教学案例

案例一

1. 教学内容

英语听力课程中的中国发展成就。

---

[1] 李国娟. 课程思政建设必须牢牢把握五个关键环节[J]. 中国高等教育，2017（C3）：28-29.

2. 教学目标

增强学生的民族自豪感和爱国情怀；提高学生的跨文化交际能力；培养学生对国家发展的关注和兴趣。

3. 听力材料选择

选取介绍中国近年来在科技、经济、文化等领域取得的重大成就的新闻报道或访谈录音，可以使用纪录片片段，如关于中国高铁、5G 通信技术、北斗卫星导航系统等领域最新进展的纪录片。

4. 教学活动设计

（1）预习任务：要求学生在课前查阅相关资料，了解中国在某个领域的最新发展情况。

（2）听力练习：播放听力材料，要求学生记录关键词和数字信息。

（3）小组讨论：组织学生分组讨论听力材料中提到的成就对中国乃至世界的意义。

（4）角色扮演：让学生扮演记者和专家，模拟采访情景，讨论中国发展成就以及对未来的展望。

（5）作业布置：要求学生听后撰写一篇短文，总结所学内容，并谈谈自己的感想。

5. 教学反思

通过此类教学活动，学生不仅能够提高英语听力，还能增强民族自豪感。教师应根据学生的反应和反馈调整教学内容和方法，确保课程思政的有效实施。

案例二

1. 教学内容

英语听力课程中的国际视角。

2. 教学目标

培养学生的全球视野；增强学生的跨文化交流能力；激发学生对国际事务的关注兴趣。

3. 听力材料选择

选取关于中国与其他国家合作项目的新闻报道或演讲录音，如一带一路倡议的具体案例。使用联合国会议、国际组织活动的音频材料，让学生了解中国在国际舞台上的角色和贡献。

3. 教学活动设计

（1）背景介绍：简要介绍相关国际议题的背景信息，帮助学生理解听力材料的上下文。

（2）听力练习：播放听力材料，要求学生记录关键信息，如合作项目的主要成果、参与国家等。

（3）小组讨论：让学生讨论中国在国际合作中的作用和影响，以及这对全球发展意味着什么。

（4）角色扮演：组织学生扮演不同国家的代表，就某个议题进行模拟谈判。

（5）拓展阅读：推荐相关的文章或报告供学生进一步阅读，加深学生对国际事务的理解。

4. 教学反思

此类教学活动有助于培养学生的国际视野，增强他们对不同文化和社会的理解。教师应关注学生的参与度和积极性，适时调整活动内容，确保每位学生都能从中受益。

上述听力教学案例的设计与实施，可以有效地将课程思政融入英语听力教学中，不仅能够提高学生的语言技能，还能培养他们的综合能力和道德情操，使之成为全面发展的人才。

诚然，课程思政的实施，要坚持马克思主义理论的指导地位，以习近平提出的"办好中国特色社会主义大学，要坚持立德树人，把培育和践行社会主义核心价值观融入教书育人全过程"为指引，遵循科学课程发展观，充分发挥"课程思政"的育人功能，充分发掘课程知识中所蕴含的思想政治教育元素，以满足学生成长发展和不断增长的精神文化方面的迫切需要，促进教育培养好担当中华民族复兴大任的时代新人和德智体美劳全面发展的社会主义建设者和接班人的目标的实现[①]。课程思政离开了马克思主义理论的指导就是"无源之水",缺少了中国特色的哲学社会科学体系就是"无本之木",忽视了课程的顶层设计和整体规划就无法从根本上解决专业课程与思政课程同向同行的问题[②]。因此,在英语听力教学设计中必须毫不动摇地坚持马克思主义理论的指导地位,高举习近平新时代中国特色社会主义理论的伟大旗帜,务必将培育核心素养和立德树人的根本任务落到实处。

[①] 王景云. 论"思政课程"与"课程思政"的逻辑互构[J]. 马克思主义与现实, 2019 (6): 186-191.

[②] 高燕. 课程思政建设的关键问题与解决路径[J]. 中国高等教育, 2017(C3): 11-14.

第三章　核心素养在英语听力教学中的体现

语言能力、文化意识、思维品质和学习能力四种核心素养在英语听力教学中主要体现在以下几个方面：一是反复练习听懂不同口音和语速的英语材料，提高学生的语言理解能力，尤其是语感；二是正确理解对话或演讲中的隐含意义和文化背景，提高学生的跨文化交际能力；三是分析、辨别、判断和梳理听力材料中的复杂信息，提高学生的批判性思维；四是模拟真实的听力场景来增强学生的实践应用能力，使学生能够在实际生活中灵活运用所学知识，从而提高学生的自主学习能力。这些表现形式共同促进了使学生在英语听力方面达到更高水平的核心素养的发展。

第一节　英语听力教学中的语感能力

培育核心素养是当前中小学课堂教学的基本导向，增强与发挥课堂教学培育核心素养的价值与功能是教育教学改革的重要任务[1]。作为核心素养之一，语言能力是一个人在语言使用上的总体能力，包括听、说、读、写四个基本技能，包括对语法、词汇、发音、语调等语言要素的知识的掌握和运用。它是通过正规学习、实践和经验积累而形成的，可以

---

[1] 余文森，龙安邦.实践：指向核心素养的课堂教学行动属性[J].教育研究与实验，2023（2）：58-65.

经过系统训练和教育来提高，尤其是对语感的培养至关重要。

一、语感及其培养

（一）语感的内涵

美国语言学家斯蒂芬·克拉申（Stephen Krashen）曾经指出："语感是直觉认识的结果，语感的培养是语言教学的重要任务之一[1]。"根据《心理学大词典》，语感是一种对语言文字的敏锐的感受力，正确的理解力[2]。叶圣陶认为，语感是对事物或文本的认识与感知，是对语言文字的一种特殊的理解[3]。吕叔湘认为语感包括语法感、语义感、语音感，而语感能力的强弱决定了学生的认知能力、理解能力和表达能力的强弱[4]。夏丏尊认为语感是对于文字应有的灵敏的感觉[5]。王尚文认为语感是思维并不直接参与作用而由无意识替代的在感觉层面进行言语活动的能力[6]。

可见，语感是一种直观和内在的感觉，它是指对语言的直觉性理解，包括对语言节奏、韵律、流畅度的感知力，以及对语法结构、词汇搭配和语境适用性的敏锐度。语感往往与母语使用者的自然语言直觉相似，它允许学习者在没有深思熟虑的情况下，快速理解和生成自然、地道的语言表达。

可以从以下五个方面来理解语感的内涵。

一是语言的感知层面。这是语感的基础，涉及对语言声音、韵律和

---

[1] KRASHEN S D. Principles and practice in second language acquisition[M]. New York: Pergmon Press, 1982: 38.
[2] 朱智贤. 心理学大词典[M]. 北京：北京师范大学出版社，1989：68.
[3] 转引自中央教育科学研究所. 叶圣陶语文教育论集[M]. 北京：教育科学出版社，1980：127.
[4] 吕叔湘. 中学语文教师的语法修养[J]. 中学语文教学，1985（10）：36.
[5] 转引自杜草勇，商金林. 夏丏尊论语文教育[M]. 郑州：河南教育出版社，1982：116.
[6] 王尚文. 语感论[M]. 3版. 上海：上海教育出版社，2006：35.

节奏的感知。一个具有良好语感的人能够准确把握语言的音调、重音、节奏等，从而在听力和发音上更加准确自然。

二是语义理解层面。这是指对词语和句子意义的理解能力，不仅包括字面意义，更重要的是语言的深层含义和隐含意义。这通常需要结合语境来推断。例如，同样是"走"，在不同的语境下可能会有"离开"或"去世"的隐含意义。

三是情感把握层面。语言表达中往往蕴含着情感色彩，语感强的人能够很好地把握语言中的情感变化，理解言外之意，如通过语气的变化感知说话人的情绪。

四是语境适应层面。在交流中，语感能够使人迅速适应不同的语言环境，理解话语背后的文化背景和社会环境，以及在特定语境下的语言使用规范。

五是创造性运用层面。良好的语感还能促进语言的创新使用，如在文学创作中，作者可以通过丰富的语感创造出独特的语言风格和表达效果。

总的来说，语感的内涵体现在一个人对语言的综合感知、理解、应用和创新能力上，它是一个涉及听、说、读、写等多方面语言技能的概念。在教学和学习过程中，注重培养语感可以帮助提高语言运用的准确性和有效性，增进人们的沟通和理解。

（二）语感的特性

作为个体对语言的感觉和直觉理解能力，语感涉及语言的各个方面，包括语音、语法、词汇、句法，以及语用等。良好的语感可以帮助人们更自然地使用语言，更好地理解和生成合乎语法及语境的语言表达。语感具有以下主要特性。

1. 直觉性与内在化

语感常常是一种非理性的直觉反应。直觉是人类大脑快速识别、敏锐感知、直接理解并对事物及其本质和规律做出全面判断的思维过程。

这是一种潜意识的思维，或通过某种潜意识直接把握对象的思维过程。它的特点是不需要清晰的思维步骤或严谨的逻辑推理，往往依赖"感知"。因此，依靠语感，人们可以快速判断一个句子听起来是否"正确"，而不需要对语法结构进行深入分析。通过长期的语言接触和使用，个体可以逐渐将语言规则内化为一种本能的反应。这种被内化的知识往往很难用言语清楚地表达出来。

2. 动态性与适应性

语感具有动态性特征，因为语言是不断发展变化的，人们在实际交流中需要根据不同的情境和语境来调整自己的语言表达，这就要求语感能够及时地反映出这种变化。语感也具有一定的灵活性和适应性，能够随着语言环境的变化而调整。例如，学习者在学习第二语言时会逐渐发展出新的语感。虽然部分语感是天生的，但通过练习和学习也可以被显著提高。因此，阅读大量文学作品或参与语言交流活动可以增强语感。

3. 多维度与情感性

语感覆盖了语言的多个层面，包括但不限于语音、语法、词汇选择、句子结构、修辞手法等。这些要素相互交织，形成一个整体。语感与情感紧密相连，人们在理解语言的过程中，常常会受到各种情感的影响。情感是一种内心体验，是人感受外界事物时所产生的，并对行为动作具有制约作用。情感本身并不是一种能够单独存在的事物，它常常通过知觉和感受而附着在一定的表象之中。语感的情感性特征主要表现在情感体验、情感表达、情感共鸣、情感调节、情感反应等方面。因此，语感不仅涉及语言本身的特性，还与说话者的文化背景密切相关。因为文化背景会影响人们的语言习惯、价值观和情感表达方式，从而使语感出现差异。

4. 个性化与情境性

每个人的语感都有所不同，这取决于他们的语言经验、教育背景和个人偏好等因素。不同的人在语言能力上存在差异，有些人天生具备较强的语言表达能力，能够熟练地运用各种语言技巧和修辞手法，而有些人则可能在这方面相对较弱。语感具有情境性特征，因为语言的理解和表达往往需要依赖具体的情境，人们在实际交流中需要根据情境来选择合适的语言表达方式，这就要求语感能够准确地把握情境。在不同的情境中，人们可能会有不同的语言表达习惯。例如，在正式场合和非正式场合中使用的词汇和语气会有差异。

（三）语感的培养

语言学家克拉申的语言监控理论（monitor model）指出："当我们将一些基本句型操练到一定程度并在脑海中形成一种规律性的东西，并在某种程度上获得对该语言的某种感觉时，就能自然地监察自己所说语言的正确与否。"[1]"熟读唐诗三百首，不会写诗也会吟"的事实也表明，多读和熟记在某种程度上能将客观的言语对象内化为主观的语感图式。众多研究揭示，语感的生成并非立竿见影之事，而是可以通过日常训练产生、巩固和发展的，必须经过一个长期的有针对性的练习过程，只要方法得当，必见成效。下面是英语语感教学的七种方法。

1. 创设情境，触发语感

语感是一种敏锐的感知，它依赖学习者自身的感受。语感教学中要注重学生语言知识的积累与语言能力的培养，而要提高学习者的语感，就必须有一个良好的语言学习氛围。情境是教学过程中教师创设的一种情感氛围。教学情境的创设是教师在教学过程中的常规教学行为。良好的教学情境不仅有利于教师有效地组织教学，还非常有利于激发学生的学习兴趣和动机，使他们进入积极的心理状态，聚精会神地听课。教育学家本杰明·布鲁姆（Benjamin Bloom）曾说："成功的外语课堂教学应当在课内创设更多的情境，让学生有机会运用已学到的语言材料。"[2]

英语中的预制语块（prefabricated chunks）由于具有出现频率较高，

---

[1] 汤富华. 大学英语课堂应导入语感训练步骤 [J]. 湘潭大学学报（哲学社会科学版），1999（3）：112–113.
[2] 邓垚. 英语教学情境创设要恰当 [J]. 中国教育学刊，2020（7）：103.

形式、结构和意义比较固定且便于学习者记忆、加工、储存及提取等特点，因此对培养学生的语感有重要作用。预制语块是一种既具有具体词语又具有语法特征的语言结构，一般由多个词构成，且具有特定的话语功能。心理语言学的研究认为，人的记忆中保存着大量的预制的语言单位。这些预制的语言单位就是所谓的信息语块，它们由几个词素构成，但比单个的单词包含更多的语言信息，即预制语块。预制语块普遍存在于人脑的记忆中而且随着人们对记忆材料的熟悉程度而增加，预制语块的数量也相应增加，从而使大脑可以存储和回忆更多的信息[①]。

英语教学中教师应努力创设情境，激发学生的语块意识，改善学生的认知模式，使他们养成自觉发现语块、模仿语块及运用语块的良好习惯，提高他们语言表达的准确度、流利度和自动化程度，进而培养其语感。例如，教师可以通过创设以下情境，让学生掌握其中的语块，以提升交际的准确性和流畅性，从而培养学生的语感。

Tom：Hello, I'm Tom. Where are you from?

Mary：I'm from America. What about you?

Tom：I'm from America, too. I'm so glad to know we are from the same country. Would you mind telling me where you live?

Mary：Of course not. I live at 38 Park Road.

Tom：At 38 Park Road? We live near each other. What a coincidence!

Mary：Are you kidding? You mean we are neighbors, won't you?

Tom：Yes. Let's go home together.

Mary：Ok. Let's go!

2.注重朗读，感受语感

古语有云："书读百遍，其义自现。"这强调的是朗读对培养学生语感的重要作用。朗读不仅有利于提升学生语感的直觉性，还有利于强化

[①] 王立非，张大凤.国外二语预制语块习得研究的方法进展与启示[J].外语与外语教学，2006（5）：17-21.

学生语感的整体性。通过朗读，学生可以记住文章中规范、形象的语言并最终起到潜移默化的作用，使大脑对语言的反应更加敏捷。在英语词汇及篇章教学中，重音、爆破、同化、连读、语调等语音知识均会对学生的朗读产生较大的影响。

在朗读时，教师应尽量让学生把握单词及句子的重音。例如，英语中关于单词重音有"名前动后"一说，即对于一些兼类词，当它作名词用时，其重音在前面，而当它作动词用时，其重音在后面。例如，present（名词，礼物），present（动词，赠予）；import（名词，进口），import（动词，输入）；object（名词，实物），object（动词，反对）等。英语读音还有失去爆破的情况，即在某些情况下，只需做出发音的准备，但实际上并不发音，稍做停顿后就发后面的音。例如，"Goo（d）morning""Mr. Dere（k）""That is an ol（d）pi（c）ture of a bi（g）cart."等。此外，英语中当相邻的两个词在意义上密切相关且同属于一个意群时，人们常将前后音节拼起来连读（连读符号：～）。例如，"Not～at～all.""He called～you half～an～hour～ago."在教学中，教师应多引导学生进行朗读，以培养他们整体把握和理解文章的能力，进一步增强学生的语感。

3. 指导背诵，积淀语感

学者胡春洞曾经提出，要把背诵英语课文的数量及流利的程度作为衡量英语教学质量的基本尺度之一，并要求将背诵上升到教学原则的高度来加以认识和贯彻。背诵是英语输入和输出的有效途径。背诵当然不是死记硬背，而是建立在对英语语句、段落及篇章结构的理解之上的，其实质是对英语语音、语调、语速的理解以及对舌头灵活性的综合训练。艾拉姆·乔姆斯基（Avram Chomsky）认为"后天经验是决定语感的变量"。语感可通过后天的学习来培养。而语感的培养则需要长期的语言文字训练，需要大量的语言知识的输入。因此必须积极主动地进行语言实践活动。而这与背诵的要求是相符合的。

著名语言学家朱光潜指出，语言初学者可将记忆单词和做大量语法练习的时间和精力用于背熟几篇精选的文章,从而培养该语言的语感。可见,背诵在语言语感培养的过程中起着重要作用。"和尚念经,有口无声"般的死记硬背不仅不利于学生语感的积淀,还会削弱他们的学习兴趣与动机。实际上,背诵的过程也就是学生内化知识的过程。因此,在英语教学中教师要指导学生坚持不懈,不断积淀,这样才能实现从量变到质变的飞跃,并最终培养起学生标准的英语思维以及良好的英语语感,从而提高其综合运用英语的能力。例如,以下几个句子,虽然其形式各异,但内容差别却不大。

例1:He lives in Beijing.

例2:He does live in Beijing.

例3:It's Beijing where he lives.

例4:Beijing is the city where he lives.

例5:It's he who lives in Beijing.

例6:It's in Beijing that he lives.

如果学生能以句子这种较大的单位在大脑中储存信息,那么他们在提取这类信息时也就能以较大的单位进行,从而提高信息处理的速度。因此,教师应指导学生通过背诵这类句子,做到脱口而出,不断丰富和积累语言知识,最终养成良好的英语语感。

4. 扩大输入,丰富语感

英语输入的数量对英语学习的效果影响较大。学习语言如果没有输入就如无源之水。"狼孩"现象就源于环境中缺乏语言输入。乔姆斯基认为,人虽然具有天生的习得语言能力,但前提是必须反复地为他们提供各种语言刺激。苏联教育家维果茨基在强调教育在儿童的发展中所起到的主导和促进作用时,提出了最近发展区理论。他认为儿童的发展有两种水平:一种是儿童已经达到的现有发展水平;另一种是儿童通过努力可能达到的发展水平,即潜在的水平。这两种水平之间的距离,就是"最近发展区"。

美国语言学家克拉申提出了"输入假设",即如果人们现有的语言水平为"i",那么人们为学习者提供的语言输入应该为"i+1",也就是说,输入应该略高于学习者现有的可理解水平,教师应该围绕"1"来做文章。有研究表明,重复性阅读能明显提高学生的朗读速度和准确性以及整体的语篇理解率[1]。

在英语听、说、读、写四项技能中,人们借助听和读从外界输入信息,因此,听和读属于输入型技能。基于此,在英语教学中,教师应强化听力和阅读教学,增加语言的输入量,增强学生学习、吸收和创造性运用语言的能力,从而提高学生的语感。

5. 鼓励输出,锤炼语感

1985年梅里尔·斯温(Merrill Swain)提出了"可理解输出假设",认为输出能引起学生对语言问题的关注,对目标语的句法结构与语义进行假设检验,形成元语言功能,促进目标语表达的流利性与自动性,促使陈述性知识向程序性知识转化,从而有助于学生检验目标语句法结构与词汇的使用,促进语言知识的内化以及语言运用的自动化,非常有益于外语语感的形成和发展[2]。Swain认为语言输出既可以提高学习者二语的流利程度,也可以提高学习者二语的准确性。因此,Swain在她的语言"输出假设"理论中提出了语言输出的三功能——注意/触发功能、假设/验证功能、元语言功能。在英语听、说、读、写四项技能中,说和写属于输出性技能,人们通过它们表达思想,向外界传递信息。

在英语口语教学中,教师应为学生多提供话题,让他们就学习、生活、交通、医疗、环保、饮食、旅游、社交等展开交流与讨论,教师可就相应话题提供范例供学生参考和模仿,使学生在大量的语言输出中不断地锤炼语感。在写作教学中,教师可引导学生将口语交流中的话题用书面语写下来,然后进行互换评阅,最后由老师点评,力求使学生熟悉

---

[1] 戴劲.输入方式、输入次数与语篇理解[J].外语教学与研究,2007(4):285-293,321.

[2] 王颖.论输出对外语语感培养的作用[J].山东大学学报(哲学社会科学版),2003(6):81-84.

各种话题，通过加大输出，使学生的语感得到反复锤炼。

6. 挖掘素材，强化语感

语感在生成后还需要不断强化，如"逆水行舟，不进则退"。语感的强化离不开持之以恒的训练。在英语教学中，教师可以通过挖掘素材来不断强化学生的语感。例如，教师在闲暇之余可搜集一些有趣的句子来调动学生学习英语的兴趣，并要求他们多读多记，以此来不断强化他们的语感。在讲解完课文后，教师可向学生提供一些由某些单词或短语引出的相关句子，让学生体会，如以下列句所示。

例1：Never trouble trouble till trouble troubles you.

（麻烦没来找你，就别去自找麻烦。）

例2：I saw a saw saw a saw, but this saw can't saw that saw.

（我看到过一把锯子锯另外一把锯子，但是这把锯子锯不断那把锯子。）

例3：I know. You know. I know that you know. I know that you know that I know.

（我知道。你知道。我知道你知道。我知道你知道我知道。）

同时，教师还可以借助一些绕口令来强化学生的语感。

例1：The big black bug bit a big black bear, made the big black beer bleed blood.

（一只大黑虫叮了一只大黑熊，害得大黑熊流了好多血。）

例2：I thought a thought. But the thought I thought wasn't the thought I thought I thought. If the thought I thought I thought had been the thought I thought, I wouldn't have thought so much.

（我有一种想法，但是我的这种想法不是我曾经想到的那种想法。如果这种想法是我曾经想到的想法，我就不会想那么多了。）

例3：I wish to wish the wish you wish to wish, but if you wish the wish the witch wishes, I won't wish the wish you wish to wish.

（我希望梦想着你梦想中的梦想，但是如果你梦想着女巫的梦想，我就不想梦想着你梦想中的梦想。)

7. 拓展活动，巩固语感

"问渠哪得清如许？为有源头活水来。"语感来源于对语言的不断接触、感知和领悟，学生生成的语感最终要通过语言活动来巩固。活动对语感能力的培养具有重要意义。通过参与各种语言活动，学习者可以实际使用语言进行交流，这有助于提高他们对语言的实际运用能力，从而增强他们的语感。活动中的对话、讨论、演讲、角色扮演等环节可以增加学习者接触和运用语言的机会，提高语言暴露量，这也有助于语感的培养。活动往往涉及多个领域，如文化、艺术、科学等，参与活动可以拓宽学习者的知识面，提升学习者的综合素质，从而有助于语感的培养。活动中的互动交流可以帮助学习者了解不同语言背景下的交流习惯和表达方式，丰富语言的实际运用场景，增强学习者的语感。活动不仅能够为学习者提供丰富的语言实践机会，还能起到激发学习兴趣、增强语言意识、培养语言习惯、提升综合素质、促进互动交流和培养创新思维等多方面的作用。

在日常教学中，教师应始终秉持"学生中心"的理念，努力通过课内和课外的听、说、读、写等活动来加强语感训练，引导学生及时进行总结与反思，使语感在活动中不断得到巩固，使语感如同"清渠活水"更有生命力。例如，在英语角活动中，教师可通过引导学生围绕某个主题进行交流和讨论，来巩固学生的语感。例如，谈论理想时，教师可引用以下几个句子：

例1：Living without an aim is like sailing without a compass.

（生活没有目标就像航海没有指南针。）

例2：Ideal is the beacon. Without ideal, there is no secure direction; without direction, there is no life.

（理想是指路明灯。没有理想，就没有坚定的方向；没有方向，就没有生活。）

在谈到励志的话题时，可引用以下句子。

例1：Confidence in yourself is the first step on the road to success.

（自信是走向成功的第一步。）

例2：No cross, no crown.

（不经历风雨，怎么见彩虹？）

此外，英语中的名言警句和谚语等对拓宽学生的知识面，巩固学生已经建立起来的语感也具有重要作用。

例1：A man cannot whistle and drink at the same time.

（一心不能二用。）

例2：All things in their being are good for something.

（天生我才必有用。）

例3：Never offer to teach fish to swim.

（不要班门弄斧。）

总之，在英语教学中，教师要努力通过创设丰富多彩的情境，触发学生的语感，培养其学习兴趣；教师要通过引导学生朗读与背诵英语名篇名句使其不断地感受和积累语感；教师要通过扩大可理解的语言输入和输出来增加语言的训练量，不断丰富和锤炼他们的语感；教师要通过挖掘教学中的各种素材来强化学生的语感；教师要通过拓展各种学习和竞赛活动来不断巩固学生的语感，从而不断地夯实学生的综合语言运用能力。一句话，了解和培养良好的语感对于提高语言运用能力非常重要，无论是在母语还是第二语言的学习过程中。

二、英语听力语感及其培养

语感可以分为输入型和输出型。输入型主要包括听和读，是解码的过程；输出型主要包括说和写，是编码的过程。英语听力语感是指一个人在听外语时对语言的感觉和直觉理解能力。它涉及对语音、语调、语速、连读、弱读等自然语言现象的敏感度以及对语言流畅度和自然度的整体感知。良好的听力语感可以帮助学习者更快速地理解和适应外语环境中的真实语言使用情况。

听力教学中学生是否具有良好的听力语感对听力理解具有非常重要的影响。良好的听力语感能够帮助学习者提高理解速度，更快地抓住对话的主要内容，有助于学生更准确地把握对话中的细节信息，如语气、情感等，有助于学生适应不同说话人的口音和语速，有助于学生在交流中更快地做出反应，减少误解。

英语语感不是自然而成的，而是需要通过长期有耐心的培养。培养学生的英语听力语感，可以采用以下方法。

（一）通过大量输入，接触真实材料

广泛接触英文材料，如观看英语电影、电视剧、纪录片，听英语广播、播客、音频书籍等，尝试不同地区和口音的材料，让大脑习惯英语的节奏和模式。学习者可以通过大量输入和接触英语，保持语言的活跃状态，避免遗忘和退化。

（二）通过模仿练习，让学生跟读英语材料

教师可以通过跟读、复述、角色扮演等方式，让学生模仿地道的英语表达，将学到的语言点转化为自己的语言输出。例如，让学生参与角色扮演活动，模拟实际对话场景，加入英语角等，注意语音、语调、停顿等，尝试模仿不同的说话风格和口音，还可记录自己的声音并与原声比较。

（三）注重增强语音知识，强化词汇和语法学习

不断夯实语言基础，如学习英语的发音规则，了解连读、弱读等现象，识别和练习常见的语音变化模式，扩大词汇量，掌握常用短语和表达方式，学习并练习英语语法。

（四）加强反思与总结

在学习新词或语法点时，尝试将其放入不同语境中进行应用，反思

并检验其是否自然、合适。定期回顾所听材料，总结遇到的新词汇和表达，记录并反思自己的听力理解难点所在。

（五）利用技术工具，持续练习

例如，使用 Duolingo、Rosetta Stone 等语言学习应用程序，利用 TED Talks 等在线资源，应用智能语音助手等，进行日常对话练习，尤其是了解英语国家的文化背景和社会习俗，这有助于理解语言背后的深层含义，提升语感。持续练习，如设定固定的听力练习时间，持之以恒，选择感兴趣的主题，增加学习的动力。

通过这些方法，学习者可以逐步培养和发展听力语感，提高在英语环境中的适应能力和理解效率。重要的是要保持耐心和坚持，随着时间的推移，听力语感会逐渐加强。

三、核心素养中语言能力与英语语感的关系

核心素养中的语言能力与英语语感的关系相辅相成。具体表现为以下三个方面。

一是二者相互依赖。一方面，语言能力为语感提供基础。良好的语言知识和技能是形成语感的前提。没有足够的语言输入和输出练习，就难以建立起对语言模式的敏感度和理解。另一方面，语感促进语言能力的提升。有了语感，学习者在语言学习过程中能够更自然地吸收和运用语言规则，使语言能力的提升更加高效和自然。

二是二者互补促进。首先，语法与语感的结合。虽然语法学习是语言能力的一部分，但单纯的语法知识无法完全解释为什么某些表达听起来"自然"而另一些则显得生硬。语感补充了规则性知识，帮助学习者理解何时何地应用哪些语言规则。其次，词汇量与语境感知。丰富的词汇量是语言能力的一部分，而语感则能帮助学习者在不同语境中选择最恰当的词语和表达方式，使语言更加生动和贴切。

三是二者动态发展。一方面，语感随语言能力的增长而增强。随着

语言能力的提高，学习者对英语语言的感知和理解能力也会变得更加细腻和深刻，语感自然会随之加强。另一方面，语感的培养需要时间和实践。语感不是短期内可以速成的，它需要大量的语言接触、模仿、实践和反思，随着时间的积累，语感会逐渐形成并完善。

四、语言输入与输出的平衡

英语听力教学中，平衡语言输入与输出是非常重要的，因为二者相辅相成，共同促进语言能力的全面发展。

（一）听力理解后的口语表达

在学生完成听力任务后，组织口语讨论，让学生用英语复述听力材料的主要内容，表达自己的看法或提出问题。教师可通过组织角色扮演，让学生根据听力材料中的情境进行对话，增强学生的口语表达能力。

（二）听力与写作结合

听完一段材料后，让学生写一篇摘要、评论或读后感，这不仅检验了听力理解能力，还锻炼了写作技能。设计听力日记活动，让学生每天听一段材料，并写下自己的理解、感受或学到的新词。

（三）互动式听力练习

设计听力活动，如听力接龙、听力问答游戏，鼓励学生在听的过程中进行口头互动，提高学生即时反应能力和口语流畅度。教室可利用小组讨论，让学生分享对听力材料的不同理解和观点，促进思维碰撞和语言输出。

（四）听力与阅读的互补

结合听力材料，提供相关主题的阅读材料，让学生在阅读中加深对听力内容的理解，同时让学生在阅读后进行口语或书面的反馈。使用配对阅读和听力材料，让学生先读再听或先听再读，对比不同媒介的信息接收效果，增强学生的语言处理能力。

（五）情景模拟与角色扮演

创设情境，让学生模拟听力材料中的对话或演讲，将听力输入转化为口语输出。组织角色扮演活动，让学生扮演听力材料中的角色，用英语进行表演，提升学生语言运用的灵活性和创造性。

（六）反馈与评价

提供及时、具体的反馈，鼓励学生在口语交流和写作中对尝试新学的词汇和表达，鼓励学生即使出现错误也要勇敢尝试。定期进行对听说读写的综合评价，让学生了解自己在语言输入与输出方面的强项和弱项，给学生设定个人学习目标。

（七）技术辅助

利用在线资源和应用程序，给学生提供互动式的听力练习，如听后立即进行口语录音，然后进行自我评价或同伴评价。利用智能语音识别软件，让学生练习口语。软件可以即时反馈学生的发音情况和流利度，提高语言输出的精确性。

通过上述这些策略，英语听力教学可以有效平衡语言输入与输出，确保学生不仅能够理解听到的信息，还能用英语进行准确、流畅的表达。教师应根据学生的实际情况，灵活调整教学方法，创造一个既有挑战性又充满支持的学习环境，促进学生的语言技能全面发展。

第二节　英语听力教学中的跨文化交际能力

作为核心素养之一，文化意识是一种理解和尊重不同文化的能力，它能帮助个体在跨文化交流中更加有效地与他人沟通和协作。文化意识与跨文化交际能力是经济全球化时代中个人与社会交流的重要组成部分，它们之间存在着紧密且相互影响的关系。理解这二者的关系对于促进有效的跨文化沟通至关重要。

一、跨文化交际能力的内涵

跨文化交际（intercultural communication）这一术语，由美国人类学家和跨文化交际创始人霍尔（Hall）在《无声的语言》（*the silent language*）中首次提出。依照霍尔的阐释，文化具有多重含义，而不是局限在某一疆域或地理范围内的。跨文化交际，是指超越某一疆域或者地理范围，在与具有不同的经验、假设、意义和行为的人进行交流之际所发生的事情[1]。跨文化交际能力（intercultural communication competence）是指个体在跨文化交流中展现出来的有效沟通的能力。这种能力不仅涉及语言层面，还涵盖了非语言信号的理解与使用（如肢体语言、面部表情、眼神交流等）、文化意识、适应性等多个方面。跨文化交际能力的三个维度分别是跨文化知识（intercultural knowledge）、跨文化技能（intercultural skill）和跨文化个体（intercultural being）。培养跨文化交际能力可以使语言、思想和文化有机结合。语言是文化的载体，也是文化的重要组成部分。外语教学不仅传授语言知识，更重要的是培

---

[1] 李美莹，吴光辉. 人与世界相遇的方式：语言哲学观照下的跨文化交际[J]. 南通大学学报（社会科学版），2022，38（3）：79-86.

养学生的交际能力，培养他们应用外语进行跨文化交际的能力[①]。具备良好跨文化交际能力的个体能够在多元文化环境中建立和谐的人际关系，解决文化冲突，并促进相互理解和尊重。

跨文化交际能力的内涵可以从以下方面进行理解。

（一）文化意识

文化意识包括自我意识与他者意识。前者指对自己的文化身份有清晰的认识，理解自己的价值观、信念和行为模式如何受到自身文化的影响。后者指认识到并尊重其他文化的价值观、信仰、习俗和行为模式，并理解其他文化环境与自己所处的文化环境的不同之处。

（二）语言能力

能够理解不同文化背景下的语言表达，如习语、俚语、比喻等。能够恰当地使用语言进行有效沟通，包括适应不同文化环境下的语言风格。

（三）包容性与适应性

承认并尊重人类多样的价值，包括种族、性别、年龄、宗教和性取向等方面。能够从多个角度看待问题，理解文化的多样性和复杂性。积极创造一个有包容性的环境，让来自不同文化背景的人都能感到受欢迎和被尊重。具有情境适应性，能够根据不同的情境和文化背景调整自己的沟通方式，同时具有心理适应性，能够适应跨文化交流中的心理变化，如文化冲击、适应障碍等。

（四）社会正义与共情能力

关注文化不平等的问题，努力促进跨文化的公平和正义。利用跨文化交流促进不同文化之间的相互理解和尊重。能够站在他人角度思考问

[①] 吕丽盼，俞理明.双向文化教学：论外语教学跨文化交际能力培养[J].中国外语，2021，18（4）62-67.

题，理解他们的感受和立场，尤其是当面对文化差异时。能够恰当地表达自己的情感，与人建立信任，产生共鸣。

（五）沟通策略与终身学习

当遇到沟通障碍时，能够有效地解决问题。在文化差异导致的冲突中，能够找到双方都能接受的解决方案与策略。能够有效地给予和接受反馈，促进沟通的改善。认识到跨文化交际是一个持续学习、终身学习的过程，愿意不断学习新知识和技能，并通过阅读、旅行、参加文化活动等方式不断提高自己的跨文化交际能力。

二、文化意识与跨文化交际能力的关系

文化意识与跨文化交际能力是相互依存、相互促进的。在经济全球化发展的今天，培养这两种能力对于促进世界和平、人们的理解和合作具有重要意义。

（一）基础与应用

文化意识是跨文化交际的基础，对各种文化的深入了解和敏感度是跨文化交际的前提。缺乏文化意识可能导致误解、产生刻板印象甚至冲突。跨文化交际能力是对文化意识的实践。当人们掌握了文化知识后，他们需要将其应用于实际情境中，以适应不同的文化环境，进行有效的沟通。

（二）相互促进

文化意识促进跨文化交际能力的发展。随着对不同文化的深入理解，个体能够更好地调整自己的沟通策略，以适应不同的文化期望和规范。跨文化交际经验可以丰富人们的文化意识。通过实际的跨文化交流，个体能够获得第一手的文化体验，这种体验反过来加深了个体对特定文化的理解，增强了个人的文化意识。

（三）挑战与机遇

文化差异可能会导致误解，成为沟通障碍，但通过提高文化意识和跨文化交际技巧，这些挑战可以被克服。在跨文化交际中，个体也可能发现不同文化之间的共通之处，这有助于构建全球公民的身份认同，将挑战转化为机遇，从而促进人类的共同进步。

三、跨文化交际能力的重要性

在全球一体化趋势不断增强的背景下，国际合作交流日益频繁，学生对于外语沟通技能的掌握，不管是在生活中还是在工作中都起着非常重要的作用。由于不同文化和历史环境中衍生的语言有着不同的发展背景和发展过程，因此所以在外语教学中要注重对学生跨文化意识和能力进行的培养[①]。由于英语作为一种全球语言被广泛使用，因此它不仅仅是一种交流工具，更是连接不同文化的重要桥梁。在英语听力教学中培养跨文化交际能力的重要性体现在以下方面。

（一）提高理解能力

英语听力材料通常包含丰富的文化元素，如习语、俚语、文化习俗等。具备跨文化交际能力的学生能够更好地理解这些语言现象背后的文化含义。

（二）增强语境敏感性

不同的文化背景下，相同的词语或表达可能有不同的含义。具备跨文化交际能力的学生能够更准确地把握语境，理解对话的真实意图。

---

① 陈敏.英语教学中学生跨文化交际意识的培养[J].中国教育学刊，2019（增刊1）：93-94.

（三）促进有效沟通

在跨文化交流中，了解对方的文化背景有助于避免误解和冲突。具备跨文化交际能力的学生在听力理解过程中能够更加得体地应对不同文化背景的交流对象。

（四）增强学习动力

让学生学习不同文化的内容可以让听力教学变得更加有趣，激发学生的好奇心和学习动力。

（五）促进全球公民意识

跨文化交际能力有助于学生在国际环境中建立广泛的社交网络，这对于个人的职业发展和学术交流都有积极作用。通过对跨文化交际能力的培养，学生能够更好地理解经济全球化的意义，成为具有全球视野的公民。

四、跨文化交际障碍

跨文化交际障碍是指在跨文化交流中出现的各种沟通障碍，这些障碍可能源自语言、非语言行为、价值观、社会规范等方面的不同。

（一）语言障碍

词汇差异：同一词语在不同文化中的含义可能不同，导致误解。
语法结构：不同语言的语法结构可能造成翻译或理解上的困难。
习语和成语：习语和成语通常富含文化元素，直接翻译可能失去原有含义。

（二）非语言沟通障碍

肢体语言：相同的手势或面部表情在不同文化中可能有不同的含义。

空间距离：不同文化对于个人空间的需求不同，过近或过远的距离都可能被视为不礼貌或对隐私的侵犯。

眼神交流：在一些文化中，直视对方的眼睛被视为自信和尊重，而在其他文化中则可能被视为挑衅或不敬。

声音和音调：不同文化中人们在声音大小和音调的使用习惯方面各有不同，这可能导致误解。

（三）时间观念障碍

守时性：一些文化非常重视守时，而其他文化则可能更注重灵活性和适应性。

长期和短期导向：不同文化对于时间的长期和短期规划有不同的态度。

（四）价值观和信念障碍

个人主义与集体主义：个人主义文化强调个人成就和独立，而在集体主义文化则更看重团队合作和社区利益。

权力距离：不同文化对于权力结构和等级制度的看法不同，这可能影响沟通方式和决策过程。

（五）沟通风格障碍

直接与间接：有些文化倾向于直接表达意见，而另一些文化则倾向于使用暗示和委婉的方式。

高语境与低语境：在高语境文化中，很多信息通过非语言方式传达；而在低语境文化中，则更多依赖明示的信息。

（六）决策过程障碍

共识与权威：一些文化倾向于通过集体讨论达成共识，而另一些文化则依赖权威人物的决策。

决策速度：在一些文化中，决策过程可能较为迅速，而在其他文化中人们则可能需要较长时间来达成共识。

五、克服跨文化交际障碍的方法

有效克服跨文化交际中的障碍，重要的是要持续学习和实践，逐渐建立起跨文化的沟通能力。这不仅有助于个人在多元文化环境中更加自如地交流，还能促进个人成长和社会和谐。

（一）提升文化意识

提升文化意识是克服跨文化交际障碍的第一步。这包括了解和反思自己的文化背景和价值观，认识到它们是如何影响自己的行为和态度的。以阅读、观看纪录片或参加文化培训课程的方式来增加对不同文化的了解也是非常重要的。此外，学生积极参与多元文化活动或与来自不同文化背景的人交流，可以获得直接的文化体验，从而加深对不同文化的理解。

（二）发展语言能力

掌握至少一门第二语言是提高跨文化学生交际能力的关键之一。语言学习不仅可以帮助学生更好地理解其他文化，还可以让学生在实际交流中更加自信。除了学习语言本身，还要尽可能多地使用所学语言进行交流，无论是通过语言交换伙伴还是参加语言角等社交活动。此外，要注意语言的细微差别，如正式和非正式的用语、称呼语等，尤其是在商务和正式场合。

（三）理解非言语行为

非言语行为在跨文化交际中扮演着重要角色。了解不同文化中的肢体语言和面部表情的含义，可以帮助学生避免无意中传达错误的信息。留意不同文化中对个人空间的不同要求也很重要，这样可以避免给人带来不适感。另外，需要注意的是，在某些文化中直视对方的眼睛被视为自信的表现，而在另一些文化中则可能被认为是挑衅。

（四）遵循社交习俗

了解并遵循不同文化中的基本礼仪规则是至关重要的。这包括见面问候的方式、餐桌礼仪等。在某些文化中，送礼是一种重要的社交习俗，因此要知道在哪些情况下应该送礼，以及什么样的礼物是最合适的。此外，时间观念在不同文化中也各不相同，有的文化非常重视准时，而其他文化则较为灵活。

（五）调整心态

在跨文化交际中，保持开放和好奇的心态至关重要。这意味着乐于接受新的观念和经验，即使它们与自己的文化背景不同。保持耐心和宽容有助于解决可能出现的误解和冲突。当遇到沟通障碍时，寻求当地人的帮助或建议也是一个很好的选择。

（六）实践与反思

抓住每一个可以练习跨文化交际的机会是非常重要的，无论是在工作中、学习中还是在日常生活中。定期回顾自己的跨文化交际经历，思考哪些方法有效，哪些需要改进。不断地实践和反思，不断提高跨文化交际的能力。

六、英语听力教学中跨文化交际能力的培养

外语教学跨文化交际能力培养不仅应包括培养学生掌握目的语及其文化知识，还应包括培养其用外语表达本土文化的能力，即在切实提升学生跨文化意识的过程中让学生实现有效的跨文化交际。改善目前外语学习者"本土文化失语"症状，应从课程目标、课程内容和课程建设入

手,切实将本土文化融入外语教学实践之中[①]。

跨文化交际能力的培养是一个综合性的过程,它要求个体不仅要在语言层面上达到一定水平,还要在非语言沟通、文化意识、适应性等多个方面进行持续的努力。在英语听力教学中培养学生的跨文化交际能力是一项重要的任务,涉及听力技能的提升和文化意识的增强。教师应通过培养跨文化交际能力,使学生在多元化的社会中更加自如地与人沟通和合作,不仅可以帮助学生更好地学习语言,还可以增进他们对不同文化背景的理解和尊重。为了在英语听力教学中培养学生的跨文化交际能力,教师可以采取以下几种策略。

（一）选择合适的听力材料

在英语听力教学中选择合适的材料来培养学生的跨文化交际能力是一种非常有效的教学方法。以下是一些具体步骤和建议,帮助教师挑选适合的教学材料。

1. 明确教学目标

确定目的:明确教学的目标,是提高基本听力技能、扩大词汇量、了解特定领域的专业术语,还是为了增强跨文化交际能力。

考虑学生需求:考虑到学生的年龄、兴趣、学习习惯等因素。

2. 评价学生水平

分级选择:根据学生的英语水平选择不同难度的听力材料,通常可以分为初级、中级、高级三个等级。

测试水平:可以通过简单的测试来评价学生的听力水平,以便选择适合的材料。

3. 材料类型多样化

形式多样:选择不同类型的听力材料,如新闻报道、访谈、讲座、

[①] 吕丽盼,俞理明.双向文化教学:论外语教学跨文化交际能力培养[J].中国外语,2021,18(4)62-67.

日常对话、电影片段、歌曲等。

文化多样：选择的材料要能反映不同文化的特点，涵盖不同的话题，如节日庆典、饮食习惯、传统习俗、社会行为规范、教育系统、商务交流等，以增加学生对不同文化领域的了解，确保材料具有文化代表性。

地区多样：使用不同地区和口音的英语材料，帮助学生适应英语的多样性。

来源多样：使用来自不同媒体的材料，如广播、电视节目、YouTube视频、播客等。

4.关注内容的相关性

贴近生活：选择与学生日常生活相关的材料，这样更容易引起学生的兴趣。

主题多样：覆盖不同的主题，如科技、环保、文化、健康等，以满足不同学生的需求。

5.提供辅助材料

文字脚本：对于难度较高的材料，提供文字脚本帮助学生理解。

词汇表：对于生词较多的材料，提供词汇表或解释关键术语。

6.定期更新材料

保持新鲜感：定期更换听力材料，让学生保持新鲜感和兴趣。

关注最新趋势：选择反映当前社会热点和趋势的材料。

通过上述步骤，教师可以更加系统和全面地选择合适的英语听力材料，帮助学生在提高听力技能的同时，更好地理解和适应多元文化环境。

（二）引入文化背景知识

当前外语教学跨文化交际能力培养的文化教学主要面临着以下三个问题：一是如何看待外语教学跨文化交际能力培养的文化双向性，兼顾并平衡两种文化；二是如何在外语教学跨文化交际能力培养中更好地呈现双向文化内容；三是如何明确并实现外语教学跨文化交际能力培养的教学目标[①]。在英语听力教学中，引入文化背景知识是开展文化教学的常用方法。文化背景知识不仅能够帮助学生更好地理解听力材料中的内容和上下文，还能培养他们的跨文化交际能力。通过了解不同文化的特点和习俗，学生能够更加深刻地把握语言的使用环境和隐含意义，从而提高理解能力和语言应用能力。此外，掌握文化背景知识还能使学生在跨文化交流中展现出更高的文化敏感性和适应性，促进经济全球化时代人们的有效沟通。因此，在英语听力教学中融入文化背景知识，对于提升学生的综合语言能力和跨文化交际能力至关重要。

1. 课前准备

选择合适的材料：选择包含丰富文化元素的听力材料，如新闻报道、访谈、讲座、电影片段等。

研究文化背景：教师应该事先对听力材料中所涉及的文化背景做充分的研究，包括相关的风俗习惯、历史背景、社会现象等。

2. 介绍文化背景

简短介绍：在播放听力材料之前，给学生一个简短的介绍，解释听力材料中涉及的文化背景。

提供相关资料：可以提供一些相关的图片、视频或者文本资料来帮助学生理解。

3. 设计预习活动

预习问题：设计一些预习问题，让学生思考听力材料中可能出现的文化差异或现象。在播放听力材料前，简要介绍相关的文化背景知识，帮助学生理解材料中的隐含意义和社会习俗等文化元素。

词汇准备：列出一些关键的词汇或短语，帮助学生提前了解听力材料中的重要概念。

[①] 吕丽盼，俞理明．双向文化教学：论外语教学跨文化交际能力培养[J]．中国外语，2021，18（4）62-67．

4. 听力过程中的互动

暂停讲解：在播放过程中，可以适时暂停，讲解所出现的文化现象或细节。

提问引导：提与文化背景相关的问题，引导学生注意听力材料中的文化元素。

5. 听后讨论

小组讨论：组织小组讨论，让学生分享他们对听力材料中文化背景的理解和感受。

全班分享：让每个小组分享他们的讨论结果，促进班级内的交流和互动。

（三）模拟真实情景

教师要在常规课堂教学的基础上创新教学手段，为学生跨文化交际能力的培养创造适宜的环境，建立良好的跨文化交际课堂环境，使学生在具备英语交流基本技能的同时，置身于社会交际实践之中，吸取英文文化内涵，了解英语发展历史，在学习的过程中潜移默化地培养自己的跨文化意识，持续提升自身表达能力和写作能力，以此来消除传统教育、应试教育带来的弊端[1]。在英语听力课堂教学中模拟真实情景不仅能够帮助学生更好地理解不同文化背景下的交流方式，还能提高他们在多元文化环境中的沟通技巧。

1. 设计情境

根据听力材料设计一些跨文化交际的情境，如商务会议、旅行咨询、文化庆典等。

2. 分配角色

让学生扮演不同文化背景中的角色，模拟真实的交流情景，并提供

---

[1] 陈敏. 英语教学中学生跨文化交际意识的培养 [J]. 中国教育学刊，2019（增刊 1）：93-94.

必要的指导，如如何运用适当的礼节、如何处理文化差异等。

3. 模拟对话

准备对话脚本：为学生提供对话脚本，内容包括不同文化背景下的典型对话模式。

练习对话：让学生分组练习对话，鼓励他们自由发挥，模拟真实对话和自然交流中的不确定性。

录制对话：可以让学生录制自己的对话，之后进行回放和讨论，以提高对话的真实性和流畅性。

4. 小组讨论

反思讨论：组织小组讨论会，让学生分享自己在模拟情景中的体验和感受。

问题解决：讨论在模拟情景中遇到的问题，以及如何解决这些问题。

（四）运用图式理论

图式是一种主动的信息加工装置，它是人脑过去知识的储存方式，因此它与人类的记忆结构相联系。图式会建立起人对未来信息的期待，帮助人们把外在刺激的若干细节与一个总体概念相联系，而与之不一致的信息则会被过滤。图式理论突破了单词—词组—句子的线性传统听力理解模式，转而关注对语言输出、输入交叉构成的信息图式、框架的解读[1]。图式理论强调的是人们如何利用已有的知识（即图式）来理解和处理新的信息。在跨文化交际的背景下，这意味着学生需要利用自己对不同文化的了解来理解听力材料中的内容。以下是具体步骤和方法。

1. 明确图式的概念

定义图式：向学生解释图式的概念，即人们头脑中储存的关于世界的知识结构。

---

[1] 沈洪木. 图式理论对新闻英语听力教学的启示[J]. 教育理论与实践，2016，36（27）：51-52.

图式的种类：介绍不同类型的图式，如情境图式、对象图式、事件图式等。

2. 激活已有图式

预习活动：在开始听力练习之前，教师通过讨论、图片、视频等形式激活学生已有的相关文化图式，以帮助他们更好地理解听力材料。

背景介绍：提供与听力材料相关的背景信息，帮助学生激活相关的图式。

3. 构建新图式

新信息输入：教师通过听力材料提供新信息，帮助学生构建新的文化图式。例如，在听力教学中教学生如何捕捉关键信息、猜测与理解主旨大意、推断说话者的意图等常用听力技能，帮助学生构建图式理论。

词汇学习：教授与听力材料相关的词汇和表达方式，通过听力练习帮助学生构建新的图式，以扩展他们的知识领域。

4. 文化背景知识的整合

关联性讨论：组织讨论会，让学生分享将自己的图式与听力材料中的内容相联系的方法。

文化差异探讨：引导学生识别和讨论听力材料中体现的不同文化背景，并将其与自身文化进行对比。

5. 角色扮演和模拟情境

角色扮演：设计角色扮演练习，让学生模拟不同文化背景下的真实对话场景。

情景模拟：模拟跨文化交际中的常见情境，如商务会议、旅行咨询等，让学生练习如何利用图式进行有效沟通。

通过上述步骤，教师可以有效地运用图式理论在听力教学中培养学生的跨文化交际能力。这种方法不仅能够帮助学生更好地理解听力材料，还能增强他们对不同文化的认识和尊重。

（五）利用多媒体资源

在英语听力教学中，多媒体资源包括视频、音频、动画、互动软件等多种形式，它们能够提供生动、直观的学习体验，帮助学生更好地理解不同文化背景下的语言使用规则和社会习俗。

1. 选择多媒体资源

多样化来源：从不同的来源选择多媒体资源，如 TED Talks、慕课。

文化代表性：确保资源涵盖了不同国家和地区的内容，展示英语使用方式的多样性。

2. 预热介绍

背景知识：在播放多媒体资源之前，先介绍相关的文化背景知识，帮助学生理解即将听到的内容。

词汇准备：提供一些关键的词汇或短语，帮助学生更好地理解多媒体资源中的内容。

3. 观看和聆听

分段播放：将较长的视频或音频分成几部分播放，方便学生消化和理解。

互动操作：利用多媒体资源的互动功能，如暂停、回放、慢速播放等，帮助学生更好地捕捉细节。

4. 角色扮演

模拟情景：根据多媒体资源的内容设计角色扮演练习，让学生模拟真实情景中的交流。

文化对比：让学生在角色扮演中比较不同文化背景下的交流方式。

5. 小组讨论

反思讨论：组织小组讨论会，让学生分享自己在观看或聆听多媒体资源时的体验和感受。

问题解决：讨论在使用多媒体资源的过程中遇到的问题，以及如何解决这些问题。

6. 互动游戏

文化知识竞赛：设计一些关于不同文化的知识竞赛，让学生在游戏中学习。

猜谜游戏：设计一些基于不同文化背景的猜谜游戏，激发学生的好奇心和兴趣。

7. 整合学习工具

在线平台：利用在线学习平台（如 EdmoDo）共享多媒体资源，方便学生随时复习。

移动应用：推荐使用专门的英语学习应用（如 Duolingo、Rosetta Stone），这些应用通常包含丰富的多媒体资源。

（六）鼓励自主学习

在英语听力教学中鼓励学生自主学习并培养他们的跨文化交际能力是一项重要的任务。教师要努力创造一个积极的学习环境，鼓励学生探索新知识，同时给予他们足够的支持和指导，激发学生自主学习的热情。

1. 设定明确的目标

个性化目标：鼓励学生设定个人的学习目标，这些目标应该包括提高英语听力水平和增加对特定文化的了解。

分阶段目标：将长期目标分解为短期可实现的小目标，帮助学生逐步达成。

2. 提供资源指南

推荐资源：向学生推荐可靠的在线资源。

多媒体资料：提供多种类型的多媒体资料，如纪录片、电影片段、播客。

3. 自主探索活动

主题研究：让学生选择感兴趣的主题进行深入研究，如英国的历史、美国的节日等。

案例分析：提供具体的跨文化交流案例，让学生分析其中的文化差异及沟通技巧。

4. 使用技术工具

在线课程：鼓励学生参与在线课程，如 Coursera、edX 上的英语学习课程。

应用程序：推荐使用语言学习应用程序，如 Duolingo、HelloTalk 等，这些应用可以帮助学生练习听力并了解不同文化。

5. 反思日记

学习日志：鼓励学生记录自己的学习过程，包括遇到的困难、取得的进步以及文化发现等。

文化笔记：让学生记录下他们在学习过程中了解到的不同文化习俗和价值观。

6. 分享交流

学习小组：建立学习小组，成员之间可分享资源和学习经验。

汇报展示：安排定期的汇报会议，让学生分享他们的研究成果或学习心得。

评价与反馈：引导学生进行自我评价，思考哪些方面做得好，哪些需要改进。组织同伴间的相互评价，促进他们彼此之间的自主学习和发展。

总之，通过上述方法，教师可以在英语听力教学中有效地培养学生的跨文化交际能力，使学生能够在多元文化的社会环境中更加自信和有效地与人沟通，帮助他们在未来的学术生涯和职业生涯中更加成功。当然，跨文化交际能力的培养是一个长期的过程，需要持续的学习和实践，并有必要将跨文化交际能力的培养融入整个英语教学计划和学习之中，而不仅仅局限于英语听力课程和教学。

第三节　英语听力教学中的批判性思维

思维品质和批判性思维是紧密相关的两个概念，在教育学、心理学以及日常生活中都很重要，尤其是在教育领域，它们被视为培养全面发展个体的关键要素。

一、思维品质与批判性思维

思维品质是指个体在思考、解决问题和做出决策时所展现出来的认知质量和心理特质，包括一系列高级认知能力，如分析、综合、评价、创造、推理等，以及一些非认知因素，如好奇心、开放性、坚持性、灵活性和批判性。良好的思维品质不仅关乎智力的发挥，还涉及情感和意志的调控，是个人智慧和人格成熟的重要体现，通常包括以下几个方面：一是准确性。思考时能够准确地理解信息，避免误解或曲解。二是清晰性。能够清楚明白地表达思想，让他人容易理解。三是相关性。在分析问题时能够识别出相关信息，并排除无关信息。四是深度。能深入探讨问题的本质，而不只是停留在表面现象。五是广度。能从多个角度审视问题，考虑不同的观点和可能性。六是逻辑性。推理过程合理连贯，遵循逻辑规则。七是公正性。评价信息时不偏不倚，尽量减少个人偏见的影响。

批判性思维（Critical thinking），又称审辨性思维，是个体逻辑思维的重要组成部分，既代表个体进行理性决策和反思的能力，也是一种有目的的高阶理性思维过程。目前多数学者将其界定为有目的的、自我校准的判断，这种判断表现为解释、分析、评价、推论，以及对判断赖以存在的论据、概念、方法、标准或语境的说明。批判性思维分为批判性思维技能和批判性精神，前者强调个体思考和进行审、查、判、断的能力，后者侧重于个体主动进行独立思考、探究、质询、评判时的态度、意愿、信念和倾向[①]。

批判性思维是一种扬弃的思维模式，是一种经过事实、证据、逻辑分析后的客观的判断过程，并能让人在此基础上获得新的认识和更为深入的理解。批判性思维是创新能力的源泉，批判性思维是信息时代的要求，批判性思维是未来发展的保障[②]。批判性思维是一种科学化、高度抽象化与理性（不偏不倚）的思维，是具有客观性、建设性与建构性并兼具批判性与自我批判性的思维。批判性思维兼具智力因素和情感因素，是智力与情感交织的综合体[③]。可见，批判性思维是一种重要的认知技能，是一种高级思维技能，它要求个体在面对信息、观点或论证时，能够客观分析、评价和判断其有效性、可靠性和合理性。批判性思维对于个人在日常生活、学术研究以及职业发展中的成功至关重要。可以从以下几方面更好地理解批判性思维。

第一，决策制定。批判性思维可以帮助人们判断信息来源的可信度，评价论证的有效性，从而帮助人们做出更明智的决策。在面对复杂问题时，它能够帮助人们区分事实与意见、相关与不相关信息。

第二，解决问题。批判性思维有助于人们识别问题的本质，并提出创新和有效的解决方案。人们可以通过逻辑推理来排除无效的解决方案，专注于可行的方法。

第三，沟通交流。有批判性思维的人能够清晰地表达自己的想法和论点，并有效地反驳或支持他人的观点，促进更加深入和有意义的对话，增强团队合作和建立共识的能力。

第四，学术成就。在学术领域中，批判性思维是进行高质量研究的

[①] 马莉萍，冯沁雪.本科生批判性思维能力及高影响力教育实践的影响：基于某所"双一流"建设高校的实证研究[J].中国高教研究，2022（5）：72−79.

[②] 郭艳玲.英语专业学生批判性思维能力培养探究[J].黑龙江高教研究，2014（8）：174−176.

[③] 刘振天，李婧芸.论批判性思维的特性及高校教学因应策略[J].北京大学教育评论，2023，21（4）：160−175.

基础，它鼓励质疑现有的理论并推动新的发现。具备批判性思维才能学会如何构建合理的论证，对文献进行细致分析。

第五，避免偏见和误导。帮助人们识别和克服自己思维过程中的局限性和偏见，减少被误导的可能性，让人们提高对媒体和其他信息来源的批判性消费能力。

思维品质与批判性思维关系紧密，相辅相成。思维品质构成了批判性思维的基础，批判性思维则是思维品质在具体情境中的应用。思维品质和批判性思维是相辅相成的，培养这两方面的技能对于提高个体的思考能力和解决问题的能力至关重要。具体来说有以下几点。

第一，相互依赖。良好的思维品质是发展批判性思维的基础。例如，清晰性有助于人们更好地沟通批判性分析；准确性则确保了评价信息的可靠性。

第二，相互促进。批判性思维活动可以提升思维品质。通过不断练习分析、评价和解决问题，个体的思考能力会更加成熟和完善。评价能力能够使个体学会区分信息的价值，判断论点的强弱，这是批判性思维的核心。创造性思维鼓励个体从不同角度思考问题，提出新颖的解决方案，这是批判性思维的延伸。

第三，综合运用。分析与综合能力是批判性思维的基石，使个体能够深入理解问题，整合信息，形成全面的观点。在实际情境中，思维品质和批判性思维通常是被综合运用的。例如，在解决一个复杂的问题时，人们需要具备清晰性来明确问题，深度来探索可能的原因，以及逻辑性来构建解决方案。在情感和意志因素方面，好奇心和开放性可以推动个体主动探索未知，而坚持性和灵活性则可以帮助个体在面对复杂问题时持续思考，不轻易放弃。

二、批判性思维的内涵

批判性思维是一种合理的、反省的思考能力，是个体创造知识和合理决策必备的能力。近年来，它被越来越多的国际专业机构和高校认为是评价人才培养质量的关键指标。如美国大学联合会（Association of American Colleges & Universities）将批判性思维能力认定为21世纪大学生必备的学习成果之一；21世纪技能合作组织（Partnership for 21st Century Skills）更是将批判性思维作为全球知识经济时代迫切需求的核心能力，纳入了"21世纪技能框架"[1]。批判性思维是指个体在面对信息、观点、论证或决策时，客观、理性地进行分析与评价，形成合理判断的能力，通常涉及对假设、论点和证据的质疑和分析。批判性思维不仅仅是一种学术能力，更是个体在日常生活、工作和学习中不可或缺的一项重要技能。它能够帮助人们在面对复杂信息和决策时做出明智的选择，同时是培养终身学习态度的基础，是21世纪核心素养之一，对于个人的成长与发展至关重要。批判性思维包括以下几方面内容。

（一）分析能力

分析能力是个体将复杂的信息或问题分解为更小的部分，并对其各个组成部分进行细致检查和理解的能力。分析能力包括识别关键细节、区分重要与不重要的信息，以及理解逻辑结构。这种能力使人们能够识别关键要素、评价逻辑关系、辨别有效性和可靠性，并在此基础上作出合理的判断和决策。分析能力是批判性思维的核心组成部分之一，对于解决复杂问题、理解深层次的概念以及在学术、职业和个人生活中做出明智的选择至关重要。

（二）评价能力

评价能力是个体对信息、观点或论证的有效性进行判断和评价的能力。这种能力使人们能够客观地分析证据、评价逻辑连贯性、识别出信息中的潜在偏见或倾向性，以及了解这些偏见会如何影响结论，并能基

---

[1] 张青根，唐焕丽. 课程学习与本科生批判性思维能力增值：基于2016-2019年"全国本科生能力追踪调查"数据的分析[J]. 高等教育研究，2021，42（8）：79-88.

于这些分析作出合理的判断，能够比较不同的观点和立场，权衡它们的合理性和可信度。评价能力是批判性思维的重要组成部分，对于在复杂情境中做出明智决策至关重要。

（三）推理能力

推理能力是个体基于已知信息或前提，通过逻辑分析得出结论或推断未知信息的能力。推理可以是演绎性的（从一般原理推导出具体实例），也可以是归纳性的（从具体观察推导出一般规律）。这种能力使人们能够运用逻辑原则来分析问题、构建论证并作出合理的判断。推理能力是批判性思维的核心组成部分之一，对于解决复杂问题和做出明智决策至关重要。

（四）自我反省能力

自我反省能力是个体自觉地回顾和评价自己的思想、行为和决策过程的能力。这种能力使人们能够认识到自己的思维方式和行为模式，并对其进行批判性思考，如认识到自己的知识和能力是有局限性的，并愿意不断学习和改进，进而促进个人的成长，改善未来的行为。自我反省是批判性思维的重要组成部分，对于培养终身学习的态度和提高解决问题的能力至关重要。

（五）创新思考能力

创新思考能力是指个体跳出传统思维模式和框架，创造性地提出新的观点、解决方案或创意的能力。创造性思维包括想象力、灵活性和对新观点的开放性。这种能力使人们能够灵活地应对新情况，发现独特的解决问题的方法，并推动创新的发展。创新思维是批判性思维的一个重要方面，对于促进科技进步、社会变革和个人发展都有着不可估量的价值。

（六）解决复杂问题的能力

问题解决能力是有关识别问题、定义问题、生成解决方案、评价结果并采取行动的能力。这涉及分析问题的根源，评价可行方案，并选择最佳行动路线。解决复杂问题能力是个体从多个角度审视问题，综合考虑各方面因素，识别、分析并综合运用多种知识和技能来应对不确定性和多维度问题的能力。在面对不确定的或模糊的情况时，有这种能力的人能够做出合理的判断和决策，如能认识到作为社会成员的责任，并据此做出负责任的决策。这种能力使人们能够在面对复杂的挑战时，运用批判性思维、创新思维以及系统的分析方法找出可行的解决方案。解决复杂问题的能力是当今社会中极为重要的技能，对于促进个人职业发展、推动技术创新和社会进步都具有重要意义。

三、英语听力教学中批判性思维的培养意义

在英语听力教学中培养学生的批判性思维对于他们未来的学习和职业生涯都将是非常宝贵的资产，具有非常重要的意义，主要体现在以下几方面。

（一）提升理解能力

深度理解：批判性思维不仅能帮助学生理解表面信息，还能帮助学生深入分析和理解所听到的内容。

多角度思考：鼓励学生从不同角度考虑问题，这有助于他们更全面地理解听力材料中的观点和立场。

（二）增强分析能力

评价信息：批判性思维让学生学会评价听力材料中的信息，判断其可信度和合理性。

辨别真伪：在面对复杂的听力材料时，学生需要区分哪些信息是可

靠的，哪些可能是误导性的。

（三）发展独立思考

自主学习：批判性思维可以促进学生自主学习习惯的养成，让他们在听的过程中主动寻找答案而不是被动接受信息。

问题解决：通过批判性思考，学生能够在遇到听力理解难题时，利用已有的知识和逻辑推理找到解决方法。

（四）促进交流与合作

有效沟通：批判性思维使学生能够更有效地与他人沟通，分享他们的理解和观点。

团队协作：在小组讨论中，批判性思维有助于学生共同分析问题，促进更有成效的合作。

（五）培养创新精神

创造性思考：批判性思维鼓励学生跳出常规思考模式，从而激发其创造力。

新观点产生：在批判性分析的基础上，学生可能会提出新的见解和解决方案。

（六）适应经济全球化环境

跨文化理解：在经济全球化的背景下，批判性思维有助于学生理解不同文化背景下的语言使用习惯，增强其跨文化交流能力。

国际视野：通过批判性地分析来自不同国家的观点和信息，学生能够更好地融入经济全球化的社会。

四、英语听力教学中批判性思维的培养策略

批判性思维不仅能够帮助学生更好地理解听力材料，还能培养他们

分析、评价和解决问题的能力。以下是一些具体的方法和策略。

在英语听力教学中通过选择多样化的听力材料来培养学生的批判性思维是一项重要的任务。多样化的听力材料可以激发学生的兴趣，为学生提供不同的视角和观点，从而促进他们批判性思维的发展。以下是一些具体的方法和策略。

（一）选择多样化的听力材料

1. 选择包含不同观点的材料

观点多样性：选择包含不同观点和立场的听力材料，鼓励学生思考和比较。

辩论素材：使用辩论录音或视频，让学生分析正反双方的观点和论据。

2. 涉及复杂议题的材料

社会问题：选用涉及社会问题的材料，如环境保护、人权议题等，激发学生的思考。

科学争议：选择涉及科学争议的话题，如气候变化、基因编辑等，鼓励学生深入探讨。

3. 不同文化背景的材料

跨文化比较：选择来自不同文化背景的听力材料，让学生了解不同文化的特点和习俗。

国际视角：使用涉及国际事务的材料，如联合国会议录音，帮助学生理解不同国家的立场。

4. 包含多种语言风格的材料

正式与非正式：选择正式场合和非正式场合的对话录音，让学生注意语言风格的变化。

学术与日常：使用学术讲座和日常对话的录音，让学生注意到不同场合的语言使用特点。

5.设计分析任务

识别要素：让学生识别听力材料中的主要观点、论据和结论。

评价论证：指导学生评价听力材料中的论证是否有效，论据是否充分。

比较分析：设计任务让学生比较不同材料中的观点和论证方法。

通过上述方法，教师可以有效地利用多样化的听力材料来培养学生的批判性思维。这样的教学方法既能够提高学生的语言技能，又有助于培养他们的独立思考能力以及解决具体问题的能力。

（二）重视预习和背景介绍

在英语听力教学中，通过预习和背景介绍来培养学生的批判性思维是非常有效的。这不仅能够帮助学生更好地理解听力材料的内容，还能激发他们的思考和分析能力。以下是具体的方法和策略。

1.提供预习材料

预习问题：在听之前提出一些预习问题，让学生带着问题去听。

关键词汇：提供与听力材料相关的关键词汇，帮助学生提前了解话题。

2.介绍背景知识

文化背景：介绍听力材料的文化背景，帮助学生理解不同文化的特点和习俗。

历史背景：提供相关的社会历史背景信息，使学生能够更好地把握材料中的历史脉络。

3.设置情境

情境描述：描述听力材料可能发生的情境，帮助学生想象场景。

角色设定：介绍材料中涉及的主要人物或角色，让学生提前了解他们的身份和立场并模拟不同的情境，从不同的角度分析问题。

4. 分析任务

预期目标：设置明确的听力目标，如寻找主要观点、辨认论据等。

分析提示：提供一些分析提示，如"注意作者的语气""寻找支持观点的证据"。

5. 讨论和预测

小组讨论：组织小组讨论，让学生分享自己的预测和预期。

假设性问题：提出一些假设性问题，鼓励学生思考可能出现的不同情况。

（三）开展深度听力练习

在英语听力教学中深度听力练习不仅能够帮助学生更好地理解听力材料，还能提升他们分析、评价和解决问题的能力。

1. 注意细节

细节捕捉：指导学生专注于听力材料中的细节，如数字、日期、地点、事实、例子等。

细节记忆：练习记住这些细节，并鼓励学生复述出来。

2. 分析结构

结构识别：帮助学生识别听力材料的结构，如引言、主体部分、结论等，帮助学生识别主要观点和支持细节。

逻辑关系：指导学生分析各部分之间的逻辑关系，理解论证的过程。

3. 评价论证

评价有效性：引导学生评价听力材料中的论证是否有效，证据是否充分。

识别偏见：帮助学生识别听力材料中可能存在的偏见或倾向性。

4. 解决问题

问题识别：指导学生识别听力材料中提出的问题或挑战。

解决方案：鼓励学生针对问题提出可能的解决方案。

5. 观点比较

多角度思考：引导学生从不同角度和立场出发，分析听力材料中的观点。

观点对比：设计任务让学生比较不同材料中的观点和论证方法。

6. 反思与总结

个人反思：鼓励学生写下个人反思，思考听力材料中所学到的知识及其对自己的启示。

小组讨论：组织小组讨论会，让学生分享他们对听力材料的理解和分析。

（四）组织提问和讨论

在英语听力教学中通过提问和讨论来培养学生的批判性思维，不仅能够提高学生的语言技能，还能培养他们的独立思考能力和解决问题的能力。

1. 提问设计

开放性问题：提出开放性问题，鼓励学生思考和讨论听力材料中的内容，表达个人观点。

假设性问题：设计假设性问题，如"如果……会怎样？"来激发学生的想象力和创造力。

对比性问题：提出对比性问题，让学生比较不同观点或立场。

2. 问题层次

理解层面：提出问题以帮助学生理解听力材料的基本信息。

分析层面：设计问题以引导学生分析听力材料中的观点、论证方式和逻辑。

评价层面：提出问题以使学生评价听力材料的有效性、可靠性和合理性。

创造层面：鼓励学生提出创新的想法或解决方案。

3. 小组讨论

小组分配：将学生分成小组，让他们围绕特定问题进行讨论。

角色扮演：设计角色扮演活动，让学生从不同立场出发进行讨论。

观点交换：鼓励学生轮流表达观点，并尝试理解他人的立场。

4. 全班分享

观点总结：鼓励小组代表总结小组讨论的主要观点。

意见交流：组织全班范围内的意见交流，让学生听到不同的声音。

辩论活动：组织辩论赛，让学生就某个话题的不同观点进行辩论或辩护。

教师引导：教师可以提出问题或提供指导，帮助学生深化讨论。

5. 评价与反馈

自我评价：鼓励学生评价自己在讨论中的表现。

同伴互评：让学生互相评价对方的观点和论证方式。

教师反馈：建立有效的反馈机制。教师应提供具体的反馈，指出学生在批判性思维方面的优点和改进空间。

（五）指导评价和论证

在英语听力教学的过程中，教师通过评价论证来培养学生的批判性思维能力，能够有效地帮助学生分析听力材料中的逻辑关系，评价观点的有效性与可靠性。以下是一些具体的方法和策略。

1. 识别主要观点

观点识别：引导学生识别听力材料中的主要观点或论点。

区分观点：教会学生区分观点与事实，理解观点背后的意图。

2. 分析论据

证据分析：指导学生分析听力材料中所提供的证据，判断其是否支持主要观点。

逻辑关系：帮助学生理解论据与观点之间的逻辑关系。

3. 评价论证的有效性

逻辑连贯性：评价论证是否逻辑连贯，是否存在逻辑漏洞。

证据充分性：评价所提供的证据是否足够支持观点，是否有遗漏的信息，论证是否有效。

4. 识别偏见和假设

偏见识别：指导学生识别听力材料中的潜在偏见或倾向性。

假设检测：帮助学生识别论证中未明确提出的假设，并评价这些假设的合理性。

5. 比较不同观点

观点对比：提供多种观点的听力材料，鼓励学生比较听力材料中不同观点或论点的异同。

立场分析：让学生比较和对比听力材料的不同立场，分析不同立场背后的原因和动机。

6. 解决问题

问题识别：指导学生识别听力材料中存在的问题或挑战。

解决方案：使用真实的案例作为听力材料，鼓励学生分析案例中的问题并提出可能的解决方案，并评价这些方案的可行性。

第四节　英语听力教学中的自主学习能力

作为核心素养之一的学习能力，它与自主学习策略之间存在着密切且互惠的关系。有效的自主学习策略可以增强学生的学习能力，反过来，较强的学习能力又能够使个体更有效地运用这些策略。学习能力指的是个体在获取新知识、技能和经验方面的能力，而自主学习策略则是学生主动采用以改善自己的学习的方法。

一、自主学习的内涵与特征

（一）自主学习的内涵

自主学习是理解认知、动机和情感等方面的核心概念框架。它犹如"一把大伞"，将学习中的重要因素（如自我效能、认知策略等）都囊括其中，并作为研究成功学习的要素结构得到了广泛关注[1]。自主学习是一种学习方式，学习者在这一过程中承担起主要的责任来管理自己的学习活动，包括设定学习目标、选择学习资源、规划学习路径、进行学习活动、监控学习进度以及评价学习成果。这种学习模式强调学习者的主动性和自我管理能力，旨在培养学习者成为积极主动的学习者，根据自己的需求和兴趣进行高效学习，并适应不断变化的学习环境。

首先，自主学习是一种由学习者的态度、能力和学习策略等因素综合而成的一种主导学习的内在机制。这意味着学习者具有自我指导和控制学习的能力，能够根据自己的需求和兴趣选择学习的内容和进度。自主学习是一种显性学习的内在机制，由学习者的态度、能力和学习策略等因素组成。这意味着学习者有能力自我引导和控制自己的学习，并可以根据自己的需求和兴趣选择学习的内容和节奏。这种内在机制使学习者能够更加主动地参与学习过程，提高学习的效果和效率[2]。

其次，自主学习是指学习者对学习目标、内容、方法和所用材料的控制。简而言之，它指的是学习者在上述方面做出选择的自由程度。从另一个角度来看，它指的是教育机制（教育行政部门、学校、教师、课程标准、教科书）对学习者自由选择的自主权或宽容程度。对于教育从业者来说，培养自主学习意味着在一定的教育机制内为自主学习提供空间，协调自主学习与整体教育目标之间的关系。

---

[1] 张佳妮. 自主学习策略如何影响学业成绩？——基于四川省2153名高中毕业生的调查研究[J]. 教育科学研究，2024（7）：44-51.

[2] 程晓堂. 论自主学习[J]. 学科教育，1999（9）：32-35，39.

最后，自主学习是一种学习模式，学习者在总体教学目标的宏观调控下，在教师的指导下，根据自身条件和需要制订并完成具体学习目标。这种学习模式鼓励学习者主动探索、思考和解决问题，培养学习者的创新能力和批判性思维。

总的来说，自主学习是一种学习者在学习过程中具有自我决定、自我选择、自我调控和自我评价反思的能力，通过自我调控的学习活动实现具体学习目标的学习模式。这种学习模式有助于培养学习者的主体性、独立性和异步性，提高学习的效果和效率。

（二）自主学习的特征

自主学习作为一种现代化的学习方式，其核心在于提高学习者的主动性和自主性，培养学习者独立思考和解决问题的能力。自主学习具有以下一些特征。

意愿性：自主学习建立在学生对学习内容有兴趣和需求的基础上。学生愿意学习，对学习有内在的动力和热情。

主动性：在自主学习中，学生是学习的主体，他们主动探索知识，积极寻找学习资源，而不是被动接受知识。

目标明确性：自主学习需要有清晰的学习目标，学生应知道他们要学什么，为什么要学，以及怎样去学。

方法多样性：自主学习鼓励学生运用多种学习方法和途径，如多媒体计算机、计算机网络等，以适应不同的学习内容和个人的学习习惯。

自律性：自主学习要求学生有良好的时间管理和自我管理能力，能够合理地安排学习时间和任务，自我监控学习进度。

合作性：虽然自主学习强调独立性，但它不是孤立的学习。学生可以根据需要选择学习伙伴，进行交流和合作，以提高学习效率。

情感体验：自主学习能带给学生积极的情感体验。他们通过学习获得成就感和自我效能感，从而增强自信心。

自我评价与反思：自主学习还包括对学习成果的自我评价和反思，

学生应能够识别自己的强项和弱项，不断调整学习策略以促进自我提升。

这些特征共同构成了自主学习的基本框架，旨在培养学生的自主学习能力，为他们终身学习和适应社会发展的需要打下了坚实的基础。

二、自主学习的价值与影响因素

2021年7月，为深入贯彻党的十九大和十九届五中全会精神，切实提升学校育人水平，持续规范校外培训（包括线上培训和线下培训），有效减轻义务教育阶段学生过重作业负担和校外培训负担（简称"双减"），中共中央办公厅、国务院办公厅印发了《关于进一步减轻义务教育阶段学生作业负担和校外培训负担的意见》，将"减负"问题提到了前所未有的高度。"双减"的实质在于提质，"减"只是路径，"提"才是目的[①]。"双减"的真正目的不是简单的减量，更不是降低教育要求，而是对学校教育教学质量和服务水平进一步提升，是建设高质量教育体系。在没有培训加量、没有时间压榨的前提下，要达成提质目标，学生自主学习就成了关键。否则，各种培训就只会从一种形式变为另一种形式，从一个场地转移到另一个场地，各方的教育焦虑也难以真正得到缓解，负担将变得更为隐蔽。因此，"双减"政策的落实对学生的自主学习提出了明确的要求，这更加彰显了自主学习的价值。

（一）自主学习的价值

自主学习作为一种现代化的学习方式，其价值体现在以下多个方面。

知识与技能的提升：自主学习使学生能够根据自己的兴趣和需求选择学习内容，通过自我驱动获取新知识，培养新技能，不断丰富个人的知识体系和技能储备。

学习效率的提高：自主学习培养了学生自我规划学习的能力，通过

---

① 蒋红斌."双减"背景下学生自主学习的价值、限度及其实现[J].教育学术月刊，2022（4）：66-72.

制订学习计划，合理分配时间，提高学习效率。

学习动机的增强：自主学习鼓励学生探索和实践，这能够增强学生的学习动机，使学生从"要我学"转变为"我要学"，激发学习兴趣和内在动力。

思维能力和创新能力的培养：自主学习鼓励学生独立思考和解决问题，有助于培养学生的批判性思维和创新能力。

自主学习的环境要求学生自我管理学习过程，自我调节学习状态，有助于学生形成良好的自我管理习惯。在自主学习的过程中，学生需要适应不断变化的学习情境和问题，这有助于学生提升适应能力。自主学习不仅仅是对知识的学习，更是对情感和价值观的培养，学生在学习过程中能够形成正确的价值观和积极的人生态度。自主学习是终身学习的重要组成部分，通过自主学习，学生能够不断适应社会发展的需要，实现终身学习。自主学习还关联着社会责任感，学生在学习过程中能够认识到个人发展与社会进步的关系，培养对社会的责任感和使命感。

自主学习作为一种与时代发展相适应的学习方式，对学生的全面发展和未来对社会的适应具有重要的价值，有助于培养符合社会主义现代化建设所需要的合格建设者和可靠接班人。

（二）自主学习的影响因素

自主学习的影响因素可以从内部因素和外部因素两个方面进行分析。

1. 内部因素

学习动机：学生内在的驱动力，如对知识的渴望、对成就的追求、对未来的规划等，是推动自主学习的重要因素。

自我效能感：学生对自己完成学习任务的能力的信心，这种信心能够促使学生更加积极地参与学习过程。

学习策略：学生所采用的有效的学习方法和技巧，如时间管理、目标设定、自我监控等，对自主学习的效果有直接影响。

自我调节：学生对自己学习情绪和行为的调节能力，包括面对困难和挫折时的坚持和适应能力。

认知风格：个体偏好的信息处理方式，如场独立性或场依存性等，这能影响学生的学习方法和自主学习的效果。

元认知能力：学生对自己的学习过程进行监控、评价和调整的能力，是自主学习的关键组成部分。

2. 外部因素

教育环境：包括学校文化、课堂氛围、教学资源等，这些因素为学生自主学习提供了便利和支持。

家庭环境：家庭的学习氛围、家长的教育态度和对学习的支持程度，对学生的自主学习有重要影响。

社会环境：社会对学习的重视程度、对知识和技能的需求、社会竞争压力等，都会影响学生的学习动机和自主学习的态度。

教师支持：教师在教学过程中的指导、鼓励和反馈，对学生的自主学习能力和动机有重要影响。

同伴影响：同学或朋友的学习态度、学习习惯和学习成绩等，可以通过社交互动对个体的自主学习状况产生影响。

技术支持：现代教育技术，如在线学习平台、多媒体资源等，为自主学习提供了丰富的资源和工具。

课程设计：课程内容的难易程度、实用性和趣味性，以及课程对学生自主学习的引导和促进，都是影响自主学习的重要因素。

评价体系：学校和社会的评价体系，如考试制度、成绩评价等，会影响学生对自主学习的态度和效果。

齐默曼（B. J. Zimmermann）认为，自主学习包括自我内在的自主、行为的自主、环境的自主三方面，其中影响内在的自主的因素有自我效能感、已有知识、元认知过程、目标情感等，自我效能感的作用最大，影响行为的自主的因素有自我观察、自我判断、自我反应三类，并且每一类行为反应都是可观察的、可训练且相互影响的，这三类行为反应又都受自我过程及环境变化的影响，主要是物质环境和社会环境等因素对环境的自主有影响。了解和识别这些影响因素，有助于教育工作者、家长和学生本人更好地推动和优化自主学习过程，提高学习效果。

三、自主学习的关键因素

自主学习是指学习者主动承担起自己学习过程的责任，以自我导向的方式去获取知识、技能和理解的一种学习模式。自主学习的关键因素包括以下几点。

（一）动机和意愿

内在动机：学习者对学习内容的兴趣和好奇心，以及想要达成个人目标的愿望。

外在动机：可能来自外在奖励或惩罚，但长期来看，内在动机更有利于持续地自主学习。

（二）自我效能感

学习者对自己的学习能力有信心，相信自己能够克服学习过程中遇到的困难。高自我效能感可以促使学习者设定更具挑战性的目标，并在遇到障碍时坚持不懈。

（三）元认知能力

学习者能够监控、评价和调节自己的学习过程，包括计划学习活动、监控理解程度和评价学习成果。这种能力可以帮助学习者识别自己的学习需求，选择合适的学习策略，并调整学习方法以提高效率。

（四）时间管理和组织能力

自主学习者能够有效地管理时间，制订学习计划，并优先处理重要任务。他们能够为自己创造一个有利的学习环境，减少干扰，保持专注。

（五）资源利用

学习者能够识别和利用各种学习资源，包括书籍、网络、课程、专家和同行。他们能够从多个渠道获取信息，对比和整合资源，以满足自己的学习需求。

（六）批判性思维和解决问题的能力

自主学习者能够分析和评价信息，识别偏见，解决问题，并做出合理的判断。这种能力帮助学习者独立思考，避免盲目接受信息，培养创新意识和独立见解。

（七）情感和社交技能

学习者能够管理自己的情绪，保持积极的学习态度，即使面对挑战也不轻易放弃。社交技能如合作、沟通和协商能力，有助于学习者在团队中学习，共享资源，从他人那里获取支持和反馈。

（八）反思和自我评价

定期反思学习过程和成果，识别学习中的优点和不足，设定改进措施。自我评价可以帮助学习者了解自己的学习风格，调整策略，以达到更佳的学习效果。

（九）目标设定

清晰、具体和可达成的目标能够指导学习方向，提供动力，帮助学习者保持专注和持续努力。

（十）适应性和灵活性

自主学习者能够适应不同的学习情境，调整学习策略以应对变化。灵活性使学习者能够从失败中学习，调整方法，继续前进。

自主学习是一个动态的过程,上述关键因素相互作用,共同促进学习者的自我成长和发展。教育者和家长可以通过提供资源、鼓励独立思考、帮助学生建立目标设定和反思的习惯,以及营造一个支持性学习环境,来培养和提高学生的自主学习能力。

四、自主学习策略

自主学习策略是自主学习的核心,是实现自主学习的具体措施。有学者认为,自主学习就是指学习者获取学习策略和有关学习的各种知识,并正确、有效、独立地运用这些策略[①]。自主学习策略是学生用来增强学习效果的具体方法,包括元认知策略、认知策略、资源管理策略、社交策略、情感调节策略。

学习能力与自主学习策略的关系可以通过以下几个方面进行理解。

一是相互促进。有效的自主学习策略可以增强学习能力,反过来,较强的学习能力又使个体能够更有效地运用这些策略。例如,一个有较高记忆技巧的学生可能更容易记住新信息,而这种能力又会鼓励他们进一步发展和使用记忆策略。

二是自我效能感的建立。通过成功地应用自主学习策略,学生可以建立起自我效能感,即相信自己有能力掌握新知识和技能。这种信念反过来会提高他们的学习动力和坚持性。

三是终身学习的基石。自主学习策略培养了学生独立思考和自我指导的能力,这对于终身学习至关重要。在快速变化的世界中,持续学习新技能和知识是必要的,而自主学习策略正是支撑这一过程的基础。

四是个性化学习路径。自主学习策略允许学生根据自己的兴趣、强项和需求定制学习路径,这有助于学生提高学习效率和满意度,同时促进其学习能力的全面发展。

---

① 张佳妮.自主学习策略如何影响学业成绩?:基于四川省2153名高中毕业生的调查研究[J].教育科学研究,2024(7):44-51.

总之，学习能力和自主学习策略是相辅相成的，它们共同塑造了个体的学习成效和成长轨迹。教育者和家长应该鼓励学生发展自主学习策略，以促进其学习能力的提升，同时要为学生提供必要的指导和支持，帮助他们在学习旅程中取得成功。

学习能力如何促进自主学习？学习能力是自主学习的核心驱动力之一，它在很大程度上决定了个体能否有效地进行自主学习。学习能力包括一系列认知、情感和行为特质，这些特质共同作用，促进个体在没有直接外部指导的情况下，主动探索、理解和应用新知识。以下是学习能力如何促进自主学习的几个关键方面。

认知策略：学习能力强的个体能够运用各种认知策略，如记忆技巧、信息分类、总结概括和问题解决技巧。这些策略使他们能够更高效地处理和内化信息，从而在自主学习过程中更轻松地掌握新知识。

元认知能力：元认知是指对自己思考过程的认识和控制。学习能力强的个体具备良好的元认知能力，能够计划学习活动，监控自己的理解程度，以及评价学习成果。这种自我调控能力是自主学习的基石，使学生能够根据自己的学习需求调整策略。

自我效能感：自我效能感是指个体对自己完成特定任务能力的信心。学习能力强的人往往具有较高的自我效能感，这种信心促使他们勇于面对挑战，即使在遇到困难时也不轻易放弃，从而使他们维持持久的学习动力。

动机与兴趣：学习能力与内在动机和兴趣密切相关。当个体对某个主题感兴趣时，他们更有可能主动寻求相关信息，积极参与学习活动，这种内部驱动是自主学习的强大动力。

时间管理与自律：学习能力强的个体通常具备良好的时间管理技能和自律性，能够合理安排学习时间，坚持学习计划，即使在没有外界监督的情况下也能保持专注和持续学习。

情感调控：在自主学习过程中，学习者会遇到各种挑战和挫折。学习能力强的人能够有效管理自己的情绪，如焦虑、挫败感和疲劳，保持积极的心态,这对维持长期的学习热情至关重要。

资源利用:自主学习往往需要学生自己寻找和利用学习资源,如图书、在线课程、论坛和专家指导。学习能力强的个体能够高效地识别和利用这些资源,以实现自己的学习目标。

反思与评价:自主学习强调自我反思和持续改进。学习能力强的个体能够定期评价自己的学习进度和方法的有效性,通过反思调整策略,不断提高学习效率。

总之,学习能力为自主学习提供了必要的认知、情感和行为工具。通过培养这些能力,个体可以成为积极主动、高效且有策略的学习者,能够在任何环境中自主地追求知识和技能的提升。教育者和家长可以通过提供指导、设置挑战性任务、鼓励学生反思和自我评价,以及创造支持性学习环境,来帮助学生发展这些关键的学习能力。

五、自主学习能力

(一)自主学习能力的定义

自主学习能力是决定大学生未来是否有持续发展潜力的核心素养,是发展各项素质和能力的基石[1]。自主学习能力是指个体能够在没有或很少外部指导的情况下,自我驱动、自我管理并进行高效学习的能力。自主学习能力可以被定义为一种学习者自我导向的学习模式,其中学习者承担起学习的责任,并采取主动措施来实现个人的学习目标。这种学习方式强调学习者的主动性和创造性,学习者不是在被动地接受信息。它是 21 世纪人才所必备的一项重要技能,对于个人的终身学习和发展至关重要。它包含了以下几个方面。

自我意识:了解自己的学习需求、偏好和风格。

---

[1] 银海强.大学生学习"缺位"分析与自主学习能力培养[J].中国大学教学,2020(7):61-66.

学习动力：有内在动力去追求学习目标。
目标设定：能够设定具体且可实现的学习目标。
时间管理：有效管理自己的时间以完成学习任务。
资源利用：能够识别和利用各种学习资源。
自我监控：持续评价自己的学习进度，并根据需要调整学习策略。
自我调节：根据反馈和评价结果调整学习方法。
反思能力：定期反思学习过程和结果，从中汲取经验教训。

（二）自主学习能力的特征

1. 自主性

学习者能够自行制订学习目标、规划学习路径、选择学习内容和策略。教师的角色转变为指导者和支持者，而非传统意义上的知识传递者。

2. 能动性

学习者表现出主动性，积极寻找学习机会并参与其中。能够自觉地参与到学习活动中，展现出内在的动力。

3. 自律性

学习者能够自我监控和自我调节学习过程。具备自我管理的能力，如时间管理和情绪调节。

4. 学习策略的应用

使用有效的学习策略来促进理解、记忆和应用知识，如批判性思维、问题解决、元认知策略等。

5. 资源的有效利用

能够识别和利用各种学习资源，如图书馆、网络资源、社区资源等，并能有效整合这些资源以支持个人的学习需求。

6. 目标设定与自我评价

设定清晰的学习目标，并定期评价自己的进步。进行自我反馈，及时调整学习计划以应对学习中的挑战。

7. 积极心态

保持积极的学习态度，愿意面对挑战并从中学习。对自己的学习能力有信心，并享受学习过程带来的成就感。

（三）自主学习能力的表现形式

作为一种重要的学习能力，自主学习能力是使学习者能够在较少或没有外部指导的情况下，自我驱动地进行高效学习的关键。以下是自主学习能力的一些关键表现形式。

1. 学习目标的自我确定

自主学习者能够根据自己的兴趣、需求和目标来确定学习的内容及深度。这意味着他们能够明确知道自己想要学习什么，以及期望达到何种水平。

2. 学习方法的自我选择

自主学习者会选择最适合自己的学习方法。这可能包括阅读、写作、观察、实验、讨论等多种形式。每个人都有独特的认知风格和偏好，自主学习能力允许学习者根据自己的特点选择最合适的学习方式。

3. 学习过程的自我调控

自主学习者能够自我监控和调节自己的学习过程。这包括评价自己的学习进度，调整学习策略，克服学习障碍等。他们会在遇到困难时主动寻求解决方案，而不是被动等待帮助。

4. 学习结果的自我反馈

自主学习者能够对学习结果进行自我反馈。这意味着他们会评价自己的学习成效，识别学习中的弱点，并制订改进计划。自我反馈是一个重要的反思过程，有助于学习者不断提高自己的学习效能。

六、英语听力教学中自主学习能力培养的意义

自主学习能力对于个人的成长和发展至关重要，特别是在快速变化

的社会环境中。它可以帮助个体更好地适应新技术、新知识，并在职业生涯和个人生活中取得成功。在英语听力教学中培养学生的自主学习能力具有重要意义。

（一）提高学习效率

目标设定：学生能够根据自己的兴趣和需求设定学习目标，这有助于提高学生学习的积极性和效率。

时间管理：自主学习能力使学生能够更好地规划自己的学习时间，合理安排听力练习。

（二）增强学习动力

兴趣驱动：学生可以根据个人的兴趣选择听力材料，这有助于维持学生学习的动力和兴趣。

成就感：通过自主完成听力任务，学生可以获得成就感，进一步激励自己继续学习。

（三）提供个性化学习路径

灵活选择：自主学习允许学生根据自己的学习爱好、兴趣、特点、风格，以及进度选择适合自己的听力材料与练习方法。

差异性指导：教师可以针对不同学生的需求提供个性化指导和支持。

（四）培养批判性思维

主动探究：自主学习鼓励学生主动探索和分析听力材料，有助于培养批判性思维。

自我反思：学生在自我评价过程中会反思自己的理解程度，从而加深对听力内容的理解。

（五）加强自我监控

自我评价：学生能够定期评价自己的听力水平，确定哪些方面需要改进。

调整策略：学生根据自我评价的结果调整学习策略，以更有效地应对挑战。

（六）适应终身学习

持续成长：自主学习能力有助于学生在离开学校后保持学习的习惯，适应终身学习的社会需求。

适应变化：随着英语听力材料的变化和发展，自主学习能力可以帮助学生适应新类型的听力材料和技术平台。

七、英语听力教学中自主学习能力的培养策略

自主学习能力是一种综合性的能力，它涉及学习者的态度、技能和习惯等多个方面。培养自主学习能力需要时间和实践，同时需要教育者提供适当的支持和指导。通过培养自主学习能力，个人可以更好地应对未来的挑战，实现个人潜能的最大化。

（一）设定明确的学习目标

在英语听力教学中，设定明确的学习目标对于培养学生的自主学习能力至关重要。以下是一些步骤和策略，帮助教师和学生设定有效的学习目标。

1. 确定总体目标

首先，需要明确整个学期或学年的总体听力学习目标。这些目标应该是具体且可衡量的，例如：

提高理解速度：在三个月内，将理解速度提高到每分钟120个词。

扩大词汇量：在一学期内，掌握 500 个新单词。

理解非母语口音：在一年内，能理解至少三种不同英语口音的对话。

2. 设定短期目标

短期目标是实现总体目标的分步。它们应该具体、可行，并与总体目标相一致。例如：

每周目标：每周完成三篇不同难度级别的听力练习。

每月目标：每月至少听一部英语电影或纪录片，并总结主要内容。

3. 设定个性化目标

考虑到每个学生的学习背景和能力不同，教师应鼓励学生根据自己的需求和兴趣设定个性化目标。例如：

兴趣导向：选择与个人兴趣相关的听力材料，如音乐、体育或科技。

技能强化：针对自己较弱的听力技能（如理解快速对话）设定专门的练习目标。

4. 制订行动计划

学习计划：根据目标制订具体的学习计划，包括每天或每周要完成的任务。

时间表：为每个目标设定截止日期，并将其纳入日程安排中。

5. 使用 SMART 原则

确保设定的目标符合 SMART 原则，即 Specific、Measurable、Achievable、Relevant、Time-bound（具体、可衡量、可达成、相关、时限性）。

6. 监测进度

自我评价：鼓励学生定期进行自我评价，记录自己的进步情况和存在的问题。

反馈机制：建立反馈机制，让学生能够定期向教师汇报进度，并获得指导和建议。

7. 调整目标

灵活性：根据实际情况调整目标。如果目标太难实现，就适当降低难度；如果进展顺利，就适当增加难度。

庆祝成就：当学生达到某个目标时，给予肯定和鼓励，帮助他们保持动力。

8.教师的角色

指导和支持：教师应提供必要的指导和支持，帮助学生设定合理的目标。

资源推荐：推荐合适的听力材料和学习资源，帮助学生实现目标。

（二）提供多样化的听力材料

在英语听力教学中提供多样化的听力材料是培养学生自主学习能力的一个重要策略。多样化的材料不仅能够满足不同学生的需求，还能激发学生的学习兴趣，帮助他们更好地掌握语言技能。

1.选择不同类型的听力材料

新闻报道：提供来自不同国家的新闻广播，帮助学生了解世界各地发生的事情。

电影和电视剧：选取英语电影和电视剧片段，让学生在享受故事的同时提高听力。

播客：推荐各种主题的英语播客，如科学、历史、艺术等，以拓宽学生的知识面。

讲座和演讲：使用 TED 演讲、大学公开课程等资源，让学生接触专业领域的知识。

歌曲和诗歌：通过英语歌曲和诗歌，让学生感受语言的艺术性。

2.提供不同难度级别的材料

初级水平：为初学者提供简单易懂的故事、对话和基本词汇练习。

中级水平：提供新闻摘要、短篇小说、日常对话等，以增强理解力。

高级水平：推荐学术论文、专业讲座、原声电影等，挑战学生的理解能力。

3. 结合多媒体资源

视频材料：使用带有字幕的视频资料，帮助学生理解对话内容。

音频材料：提供无图像的音频文件，锻炼学生的专注力和想象力。

互动材料：使用含有问答环节的材料，让学生边听边做练习。

4. 鼓励学生探索资源

网站和应用程序：介绍在线学习平台和应用程序，如 BBC Learning English、Duolingo 等，让学生自主寻找材料。

图书馆资源：推荐图书馆内的英语学习书籍、CD 和 DVD，鼓励学生借阅。

5. 创造真实情境

模拟对话：让学生练习在不同情境下的对话，如餐厅点餐、旅行询问等。

角色扮演：组织角色扮演活动，让学生置身于实际的交流环境中。

6. 设置主题单元

主题聚焦：围绕特定主题（如环境保护、科技创新等）组织听力材料，让学生深入学习某一领域。

项目式学习：让学生围绕一个主题进行项目式学习，整合阅读、写作和口语技能。

7. 定期更新材料

最新资讯：提供最新的新闻报道和热门话题，让学生跟上时代的步伐。

经典作品：结合经典文学作品和历史事件，让学生了解英语文化背景。

（三）利用信息技术

现代信息技术是培养学生自主学习能力的重要推手，学校要抓住国家实施教育信息化 2.0 行动计划这个契机，推进"互联网＋教育"的具体实施，为学生自主学习创造优良的环境和条件[①]。在英语听力教学中使用信息技术可以极大地提升学生的自主学习能力。以下是一些具体的策略和工具，可以帮助教师和学生充分利用信息技术来提高英语听力水平。

1. 在线听力资源

网站：推荐使用专门的英语学习网站，如 British Council 的 Learn English 等，这些网站中有大量的听力材料和练习。

应用程序：介绍学生使用如 Duolingo、Babbel、Rosetta Stone 等语言学习应用，这些应用通常包含丰富的听力练习和互动功能。

2. 多媒体材料

视频平台：TED Talks 等平台上有许多英语演讲、教程和新闻报道，适合不同水平的学生。

播客：推荐学生订阅英语播客，如 The English We Speak、6 Minute English 等，这些播客涵盖各种主题，有助于学生提升词汇量和理解力。

3. 互动学习工具

在线练习：使用在线听力测试平台，如 Quizlet、Kahoot 等，让学生可以进行自我评价和练习。

虚拟教室：利用 Zoom、Microsoft Teams 等在线会议工具，组织虚拟教室活动，让学生参与实时的听力练习和讨论。

4. 社交媒体和论坛

社交网络：鼓励学生加入社交平台上的英语学习小组，与其他学习者交流经验和资源。

学习社区：参与专门的英语学习论坛，从中获取学习建议和支持。

5. 移动学习

手机应用：利用智能手机和平板电脑上的语言学习应用，让学生随时随地进行听力练习。

[①] 银海强.大学生学习"缺位"分析与自主学习能力培养[J].中国大学教学,2020(7):61-66.

离线资源：提供可以下载的音频和视频文件，以便学生在没有互联网连接的情况下进行学习。

6. 个性化学习路径

学习管理系统：使用学习管理系统（LMS）如 Moodle、Canvas 等，帮助学生跟踪进度、提交作业和接收反馈。

智能推荐系统：利用人工智能技术推荐最适合学生当前水平的听力材料。

7. 语音识别技术

口语练习工具：使用语音识别软件或应用程序，如 Speak & Improve，帮助学生练习口语并改善发音。

8. 数据分析和反馈

学习分析：利用学习分析工具监控学生的学习行为，并分析数据以向学生提供个性化的学习建议。

定期报告：在线平台定期生成学习报告，让学生了解自己的进步和需要改进的地方。

9. 虚拟现实和增强现实

沉浸式体验：使用虚拟现实（VR）和增强现实（AR）技术创造沉浸式的听力练习环境，提高学生的参与度。

（四）鼓励自我评价

在英语听力教学中，通过鼓励自我评价，培养学生的自主学习能力，是一个非常有效的方法。

1. 设定明确的学习目标

制定目标：帮助学生设定具体、可衡量的听力学习目标，如能够听懂日常对话、新闻简报或是学术讲座的一部分。

记录进展：让学生记录自己的学习过程和所取得的进步。

2. 提供多样化的听力材料

选择材料：提供一系列难度各异的听力材料，包括对话、新闻、讲座等，并让学生根据自己的兴趣和能力选择。

分层次材料：确保材料覆盖不同的难度等级，这样学生可以根据自己的水平选择适合自己的材料进行练习。

3. 自我监听与反思

录音练习：鼓励学生录制自己对所听到内容的复述，然后听自己的录音，比较与原声的差异。

反思日记：让学生写反思日记，记录每天的听力练习情况，包括遇到的难点、解决方法以及自己的感受。

4. 制定自我评价表

设计问卷：创建一个自我评价表，列出听力技巧的各个方面（如理解关键词汇、捕捉主旨大意等），让学生根据自己的表现打分。

定期回顾：定期回顾自我评价的结果，让学生意识到自己的长处和需要改进的地方。

5. 使用在线工具和应用程序

在线测试：推荐使用在线听力测试工具，如 Quizlet、Kahoot 等，这些工具可以自动评分，帮助学生快速了解自己的表现。

智能反馈系统：利用智能学习平台提供的即时反馈功能，帮助学生调整学习策略。

6. 注重分享与讨论

小组合作：鼓励学生在小组内分享自己的听力笔记和心得，通过同伴间的讨论加深理解。

班级展示：安排课堂展示环节，让学生介绍自己最喜欢的听力材料，并解释为什么喜欢它。

（五）建立反馈激励机制

反馈与激励是吸引学生接受教育并不断认可教育的重要机制。设计反馈和激励机制，及时性是关键。及时的反馈激励能够使教育对象感受到重视、认可并有方向，不及时甚至拖延的反馈激励不仅起不到如此效果，还可能增加教育对象对教育的反感，也缺乏持续的导向跟进。构建反馈激励机制的目的在于体现人们对教育对象的关注和引领，从而完成教育的应有功能①。在英语听力教学中建立反馈激励机制是培养学生自主学习能力的有效途径之一。实施正面的反馈和激励措施，可以增强学生的学习动力，促进他们积极主动地参与学习过程。

1. 明确学习目标

个性化目标：帮助学生根据自己的水平和兴趣设定具体的学习目标。

阶段性目标：将长期目标分解为短期可达成的小目标，让学生更容易看到自己的进步。

2. 提供及时反馈

定期测试：定期进行听力测试，让学生了解自己的水平，并给出具体的成绩和改进建议。

一对一反馈：提供一对一的反馈机会，帮助学生解决个性化问题。

3. 使用正向激励

表扬进步：表扬那些在听力理解方面有所进步的学生，不论进步大小。

设立奖励：为达到一定标准的学生提供小奖励。

4. 鼓励自我评价

自我评价：鼓励学生进行自我评价，反思自己的学习过程和成果。

学习日志：让学生记录每天的学习活动，包括听过的材料、遇到的困难及解决方法。

5. 创建竞争环境

小组竞赛：组织小组之间的听力竞赛，激励学生相互竞争，同时培养学生的团队合作精神。

---

① 冯刚，王栋梁. 思想政治教育反馈激励机制的构建：基于游戏系统的启示[J]. 思想教育研究，2017（8）：21-25.

个人挑战：鼓励学生设定个人挑战，如连续几天每天听一段新闻报道，并记录自己的感受。

6. 建立支持系统

同伴支持：鼓励学生之间相互帮助和支持，建立学习小组，共同讨论听力材料。

家长参与：与家长沟通，让家长了解学生的学习进展，并鼓励他们在家中提供支持。

第四章　核心素养视角下小学英语听力教学策略

核心素养发展应遵循教育过程的系统性、整体性及连贯性特点。核心素养的发展与培养是一个人的综合素质整体发展目标，不是某个单一学科的任务。学科核心素养的培养要尊重各学科自身的客观发展规律。外语学科核心素养任务的落实需要考虑不同教育阶段的系统性差异以及不同学段学生的认知能力差异，需要依据不同教育阶段分层级发展学科核心素养。外语学科教育应充分考虑到知识性、工具性、人文性以及外语性四个特性之间的平衡与过渡[1]。

第一节　小学英语听力教学的特点与难点

义务教育阶段的英语课程一般以小学三年级为起点，以初中毕业（即义务教育九年级）作为终点，并与高中阶段的英语课程紧密衔接。我国整个基础教育阶段的英语课程（包括义务教育与高中两个阶段）按照能力水平设为九个级别，构成循序渐进、持续发展的课程体系。在九级目标体系之中，一至五级为义务教育阶段的目标要求。其中，二级为六

---

[1] 安丰存，王铭玉. 新时代外语学科核心素养建构：价值意蕴、内涵维度与实施路径[J]. 外语研究，2024，41（3）：57-63.

年级结束，即小学毕业时应达到的基本要求①。小学英语包含一、二级两个级别。

一、课程性质与理念

英语属于印欧语系，是当今世界经济、政治、科技、文化等活动中人们广泛使用的语言，是国际交流与合作的重要沟通工具，也是传播人类文明成果的载体之一，对中国走向世界、世界了解中国、构建人类命运共同体具有重要作用②。

义务教育英语课程体现了工具性和人文性的统一，具有基础性、实践性和综合性特征。学习和运用英语有助于学生了解不同文化，比较文化异同，汲取文化精华，逐步形成跨文化沟通与交流的意识和能力，学会客观、理性看待世界，树立国际视野，涵养家国情怀，坚定文化自信，形成正确的世界观、人生观和价值观，为学生终身学习、适应未来社会发展奠定基础③。

《义务教育英语课程标准（2022年版）》明确提出了以下六个英语课程基本理念④。

（一）发挥核心素养的统领作用

英语课程以习近平新时代中国特色社会主义思想为指导，全面贯彻党的教育方针，落实立德树人根本任务，以培养有理想、有本领、有担当的时代新人为出发点和落脚点，围绕核心素养确定课程目标，选择课

---

① 中华人民共和国教育部.义务教育英语课程标准（2011年版）[S].北京：北京师范大学出版社，2012：5.

② 中华人民共和国教育部.义务教育英语课程标准（2022年版）[S].北京：北京师范大学出版社，2022：1.

③ 中华人民共和国教育部.义务教育英语课程标准（2022年版）[S].北京：北京师范大学出版社，2022：1.

④ 中华人民共和国教育部.义务教育英语课程标准（2022年版）[S].北京：北京师范大学出版社，2022：2-3.

程内容，创新教学方式，改进考试评价，指导教材建设，开展教师培训。

（二）构建基于分级体系的课程结构

遵循外语学习规律，借鉴国际经验，立足我国义务教育阶段英语教育实际，充分考虑学习条件、学习时限和学生学习经验等方面的差异，按照英语能力发展进阶，建立循序渐进、可持续发展的九年义务教育英语分级体系，由低到高明确学习内容与要求。课程以分级体系为依据，因地制宜，因材施教，确定起始年级和学习内容要求，灵活安排教学进度。

（三）以主题为引领选择和组织课程内容

英语课程内容的选取遵循培根铸魂、启智增慧的原则，紧密联系现实生活，体现时代特征，反映社会新发展、科技新成果，聚焦人与自我、人与社会和人与自然等三大主题范畴。内容的组织以主题为引领，以不同类型的语篇为依托，融入语言知识、文化知识、语言技能和学习策略等学习要求，以单元的形式呈现。

（四）践行学思结合、用创为本的英语学习活动观

秉持在体验中学习、在实践中运用、在迁移中创新的学习理念，倡导学生围绕真实情境和真实问题，激活已知，参与指向主题意义探究的学习理解、应用实践和迁移创新等一系列相互关联、循环递进的语言学习和运用活动中。坚持学思结合，引导学生在学习理解类活动中获取、梳理语言和文化知识，建立知识间的联系；坚持学用结合，引导学生在应用实践类活动中内化所学语言和文化知识，加深理解并初步应用；坚持学创结合，引导学生在迁移创新类活动中联系个人实际，运用所学解决现实生活中的问题，形成正确的态度和价值判断。

（五）注重"教—学—评"一体化设计

坚持以评促学、以评促教，将评价贯穿英语课程教与学的全过程。注重发挥学生的主观能动性，引导学生成为各类评价活动的设计者、参与者和合作者，自觉运用评价结果改进学习。注重引导教师科学运用评价手段与结果，针对学生学习表现及时提供反馈与帮助，反思教学行为和效果，教学相长。坚持形成性评价与终结性评价相结合，逐步建立主体多元、方式多样、素养导向的英语课程评价体系。

（六）推进信息技术与英语教学的深度融合

重视教育信息化背景下英语课程教与学方式的变革。充分发挥现代信息技术对英语课程教与学的支持与服务功能，鼓励教师合理利用、创新使用数字技术和在线教学平台，开展线上线下融合教学，为满足学生个性化学习需要提供支撑，促进义务教育均衡发展[1]。

二、小学英语听力教学的特点

小学英语听力教学是英语教育的基础阶段，它具有独特性和挑战性，针对儿童的年龄特点和认知发展水平，小学英语听力教学呈现以下几个显著特点。

（一）注重趣味性和互动性

小学生天性好奇心强、活泼好动，因此小学英语听力教学应设计得生动有趣，采用游戏、歌曲、故事等形式吸引学生的注意力，使学习过程充满乐趣。互动性也很重要，教师可以通过问答、角色扮演、小组讨论等活动，鼓励学生积极参与，提高听力理解的同时提高学生的口语表达能力。

---

[1] 中华人民共和国教育部.义务教育英语课程标准（2022年版）[S].北京：北京师范大学出版社，2022：1-3.

（二）强调模仿和语音语调的正确性

在小学阶段，学生的语音器官还未定型，是学习语音的最佳时期。因此，听力教学中应特别注重语音语调的正确性，学生可以通过听录音、跟读、模仿，形成正确的语音习惯，为以后的英语学习打下坚实的基础。

（三）循序渐进，由浅入深

小学英语听力教学应遵循由易到难、由简到繁的原则，先从简单的词汇和短语开始，逐步过渡到完整的句子和段落。教学内容应贴近学生的生活经验，如家庭、学校、动物、颜色等，使学生在熟悉的语境中逐步提升听力理解能力。

（四）培养听力策略

小学阶段，教师应引导学生掌握基本的听力策略，如预测、抓关键词、利用上下文猜测意思、做笔记等，这些策略有助于学生更有效地理解和记忆听力材料。

（五）利用多媒体和信息技术

现代教育技术为小学英语听力教学提供了丰富的资源和工具，如动画、视频、互动软件等，可以帮教师创造真实或模拟的真实语境，增加听力材料的多样性和趣味性，同时为学生提供即时反馈，帮助学生及时纠正错误，巩固学习成果。

（六）注重文化意识的培养

听力教学不仅是语言技能的训练，还是文化知识的传递。通过听英语国家的儿歌、童谣、故事，学生可以了解西方文化，培养跨文化交际的初步意识，增强对英语学习的兴趣和动力。

（七）强调情感支持和积极评价

小学生的情感较为脆弱，容易受挫，因此在听力教学中，教师应给予学生充分的鼓励和正面反馈，建立学生的学习自信心。通过小组合作学习，学生之间可以互相支持，共同进步，这也能增强学习的社交性和乐趣。

（八）家校合作，营造英语学习氛围

家庭环境对小学生的英语学习有很大影响，教师应鼓励家长参与孩子的英语学习，如共同听英语故事、观看英语动画片等，共同营造一个有利于英语听力发展的语言环境。

总之，小学英语听力教学应以学生为中心，结合其年龄特点和兴趣爱好，采用多种教学方法和资源，培养学生的听力理解能力和语言感受力，为学生后续的英语学习奠定坚实的基础。

三、小学英语听力教学的难点

（一）学生的语言基础薄弱

词汇量不足：小学生掌握的词汇量有限，遇到不熟悉的单词时可能会理解困难。

语法结构简单：对复杂句式和语法规则的理解能力较弱，难以准确把握句子的意思。

（二）语言环境缺失

缺乏实际应用机会：在非英语环境中，学生很少有机会接触和使用英语，导致实际听的能力得不到锻炼。

文化差异：英语中的某些表达方式、习惯用语或文化背景信息可能与学生的母语文化相异，增加了学生的理解难度。

（三）教学资源有限

教材内容单一：现有的教材往往偏重于语法和词汇的教学，而忽视了对听力技能的培养。

缺乏多样化的听力材料：适合小学生的高质量、有趣的听力材料相对较少，难以激发学生的学习兴趣。

（四）教师专业能力不强

教学方法陈旧：部分教师可能没有接受过专业的听力教学培训，采用的传统教学方法可能无法有效提高学生的听力水平。

反馈机制不健全：缺乏有效的评价和反馈机制来帮助学生了解自己的听力弱点，并有针对性地加以改进。

（五）技术手段应用不足

缺乏互动性和趣味性：传统的听力练习往往缺乏互动性和趣味性，难以吸引学生的注意力。

个性化学习需求未得到满足：每个学生的听力水平不同，但传统的教学模式很难做到因材施教。

（六）学生学习动力不足

缺乏内在动机：部分学生可能对英语学习缺乏足够的兴趣和动力，导致学习效果不佳。

评价体系过于单一：过分强调成绩而非能力的提升，可能导致学生只关注分数而不重视实际能力的提高。

四、小学英语听力教学中常见的误区

小学英语听力教学中存在一些常见的误区，这些误区可能会阻碍学生有效学习和提高理解英语的能力。以下是几个需要注意避免的误区。

（一）过分依赖课本材料

只使用课本中的听力材料可能会限制学生的听力范围，使其难以适应不同口音、语速和真实生活情境下的英语交流。应该引入更为多元的听力资源，如原版英语儿歌、故事、电影片段等，以增强学生对不同英语变体的理解能力。

（二）忽视语音基础训练

有些教师可能过于注重词汇量的积累而忽视了对语音、语调和连读等基本发音规则的教学。这会导致学生即使能听懂单词，也可能因不熟悉连贯的自然语流而难以理解完整句子。

（三）缺乏情境化教学

听力练习如果脱离实际语境，学生可能无法将所学知识与真实生活联系起来。情境化教学能够帮助学生在具体场景中理解和运用语言，增强其听力的实际应用能力。

（四）过度依赖翻译

频繁使用母语解释英语内容会削弱学生的直接英语思维能力。教师应该尽量使用英语进行教学，鼓励学生直接用英语思考和回应，减少对翻译的依赖。

（五）忽略听力策略的培养

仅仅让学生听录音而不教授如何有效听懂的方法，如预测、抓关键词、做笔记等，会导致学生只是被动地听，而不是主动地理解和分析听力材料。教师应指导学生掌握有效的听力技巧。

（六）忽视反馈和矫正

做完听力练习后如果没有及时地反馈和矫正，学生可能重复犯同样的错误。教师应该提供即时反馈，指出学生的误解并进行矫正，必要时可重复播放听力材料，直到学生完全理解。

（七）评价方式单一

仅通过期末考试来评价听力可能无法全面反映学生的真实水平。教师应该采用多种形式的评价，如口头报告、听力日记、同伴评价等，以更全面地了解学生的学习进展。

（八）缺乏个性化教学

每个学生的学习速度和风格不同，一刀切的教学方法可能不适合所有学生。教师应该观察学生的个体差异，为学生提供差异化指导，满足不同学生的需求。

（九）忽视家长的参与

家长的支持对于学生的学习至关重要，但有时学校可能没有充分利用家长资源。与家长沟通，让家长了解教学目标，鼓励他们在家中创造英语听力环境，可以有效促进学生的学习。

（十）技术使用不足

在数字时代，忽视利用现代技术和互联网资源是另一个误区。合理利用在线资源、应用程序和多媒体工具可以极大地丰富听力教学的内容和形式。

五、对小学英语听力教学的建议

避免小学英语听力教学中的误区需要教师采取综合性的策略，注重教学方法的多样性与灵活性，同时关注学生个体差异。以下是一些具体的建议，帮助教师和教育工作者规避常见误区。

（一）提供多样化听力材料

引入多元资源：使用来自不同地区、不同口音的听力材料，包括儿歌、故事、对话、新闻简报等，以增强学生的适应能力和理解力。

结合真实情境：利用视频、音频等多媒体资源，呈现日常生活中的英语对话，帮助学生在具体情境中学习和理解。

（二）强化语音基础训练

注重发音教学：定期进行发音练习，教授连读、重音、语调等，确保学生能够准确辨识和模仿标准发音。

使用发音软件或应用：利用科技工具，如发音练习软件，为学生提供即时反馈，帮助学生纠正发音。

（三）注重情境化教学

设计情境任务：模拟购物、接机、问路、点餐等，为学生创建贴近他们日常生活经验的听力任务，让学生在模拟情境中练习听力。

角色扮演：鼓励学生通过角色扮演来实践听力和口语技能，增加学习的趣味性和实践性。

（四）减少翻译依赖

全英文教学：尽可能在课堂上使用英语，创造沉浸式学习环境，促使学生直接用英语思考和交流。

使用图片和实物：利用视觉辅助工具帮助学生理解新的词和概念，减少对母语的依赖。

（五）教授听力策略

策略指导：教导学生预测内容、抓关键词、做笔记、利用上下文等的技巧，提高学生听力理解的效率。

元认知训练：引导学生反思自己的听力过程，评价策略的有效性，适时调整学习方法。

（六）提供及时反馈

个别辅导：对学生的听力练习进行个别反馈，指出错误并提供改正建议。

同伴评价：鼓励学生相互评价，促进合作学习和自我修正。

（七）开展多维评价

综合评价体系：采用听力测试、口语报告、项目作业等多种评价方式，全面考查学生的听力。

自我评价：引导学生进行自我评价，增强学生的自我监控意识和学习责任感。

（八）个性化教学

分层教学：根据学生的听力水平，设计不同难度的听力材料和任务，满足不同学生的需求。

差异化指导：对有特殊学习需求的学生提供额外支持，如让听力障碍学生使用辅助听力设备。

（九）加强家校合作

家长工作坊：举办英语学习家长会，提供学习资源和指导，提高家长的参与度。

家庭作业：布置与听力相关的家庭作业，鼓励家长与孩子一起参与英语学习活动。

（十）增强技术整合

利用数字工具：运用在线资源、教育软件和应用程序，为学生提供个性化的听力练习和即时反馈。

互动平台：建立班级交流群组，分享听力资源，鼓励学生在线上进行听力练习和交流。

第二节 小学英语听力教学的目标与原则

小学英语听力教学的目标是多方面的，旨在培养学生的英语听力理解能力，同时促进其语言综合运用能力的发展。

一、小学生的年龄特点

小学生的年龄特点主要指 6 岁至 12 岁这一年龄段的孩子们的身心发展特点。

（一）身体发展

身体迅速成长：小学生处于儿童期，也是生长发育的关键时期，身高和体重稳步增长，但发育速度因个体差异而异。

协调性提高：随着年龄增长，学生身体协调性和灵活性逐渐提高，能够更好地控制自己的动作。

（二）认知发展

具体操作阶段：根据皮亚杰的认知发展阶段理论，大多数小学生处于具体操作阶段，认知能力逐渐从具体运算向抽象思维过渡，能够进行逻辑思维，但仍然以具体形象思维为主。

注意力集中：注意力集中的时间逐渐延长，但仍需要通过多种方式维持兴趣。

记忆力增强：记忆容量增加，能够记住更多的信息，但长时记忆的形成还需要经过反复练习。

（三）情感与社交发展

情感表达：小学生的情感丰富且直接，他们可能会毫不掩饰地表达自己的情绪，但可能因为情绪管理能力不足而出现情绪波动。

同伴关系：小学生开始学会与同伴合作和交流，社交技能逐步提高，与同龄人建立亲密的友谊变得越来越重要，同伴的影响逐渐增强，但同时可能存在同伴间的竞争和冲突。

自我概念：小学生的自我意识逐渐增强，他们开始关注自己在同伴中的地位和成人的评价。

道德观念：开始形成初步的道德观念，能够分辨是非，但道德判断仍然受到成人意见的影响。

（四）学习特点

好奇心强：小学生好奇心旺盛，对新事物充满好奇，容易被新颖的事物吸引。

模仿能力强：喜欢模仿成人的行为和言语，因此良好的榜样作用非常重要。

依赖性：尽管小学生开始追求独立性，但他们仍然在很大程度上依赖成人的指导和保护。

学习习惯：小学阶段是培养良好学习习惯和生活习惯的关键时期，这些习惯将对他们的未来产生深远影响。通过游戏和活动进行学习的方式更为有效，有助于提高学生的学习兴趣和参与度。

（五）行为特点

规则意识：小学生开始理解和遵守学校和社会的规则，但有时候需要成人的提醒和帮助。

探索欲强：小学生通常对学习充满好奇心，对新知识有强烈的探索欲望，但注意力容易分散，学习兴趣需要通过有趣的教学方法来维持。

创造力：这个年龄段的孩子想象力和创造力非常丰富，能够通过绘画、手工、故事创作等方式展现自己的创意。

二、小学英语听力教学的目标

听说读写技能是语言教学不可或缺的有机组成部分。教师在技能教学中应当做到：明确教学目的、确定具体的技能教学目标、设计和实施有效的课堂活动、优化教学资源、适当发挥教学指导作用。

《义务教育英语课程标准（2011年版）》强调：语言技能是语言运用能力的重要组成部分，主要包括 听、说、读、写等方面的技能以及这些技能的综合运用。听和读是理解的技能，说和写是表达的技能。它们在语言学习和交际中相辅相成、相互促进。学生应通过大量的专项和综合性语言实践活动，形成综合语言运用能力，为真实的语言交际打下基础。因此，听、说、读、写既是学习的内容，又是学习的手段。语言技能标准以学生在某个级别"能做什么"为主要内容，这不仅有利于调动学生的学习积极性，促进学生语言运用能力的提高，还有利于科学、合理地评价学生的学习结果[①]。小学阶段英语听力技能的分级标准，如表4-1所示。

---

① 中华人民共和国教育部. 义务教育英语课程标准（2011年版）[S]. 北京：北京师范大学出版社，2012：13-14.

表 4-1　听力技能分级标准 [1]

级别	标准描述
一级	1.能够根据听到的词句识别或指认图片或实物。 2.能够听懂课堂简短的指令并做出相应的反应。 3.能够根据指令做事情，如指图片、涂颜色、画图、做动作等。 4.能够在图片和动作的提示下听懂简单的小故事并做出适当的反应
二级	1.能够借助图片、图像、手势听懂简单的话语或录音材料。 2.能够听懂简单的配图小故事。 3.能够听懂课堂活动中简单的提问。 4.能够听懂常用指令和要求并做出适当的反应

《义务教育英语课程标准（2011年版）》提出了以下小学英语（一至二级）的听力技能教学目标：使学生初步形成轻松愉悦的整体接受听觉信息的习惯，逐步培养获取基本信息的技能。听力教学中的基本技能包括以下六种：一是辨别词语的意思；二是听懂连贯的语流；三是听懂并执行简单的指示语；四是把握简短话语的大意；五是获取简单的具体事实；六是确认简单故事的时间与空间顺序。

在听力教学过程中教师可采用的教学活动，如表 4-2 所示。

表 4-2　听力的主要教学活动 [2]

听前活动	听的活动	听后活动
1.调整听前心态； 2.熟悉话题； 3.熟悉相关词语和句型； 4.输入直观的背景信息； 5.明确听的具体任务	1.听并模仿； 2.听信息，选图画； 3.听信息，排顺序； 4.听信息，填表格信息； 5.TPR活动（听指令做动作）； 6.听并画图； 7.听并制作； 8.听并填空； 9.听并匹配； 10.听写	1.口头回答问题； 2.角色扮演； 3.概括要点； 4.复述或转述所听内容； 5.表达简单的个人观点

在核心素养视角下，小学英语听力教学的目标更加注重学生的全面

---

[1] 中华人民共和国教育部.义务教育英语课程标准（2011年版）[S].北京：北京师范大学出版社，2012：13-14.

[2] 中华人民共和国教育部.义务教育英语课程标准（2011年版）[S].北京：北京师范大学出版社，2012：164-165.

发展，不仅仅是语言能力的提升，还包括文化意识、情感态度、学习策略等多个方面的培养。通过学习，学生不仅能够掌握英语听力技巧，关键是能养成良好的英语听力练习和英语学习的习惯。

（一）语言能力

听力识别：能够准确识别英语语音的基本特征，如元音、辅音、连读、弱读等。

细节捕捉：能够捕捉到听力材料中的关键信息，如数字、日期、地点等具体细节。

整体理解：能够理解整个语篇的意义，把握文章的大意及逻辑关系。

（二）文化意识

文化认知：了解英语国家的文化背景、习俗习惯和社会礼仪等，增强学生的跨文化意识。

跨文化交际：能够在不同的文化背景下，运用适当的语言和行为进行有效的交流。

（三）情感态度

兴趣培养：激发学生对英语学习的兴趣，特别是对英语听力的兴趣。
情感认同：培养学生对英语文化的积极态度和正面情感。
价值判断：通过听力材料引导学生形成正确的价值观和世界观。

（四）学习策略

自主学习：培养学生的自主学习能力，让学生学会选择适合自己的听力材料。

合作学习：让学生通过小组合作的方式共同完成听力任务，提高学生的团队协作能力。

反思能力：让学生能够对自己的听力学习过程进行反思，并调整学习策略。

（五）信息技术应用能力

数字化工具使用：教会学生如何利用网络资源和技术工具进行听力练习。

信息筛选能力：培养学生从海量信息中筛选有效信息的能力。

（六）综合应用能力

综合运用：将听力技能与其他语言技能（如说、读、写）相结合，实现综合应用。

解决实际问题：教师应让学生通过解决实际生活中的问题，提升英语听力的实际应用能力。

三、小学英语听力教学的原则

在核心素养视角下，小学英语听力教学的原则主要关乎学生的全面发展，包括语言能力、文化意识、情感态度、学习策略等多个方面。以下是具体的原则。

（一）生活化原则

英语听力教学中生活化原则强调将学习内容与学生的日常生活紧密相连，通过使用贴近学生实际经验的材料和情境来提高他们的听力理解能力。例如，教师可以通过日常对话、校园生活场景、流行文化元素等来设计听力练习，让学生在熟悉的情境中练习英语听力。这样不仅能够增加学生的学习兴趣，还能让他们更好地将所学知识应用于实际生活中。

（二）兴趣导向原则

英语听力教学中兴趣导向原则关注学生的个人兴趣和喜好，通过选取与学生兴趣相关的话题和材料来激发他们的学习热情。这种方法可以提高学生的参与度和积极性，使他们在愉悦的状态下更加专注于听力练习。例如，教师可以根据学生的爱好选择音乐、电影、体育等方面的听力素材，或者让学生自己选择感兴趣的主题进行听力训练。这种方式，不仅可以提升学生的听力理解能力，还能培养他们持续学习英语的动力。

（三）循序渐进原则

英语听力教学中循序渐进原则强调按照学生的认知发展和语言水平逐步提高教学难度。这意味着从简单易懂的听力材料开始，随着学生能力的提升而逐渐引入更复杂的内容和更丰富的语言结构。通过这种方式，学生可以在不断积累的基础上稳步提高听力理解能力，不会因难度过大而产生的挫败感，确保学生的学习过程既富有挑战又充满成就感。

（四）情感支持原则

英语听力教学中情感支持原则倡导创造一个积极、包容和支持性的学习环境。这意味着教师需要关注学生的情感状态，鼓励学生表达自己的想法和感受，同时为学生提供正面的反馈和激励。教师可以通过与学生建立信任和尊重的关系，帮助学生克服恐惧和焦虑，增强自信心，从而让学生更有效地投入听力学习。这种情感支持不仅能够促进学生的学习效果，还能帮助他们发展健康的心理素质。

（五）家校合作原则

英语听力教学中家校合作原则注重构建教师、家长和学生之间有效沟通的桥梁，共同促进学生的英语听力学习的进步。这意味着教师需要定期向家长通报学生的学习进展，并为学生提供在家练习英语听力的具体建议。家长则可以通过创设英语学习环境、鼓励孩子收听英语广播、观看英语节目等方式，在家中支持孩子的英语听力练习。这种家校合作不仅能够提升学生的听力技能，还能加深家庭成员之间的情感联系，让学生和家长共同营造一个支持学习的家庭氛围。

第三节　小学英语听力教学的任务与策略

一、小学英语听力教学的任务

在核心素养视角下进行小学英语听力教学时，设计的任务应该有助于学生全面发展，不仅限于听力技巧本身，还应该包括语言运用能力、跨文化交际能力、批判性思维以及自主学习能力等多个方面。下面是根据这些核心素养而设计的一些具体教学任务示例。

（一）日常对话理解

任务描述：播放一段有关日常生活的简短对话录音（如购物、问候等），让学生听后回答问题或复述对话内容。

目标：提高学生对日常会话的理解能力，同时熟悉常见情景中的词汇和表达方式。

（二）故事听读

任务描述：播放一个有趣的故事录音，可以是寓言、童话或其他类型的故事，要求学生听完后用自己的话复述故事大意，并讨论故事中的道德教训或主题思想。

目标：培养学生的听力理解能力，同时激发他们的想象力和创造力。

（三）文化探索

任务描述：播放一段介绍某个英语国家的文化、传统节日或重要事件的音频资料，要求学生听完后查找更多相关信息，并准备一份简短的报告或者制作一张海报。

目标：增进学生对不同文化的了解，培养学生的跨文化交际意识。

（四）听力日记

任务描述：鼓励学生在每天听一段英语材料（如新闻摘要、天气预报等）之后，写下自己的听后感想或总结。

目标：培养学生的自主学习习惯，提高他们对信息的筛选和整理能力。

（五）角色扮演

任务描述：播放一段情景对话录音，让学生模仿其中的角色进行角色扮演练习，可以是两人一组或小组形式。

目标：提高学生的口语表达能力，同时加强听力技巧练习。

（六）英文歌曲/童谣

任务描述：播放一首英文歌曲或童谣，让学生跟唱并尝试理解歌词的意义。

目标：通过音乐提高学生对语言的兴趣，同时增加学生词汇量。

（七）听写练习

任务描述：播放一段简短的英语文本，要求学生仔细听并尽可能准确地写下所听到的内容。

目标：提高学生的听力准确性，同时锻炼学生的拼写能力，丰富学生语法知识。

（八）多媒体辅助学习

任务描述：将多媒体资源（如动画、视频等）作为听力材料，要求学生在观看后完成相关任务，如回答问题、讨论观点等。

目标：通过多种媒介提高学生的学习兴趣，同时增强学生的听力理解能力。

（九）小组合作项目

任务描述：组织学生分成小组，每个小组负责听一段特定的材料（如纪录片片段），然后以小组为单位完成一项任务（如制作 PPT 演示、编写短剧等）。

目标：培养学生的合作精神和团队协作能力，同时提高学生的听力和语言运用能力。

通过这些任务的设计，教师可以有效地帮助学生在听、说、读、写各方面有所提高，同时能提升他们的批判性思维和跨文化交流能力。

二、小学英语听力教学的策略

围绕英语核心素养培养的小学英语听力教学，应该关注语言技能、文化意识、思维品质、学习能力和情感态度等多方面的发展。

（一）注重语言技能的全面发展

听辨训练：设计有趣的听力游戏，如"听音找图""听力接龙"等，激发学生的学习兴趣。搜集各种听力材料，如歌曲、童谣、故事等，让学生在其中扮演不同角色进行对话，增强学生听力实践的机会，培养学生的语音辨别能力，让他们能够识别不同的发音、语调和重音。

词汇积累：结合听力活动，引入新词汇和表达方式，丰富学生的词汇量，提高学生对语境的理解能力，帮助学生夯实听力理解的语言基础。

（二）强化跨文化意识

跨文化体验：用听力材料介绍英语国家的历史、文化、节日和风俗，让学生了解世界各地的文化差异，帮助学生建立跨文化的视角。

多元文化比较：鼓励学生对比不同文化中的相似和不同之处，培养学生的全球视野。

（三）培养批判性思维和创造性思维

问题解决：设计听力任务时加入需要推理和解决问题的情境，鼓励学生主动思考和分析，并提出解决问题的方案。

创新表达：在听完材料后，组织学生讨论其中的观点与信息。在听力后讨论或创作活动环节，让学生用自己的话复述或改编所听内容，促进创造性思维的发展。

（四）增强学习能力

策略教学：根据学生的不同水平提供不同难度级别的听力材料，确保每位学生都能得到适当的挑战和支持。设计贴近小学生生活的听力练习，如家庭生活、学校活动等场景。教授学生如何预测内容、猜测词义、抓取关键信息、做笔记、利用上下文信息等的听力技巧，帮助学生成为更高效率的听众。

自主学习：引导学生学会自我评价，反思自己的听力技巧和理解能力。鼓励学生利用网络资源、音频书籍等资源自主练习听力，培养学生独立学习的习惯。教会学生如何制订个人化的学习计划，鼓励他们在课外时间主动练习听力。

（五）促进情感态度和价值观

自信建立：营造一个安全无压力的学习氛围，让学生敢于尝试并从错误中学习。通过正向反馈和鼓励，帮助学生克服听力障碍，增强他们的自信心和成就感。

合作精神：小组活动和同伴互助，让学生在合作中提高听力技能，同时培养学生的团队协作精神。

（六）加强技术融合

数字化工具：使用英语儿歌、动画片、短片等，结合图像和声音，使听力材料更生动有趣。利用教育APP、在线课程和智能设备，为学生提供丰富的听力资源，使学生的学习更加个性化和高效。

虚拟现实（VR）：利用教育软件或在线平台提供的互动听力练习，增加学生参与度和练习机会。探索使用VR技术创造沉浸式听力环境的方法，如设计虚拟旅游或历史事件，提高学生的学习兴趣和体验感。

（七）注重家校共育

亲子活动：举办亲子英语活动，如鼓励家长与孩子一起阅读英语故事书、观看英文电影或听英语有声读物，增加家庭英语环境的沉浸感。定期与家长沟通，分享学生的学习进展，举办家长培训会，指导家长如何在家中营造英语听力环境，促进家校合作。

社区资源：利用社区图书馆、英语角等资源，为学生提供更多练习听力的机会。

（八）开展个性化教学

差异化教学：根据学生的听力水平和学习风格，提供定制化的听力材料和活动。

学习档案：给学生建立学习档案，记录他们听力上的进步和兴趣点，以便进行个性化指导。

（九）注重评价与反馈

形成性评价：通过日常观察、小测验、听力日记、同伴评价等方式，持续监测和评价学生的听力进展，并对学生的听力练习提供及时、具体的反馈，指出其进步和需要改进的地方。

自我反思：鼓励学生定期自我评价听力表现，反思学习策略，促进其元认知发展。引导学生反思自己的听力过程，评价策略的有效性，适时调整学习方法。

（十）培养终身学习理念

终身学习意识：强调英语听力是一种需要终身学习的技能，鼓励学生保持好奇心和求知欲，持续提升自己的英语听力水平。

终身学习能力：从小培养学生的终身学习意识，使他们认识到英语听力是一项让自己终身受益的技能。鼓励学生坚持听力训练，培养终身学习能力。

通过上述策略的实施，小学英语听力教学不仅能提高学生的语言能力，还能促进学生的全面发展，为学生未来的学术和职业成功奠定坚实的基础。

三、提升小学生英语听力理解能力的具体活动

学科核心素养付诸实践的第一步是领悟其实践路径。进行英语课堂实践的路径是英语学习活动观。英语学习活动是英语课堂教学的基本组织形式，是落实课程目标的主渠道，反映了语言学习的实践性、综合性和关联性，是整合课程内容、实施深度学习、落实课程总目标的根本遵循，也为变革学习方式、提升英语教与学的效果提供了可操作的途径[1]。根据英语学习活动观，教师应设计具有综合性、关联性和实践性特点的英语学习活动，使学生通过学习理解、应用实践和迁移创新等一系列融语言、文化、思维为一体的活动，发展多元思维和批判性思维，提高英语学习能力和运用能力[2]。提升小学生英语听力理解能力的具体活动应该既有趣又能有效激发学生的参与度。以下是一些活动建议。

一是选择适合学生年龄的故事书，教师朗读或播放录音，让学生边听边看图画书，之后可以提问或让学生复述故事内容。

---

[1] 李涛涛，田建荣. 英语学习活动观实施的困境与超越[J]. 课程·教材·教法，2021，41（5）：96-102.

[2] 葛炳芳，印佳欢. 英语学习活动观的阅读课堂教学实践[J]. 课程·教材·教法，2020，40（6）：102-108.

二是歌曲和童谣。教授英文歌曲和童谣，重复播放，鼓励学生跟唱。歌词通常含有重复的结构和简单的词语，有助于学生的记忆和理解。

三是听力游戏。"听音辨物"：学生闭上眼睛，老师描述一个物体或场景，让学生猜是什么。"传话游戏"：一人将一句话以耳语的方式说给下一个人，依次传递，最后的人说出听到的话，与原句对比。

四是角色扮演。分配角色，学生根据剧本进行对话练习，可以先听示范录音，然后模仿角色的语音和语调。

五是听力日记。定期播放短篇新闻、天气预报或儿童节目片段，让学生写下他们所听到的关键信息，训练学生快速捕捉细节的能力。

六是听力地图。让学生听一段关于旅行或地点的描述，画出他们想象中的地图或场景，这能帮助他们将听觉信息转化为视觉图像。

七是听力排序。提供一系列乱序的句子，学生听一段录音，根据录音内容将句子按正确顺序排列。

八是听力填空。在一篇短文中留出空白，学生听录音，填写缺失的单词或短语。

九是听力选择题。播放一段录音，然后提出几个选择题，让学生选出正确答案，可以是是非题、多项选择题等。

十是听写。播放一段简短的对话或独白，让学生尝试写出所听到的内容，之后教师对内容进行校对并纠正错误。

十一是听力故事接龙。开始一个故事，每个学生听前一个学生讲的部分，然后继续故事，可以是真实的或虚构的。

十二是听力与动作结合。例如，Simon Says 游戏，听指令做动作，让学生只执行以"Simon says"开头的指令，这可以强化学生的听力理解和反应速度。

这些活动旨在创造一个互动、参与和享受学习的过程，同时逐步提高小学生的英语听力理解能力。重要的是，教师要确保听力活动难度适中，既能在一定程度上给学生挑战感，又不会使他们感到挫败，以免影响和打击学生的学习信心。

四、小学英语听力教学的三阶段模式

小学阶段是英语学习的启蒙期。小学英语听力教学属于兴趣与感知阶段，应以兴趣培养和基础感知为核心目标，通过儿歌、动画、简单对话等趣味材料，重点训练学生对英语语音、语调的敏感度，使学生能听懂日常短句和基础指令，初步建立音义关联。教学中应强调游戏化互动和情境模拟。英语新课程标准要求小学生英语听力应达到一级（3-4年级）至二级（5-6年级）水平，注重"听做结合"，为后续的英语学习打下坚实的基础。以下是小学英语听力教学的三阶段模式介绍。

（一）听前阶段（Pre-listening）

核心目标：营造轻松氛围、激活已有知识、扫除听力障碍。

1. 激发兴趣与背景构建

利用多彩的图片、动画或歌曲创设情境，激发学生对听力主题的好奇心。通过简单的互动游戏或问题引入相关背景知识，帮助学生建立与听力内容的情感连接。

2. 词汇与句型预热

通过生动有趣的故事讲述或游戏形式，教授和复习关键词汇和基本句型。使用肢体语言和实物帮助学生直观理解新词汇，为听力活动打下基础。

3. 预测与任务设定

展示部分听力材料，如标题或图片，引导学生进行预测。设计易于理解的听力任务，如涂色、贴纸或选择图片，确保学生明确听力目标。

（二）听中阶段（While-listening）

核心目标：培养语音敏感度、完成趣味性理解任务。

1. 初步感知与整体理解

首次播放录音时，鼓励学生专注于捕捉故事大意或主要信息。通过简单的互动，如举手示意或集体回答，检验学生的初步理解。

2. 细节捕捉与技巧实践

在后续播放中，指导学生关注关键信息，如数字、颜色或动作。利用填空、连线或排序等游戏化任务，帮助学生加深对细节的理解，并实践听关键词等听力技巧。

3. 即时反馈与互动参与

每次听力后，通过小组活动或全班互动核对答案，给予即时反馈。鼓励学生分享自己的听力成果，增强参与感和成就感。

（三）听后阶段（Post-listening）

核心目标：强化记忆、快乐输出、建立成就感。

1. 语言输出与创意表达

组织口语活动，如复述故事、模仿对话或创作简单的小剧。通过绘画、手工制作等多元化方式，鼓励学生将听力内容转化为自己的语言输出。

2. 拓展与延伸学习

设计趣味游戏或小组竞赛，巩固听力所学内容。推荐相关的英语歌曲、故事书或动画片，鼓励学生在课外继续探索和学习。

3. 反思与鼓励

引导学生回顾听力过程，分享自己的感受和收获。教师给予积极的评价和鼓励，强调听力技巧的重要性，激发学生对英语听力的持续兴趣。

通过这样的三阶段教学模式，教师可以在核心素养的指导下，综合运用多种教学方法和手段，激发学生的听力兴趣，帮助学生全面提升英语听力能力和综合语言运用能力。

小学英语听力教学三阶段模式的特点如表 4-3 所示：

表 4-3　小学英语听力教学三阶段模式的特点

阶段	核心目标	典型活动与策略	教学重点
听前阶段	营造轻松氛围、激活已有知识、扫除听力障碍。	利用图片、儿歌、动画预测主题；通过游戏学习关键词（如单词卡片匹配）；模拟生活场景（如购物、问路）	培养倾听习惯；语音感知（连读、弱读）；结合动作、视觉辅助理解
听中阶段	培养语音敏感度、完成趣味性理解任务。	听指令做动作（Listen and do）；听对话选图片/排序；跟读模仿语音语调	分层任务设计（先整体后细节）；强调语音输入的自然性；多感官协同
听后阶段	强化记忆、快乐输出、建立成就感。	角色扮演对话；绘画或手工展示听力内容；创编儿歌或短故事	听说结合；鼓励创造性表达；注重趣味性和成就感

五、小学英语听力教学案例

在核心素养视角下进行小学英语听力教学设计时，需要考虑如何通过教学活动来促进学生语言能力、学习能力、思维品质和文化品格的发展。下面将通过一个具体的教学案例来阐述如何设计这样的教学活动。

教学案例：The Rabbit's Dream

1. 背景信息

故事名称：The Rabbit's Dream

适用年级：小学三年级

教学目标：

（1）语言能力。理解故事中的关键单词和短语，能跟读故事中的句子。

（2）文化意识。理解故事背后的文化含义，培养跨文化意识

（3）思维品质。通过故事激发想象力和批判性思维。

（4）学习能力。学会使用听力技巧（如预测、推断）来理解故事内容。

2. 教学准备

材料：故事音频文件、故事图片、词汇卡片、思维导图模板。

技术：多媒体播放器、投影仪。

3. 教学流程

（1）听前活动（pre-listening activities）。

激活背景知识：让学生分享他们对兔子的印象和相关的故事。

预测故事内容：展示故事封面图片，让学生猜测故事中可能有的情节。

词汇预习：介绍故事中的关键单词和短语，使用词汇卡片进行教学。

（2）听中活动（while-listening activities）。

初次聆听：播放整个故事音频，学生边听边看图片，初步理解故事大意。

细节捕捉：再次播放故事，这次要求学生注意故事中的细节，如兔子的梦想是什么。

跟读练习：分段播放故事，学生跟着朗读，模仿发音和语调。

（3）听后活动（post-listening activities）。

复述故事：请学生用自己的话复述故事，可以采用小组讨论的形式。

思维导图：制作一个思维导图，梳理故事的主要事件和发展线索。

角色扮演：分组表演故事中的场景，加深对故事的理解。

文化讨论：讨论故事中的文化元素，如兔子在中国文化中的象征意义。

创造性写作：鼓励学生编写故事的续集或者创作一个新故事。

4. 评价与反馈

即时反馈：在听后活动中，教师可以通过观察学生的表现给予即时反馈。

同伴评价：鼓励学生互相评价对方的故事复述或角色扮演表现。

自我评价：学生填写自我评价表，反思自己在听力和表达方面的表现。

5. 家庭作业

听力练习：给学生布置额外的听力练习，材料可以是简单的对话录音。

创意作业：要求学生创作一个与兔子有关的故事，并在家里将之录制成音频。

通过这样的教学案例设计，教师可以在核心素养的指导下，综合运用多种教学方法和手段，帮助学生全面提升英语听力和综合语言运用能力。这种教学方式不仅能够提高学生的语言技能，还能够培养他们的跨文化交际能力、批判性思维和创新能力。

第五章　核心素养视角下初中英语听力教学策略

初中阶段指义务教育阶段的七到九年级。它以义务教育九年级毕业为终点，并紧密衔接着高中阶段的英语课程。在九级目标体系中，五级为九年级结束时应达到的基本要求。初中英语包含三、四、五级三个级别。《义务教育英语课程标准（2022年版）》明确提出英语课程应发挥核心素养的统领作用，构建基于分级体系的课程结构，主题为引领选择和组织课程内容，践行学思结合、用创为本的英语学习活动观，注重"教—学—评"一体化设计，推进信息技术与英语教学的深度融合[①]。

第一节　初中英语听力教学的特点与难点

一、初中英语听力教学的特点

初中阶段的英语听力教学是英语语言学习的重要组成部分，它不仅关乎语言技能的培养，还涉及文化理解、认知发展以及情感态度的塑造。初中英语听力教学有以下特点。

（一）目标层次性

初中英语听力教学的目标从基本的词汇和简单句的理解逐渐过渡到

---

① 中华人民共和国教育部. 义务教育英语课程标准（2022年版）[S]. 北京：北京师范大学出版社，2022：2-3.

了更复杂的对话、段落甚至是文章的理解。目标还包括识别说话者的意图、语气、态度和情感，以及在不同情境下做出适当反应。

（二）材料多样性

教学材料包括但不限于日常对话、故事、新闻摘要、说明文、广播、歌曲、电影片段等，这些材料能够给学生提供丰富的语言环境和文化背景。材料的选择应当贴近学生的兴趣和生活经验，以提高他们的学习动力。

（三）策略指导

学生需要被教导如何有效地倾听，包括预测、推断、提取关键信息、做笔记等技巧。教师应教学生如何处理听力材料中的难点，如不熟悉的词、口音差异和语速快慢。

（四）情景模拟

角色扮演、情景对话等形式，可以让学生模拟真实的生活和学术场景，增强学生在实际环境中应用英语听力技能的能力。这些情景可能包括购物、旅行、学校生活、家庭对话等。

（五）技术辅助

利用多媒体资源，如音频、视频、在线课程和应用程序，提供多样化的听力练习机会。技术平台还可以记录学生的学习进度，为学生提供个性化反馈和自适应学习路径。

（六）评价与反馈

定期进行听力测试，以评价学生的能力水平和进步情况。反馈应具体而积极，指出学生的优势和改进空间，鼓励学生持续努力。

（七）跨文化理解

通过听力材料介绍不同的文化和习俗，让学生具备全球视野和跨文化交流能力。这有助于学生理解语言背后的文化意义，增加学习的深度和广度。

（八）合作学习

鼓励小组讨论和同伴评价，促进学生之间的互动和合作。这种方式可以帮助学生从不同角度理解材料，同时帮助学生提高口语表达能力和培养批判性思维。

（九）情感支持

创建一个安全和支持性的学习环境，减少学生对犯错的恐惧，鼓励学生积极参与和探索。教师应关注学生的情感状态，及时给予鼓励和正面反馈，帮助学生建立自信。

初中英语听力教学的成功在于综合运用上述特点，设计适合学生年龄、兴趣和能力水平的活动，同时注重培养学生的自主学习能力和终身学习的态度。

二、初中英语听力教学的挑战

长期以来，听力一直被限制在"听为说服务"的范式之下，学术界长期以来未能给予听力足够的关注和重视。当前初中学生的英语听力学习存在以下问题：第一，长期的应试心理导致学生对听力的重视程度不够。很多同学除了英语听力课上的听力练习，课后几乎从不主动搜寻听力材料进行语言输入，这导致他们缺乏有效的英语环境来提高自己的听力技能。第二，词汇量少，文本材料积累少导致听力理解困难。没有足够的语言素材积累导致他们很难在听力测试中抓住并理解重要的细节。初中英语听力教学面临着一系列的困难与挑战，这些挑战来源于学生、教师、教材以及教学环境等多个方面。

（一）学生个体差异

英语水平参差不齐：学生的英语基础不同，听力理解能力存在较大差异，这要求教师提供差异化的教学。

听力习惯与策略缺乏：许多学生可能在小学阶段没有养成良好的听力习惯，缺乏有效的听力策略，如抓关键词、预测内容、做笔记等。

（二）语言障碍

词汇量有限：学生可能因为词汇量不足而难以理解听力材料中的内容。

语音语调识别困难：学生可能因为不熟悉英语的发音规则、连读、弱读和语调变化，产生理解障碍。

口音多样性：英语有多种口音，学生可能难以适应非母语口音，尤其是当材料中的口音与他们平时接触到的不同时。

（三）文化差异

缺乏文化背景知识：英语听力材料往往包含丰富的文化信息，学生可能由于文化背景差异而难以理解其中的隐喻、俚语或习俗。

（四）教材与资源

教材难度不当：教材中的听力材料可能过难或过易，无法契合学生当前的听力水平。

资源有限：缺乏多样化的听力资源，如真实的对话、新闻、电影片段等，这限制了学生接触不同情境和话题的机会。

（五）教学方法与策略

传统教学模式：依赖教师讲解和学生被动听讲，缺乏互动和实践，不利于听力技能的培养。

缺乏听力策略教学：学生可能没有得到足够的指导，不知道如何有效地使用听力策略，如预测、抓关键词、利用上下文等。

（六）技术与设备

技术设施不足：学校可能缺乏必要的听力教学设备，如耳机、录音机、多媒体教室等，影响教学效果。

在线资源的利用：虽然网络资源丰富，但学生和教师可能不擅长筛选和利用高质量的在线听力材料。

（七）时间与课时限制

课时紧张：学校课程安排可能使听力教学时间不足，无法让学生进行充分的练习和复习。

课外练习缺乏：学生可能没有足够的时间或动力进行课外听力练习，影响听力技能的持续发展。

三、如何应对初中英语听力教学的挑战

克服初中英语听力教学中的困难需要教师、学生、学校乃至家庭的共同努力。下面是一些策略，旨在帮助应对这些挑战。

（一）针对学生个体差异

差异化教学：根据学生的听力水平，提供不同难度的听力材料和练习，确保每位学生都能在适合自己的水平上学习。

小组合作学习：将学生分成小组，根据他们的听力水平进行分组，鼓励学生相互学习和帮助，促进同伴间的交流与合作。

（二）解决语言障碍

词汇教学：在听力教学中融入词汇学习，教授高频词汇和关键短语，

提高学生的词汇量。

语音语调训练：通过听力练习，重点训练学生的语音识别能力，包括连读、弱读、语调和重音，帮助他们更好地理解英语口语。

口音适应性训练：提供来自不同英语国家的听力材料，让学生熟悉多种口音，提高他们对不同口音的适应能力。

（三）应对文化差异

文化融入：在听力材料中融入英语国家的文化元素，通过讨论和解释，帮助学生理解文化背景，提高学生的跨文化交际能力。

情景模拟：设计贴近学生生活的听力情景，如购物、旅行、学校生活等，让学生在模拟情境中练习听力，增强学生的理解力。

（四）优化教材与资源

听力资源多元化：利用多媒体资源，如音频、视频、网络资源等，为学生提供多样化的听力材料，增加学生接触英语的机会。

自编材料：根据学生兴趣和教学目标，教师可以自行编写或选择更适合学生的听力材料。

（五）改进教学方法与策略

互动式教学：采用小组讨论、角色扮演、听力游戏等互动式教学活动，增加学生参与度，提高学生的听力兴趣。

听力策略教学：专门教授听力策略，如预测、抓关键词、利用上下文、做笔记等，帮助学生更有效地理解听力材料。

（六）加强技术融入

利用现代技术：充分利用多媒体教室、网络资源、手机应用等现代技术手段，为学生提供丰富的听力练习机会。

家庭学习资源：鼓励学生利用家庭中的电子设备，如电脑、平板、智能手机等，进行课外听力练习。

（七）加强时间与课时管理

整合课内外时间：合理规划课堂时间，同时鼓励学生利用课外时间进行听力练习，如为学生设定每周听力目标，定期检查进度。

家庭与学校合作：与家长沟通，共同创造一个支持英语听力学习的家庭环境，如定期听英语广播、看英文电影等。

实施这些策略，可以有效地应对初中英语听力教学中的挑战，提高学生的听力理解能力和英语综合运用能力。教师应该持续评价教学效果，灵活调整教学策略，以适应学生的学习需求和兴趣。同时，各个学校和各级教育部门也应该为学生提供相应的支持和资源，为他们创造良好的学习条件和环境。

第二节 初中英语听力教学的目标与原则

一、初中生的年龄特点

初中生通常指 12 岁到 15 岁的青少年，这是从儿童向青年过渡的一个关键时期。在这个阶段，孩子们会经历显著的身体、心理和社会变化，具体有以下几方面的表现。

（一）身体发展

青春期：大部分初中生进入青春期，会出现明显的生理变化，如身高突增、第二性征的发育（如乳房发育、阴毛和腋毛生长、声音变粗等）。

激素水平变化：由于激素水平的变化，学生可能会情绪波动、皮肤出现问题（如青春痘）等。

（二）认知发展

抽象思考能力增强：初中生开始具备更强的抽象思考能力，可以理解更加复杂的概念和理论。

逻辑推理能力提升：能够进行更复杂的逻辑推理和分析，解决问题的能力得到加强。

自我意识增强：开始更加关注自我形象和社会地位，对个人成就和失败有着更强烈的感受。

（三）情感与社交发展

情绪波动：由于生理和心理的快速变化，初中生可能会经历强烈的情绪波动。

同伴关系的重要性：朋友关系变得尤为重要，同伴间的互动成为他们生活的重要组成部分。

寻求独立：渴望获得独立和更多的自由，可能会挑战父母或老师的权威。

性别认同和异性交往：开始关注性别差异，对异性产生好奇心，可能会开始尝试建立浪漫关系。

（四）学习特点

学习压力增加：学业任务变得更加复杂，竞争加剧，这可能导致学习压力的增加。

学习习惯形成：开始形成自己的学习习惯和方法，对时间管理和自我激励的需求开始增加。

兴趣分化：在某些学科或活动中表现出特定的兴趣和才能，可能会在这些领域投入更多的时间和精力。

（五）行为特点

风险行为：部分学生可能会尝试一些冒险行为，如吸烟、饮酒或尝试其他违禁品。

网络使用：随着互联网和社交媒体的普及，初中生可能会花费大量时间在线上交流和娱乐上。

二、初中英语听力教学的目标

《义务教育英语课程标准（2011年版）》强调，语言技能标准以学生在某个级别"能做什么"为主要内容，这不仅有利于调动学生的学习积极性，促进学生语言运用能力的提高，还有利于科学、合理地评价学生的学习结果。初中阶段英语听力技能的分级标准如表5-1所示。

表5-1 听力技能分级标准[①]

级别	标准描述
三级	1.能够识别不同句式的语调，如陈述句、疑问句和指令等。 2.能够根据语调变化，体会句子意义的变化。 3.能够感知歌谣中的韵律。 4.能够识别语段中句子之间的联系。 5.能够听懂学习活动中连续的指令和问题，并做出适当的反应。 6.能够听懂有关熟悉话题的语段。 7.能够借助提示听懂教师讲述的故事
四级	1.能够听懂接近自然语速、熟悉话题的简单语段，识别主题，获取主要信息。 2.能够听懂简单故事的情节发展，理解其中主要人物和事件。 3.能够听懂连续的指令并据此完成任务。 4.能够听懂广播、电视等媒体中的初级英语教学节目
五级	1.能够根据语调和重音理解说话者的意图。 2.能够听懂有关熟悉话题的谈话，并能从中提取信息和观点。 3.能够借助语境克服生词障碍，理解大意。 4.能够听懂接近自然语速的故事和叙述，理解故事的因果关系。 5.能够在听的过程中用适当方式做出反应。 6.能够针对所听语段的内容记录简单信息

[①] 中华人民共和国教育部.义务教育英语课程标准（2011年版）[S].北京：北京师范大学出版社，2012：15-17.

《义务教育英语课程标准（2011年版）》提出初中英语（三至五级）听力技能教学有以下几个目的：增强对不同话语情境的识别能力，获取信息主旨大意，了解简单的具体事实，理解一定的逻辑关系以及事物发展的时间和空间顺序等，理解说话人的意图和态度。听力教学的基本技能包括以下七种：一是听关键信息；二是听懂并执行指示语；三是听懂大意与主题；四是确定事物的发展顺序或逻辑关系；五是预测；六是理解说话人的意图和态度；七是评价所听到的内容。

初中英语听力教学中，教师可组织的教学活动如表 5-2 所示[①]。

表 5-2　主要听力教学活动

听前活动	听的活动	听后活动
1.热身活动； 2.熟悉话题； 3.熟悉相关词语和句型； 4.接受背景信息； 5.提出需要解决的问题； 6.明确具体任务	1.听信息，排顺序； 2.听信息，列项目； 3.听信息，补全文字； 4.听并画图； 5.听并制作； 6.听并填空； 7.听写； 8.听并记笔记； 9.听指令，完成系列动作； 10.听并选择； 11.听并匹配	1.口头回答问题； 2.小组讨论； 3.模拟对话； 4.复述或转述所听内容； 5.作出书面回应； 6.总结要点； 7.改编所听内容； 8.表达个人感受和观点

初中英语听力教学的目标是在发展学生语言能力的同时，培养他们的文化意识、情感态度、学习策略、信息技术应用能力和综合应用能力。通过这样的教学方式，教师不仅能够帮助学生提高英语听力水平，还能够使他们在其他方面得到全面的发展。以下是初中英语听力教学的具体目标。

（一）语言能力

听辨能力：能够辨别英语中的基本发音特征，如元音、辅音、连读、重音等。

---

① 中华人民共和国教育部.义务教育英语课程标准（2011年版）[S].北京：北京师范大学出版社，2012：164-166.

细节理解：能够抓住听力材料中的关键信息，如数字、日期、地点、人物等。

　　语篇理解：能够理解听力材料的整体结构和逻辑关系，把握材料大意。

　　推断能力：能够根据上下文信息推断出未明确给出的信息，如说话人的意图、态度等。

（二）文化意识

　　跨文化知识：通过丰富多彩的听力材料，了解英语国家的社会习俗、文化发展、历史传统等，增强跨文化意识。

　　跨文化交际：能够在跨文化语境中，恰当地使用英语进行交际，避免文化误解。

（三）情感态度

　　兴趣培养：通过多样化的听力材料和活动，激发学生对英语学习的兴趣。

　　自我效能感：帮助学生建立自信，让学生相信自己能够逐步提高英语听力水平。

　　终身学习观：培养学生持续学习的习惯，让学生认识到英语听力是一项需要不断练习的技能。

（四）学习策略

　　自主学习：教授学生如何独立选择合适的听力材料并进行自我评价。
　　合作学习：通过小组讨论等活动促进同伴间的合作学习。
　　反思能力：鼓励学生反思自己的学习过程，找出不足之处并寻求改进方法。

（五）信息技术应用能力

数字化工具使用：教会学生如何利用互联网和其他技术资源进行听力训练。

信息筛选与处理：培养学生从海量信息中筛选有用信息的能力，并能有效地组织和处理这些信息。

（六）综合应用能力

语言综合运用：将听力技能与其他语言技能（如口语、阅读、写作）相结合，实现综合运用。

解决实际问题：通过解决日常生活中的问题来提升英语听力的实际应用能力。

三、初中英语听力教学的原则

在核心素养视角下，初中英语听力教学注重培养学生的综合语言运用能力以及跨文化交际能力，有必要坚持以下几个具体的原则。

（一）实践性原则

在英语听力教学中贯彻实践性原则意味着要注重学生的实际应用能力，通过模拟真实情境和使用贴近生活的材料来提高学生的听力理解能力。这意味着教师应设计多样化的听力练习，如日常对话、新闻报道、广播剧等，让学生在接近真实的语境中练习听力技能。此外，教室可以通过角色扮演、小组讨论等活动，让学生在实践中运用所学知识，这不仅能够加深学生对语言的理解，还能增强其在现实世界中的语言运用能力。这样的教学方法有助于学生建立自信，提高他们在各种情境下的英语听力水平。

(二)互动性原则

英语听力教学中的互动性原则强调要创造一个积极的课堂氛围，鼓励学生之间的相互交流和合作。通过参与小组讨论、角色扮演、问答游戏等活动，学生不仅可以从多种角度聆听英语，还能在与同伴的互动中练习听力技巧和口语表达能力。这种互动不仅增加了学生学习的乐趣，还促进了学生之间的沟通和协作，有助于培养他们的批判性思维和社会交往能力。

(三)跨文化理解原则

英语听力教学中的跨文化理解原则注重用多元文化的听力材料来开阔学生的视野，帮助他们理解和欣赏不同文化背景下的语言使用特点。通过引入来自不同国家和地区的真实音频资料，如新闻广播、音乐、故事讲述等，教师可以让学生接触到多样化的口音和表达习惯，从而深化他们对英语这一全球语言的认识。这样的教学方法不仅能培养学生的听力技能，还能帮助他们成为具有全球视野与跨文化交流能力的学习者。

(四)自主学习原则

在英语听力教学中强调自主学习原则意味着要培养学生独立探索和自我管理的能力。通过设置明确的学习目标、提供多样化的学习资源以及鼓励学生自我评价进度，教师可以帮助学生发展自我导向的学习习惯。此外，教师可以利用数字工具和技术平台，如在线听力练习、语言学习应用程序等，进一步支持学生的自主学习过程。这样的教学方法不仅能够提高学生的听力水平，还能培养他们终身学习的态度和能力。

(五)个性化指导原则

英语听力教学中个性化指导原则意味着教师要认识到每位学生的学习需求、兴趣和能力水平都是独一无二的。因此，教师应当采用灵活多样的教学策略，针对每位学生的具体情况设计个性化的学习计划。这包括评价学生的初始听力水平、了解他们的学习风格以及他们对不同话题的兴趣程度。基于这些信息，教师可以为学生提供定制化的听力材料，调整听力练习的难度，并给予学生个别化的反馈和建议，从而帮助每一位学生有效地提高英语听力理解能力。这样的个性化指导不仅能增强学生的学习动力，还能促进他们在英语听力方面取得进步。

第三节 初中英语听力教学的任务与策略

在核心素养视角下进行初中英语听力教学时，设计的任务应当更加注重发展学生的综合语言运用能力、批判性思维、跨文化交际能力和自主学习能力等能力。

一、初中英语听力教学的任务

以下是根据核心素养所设计的一些具体教学任务。

（一）日常对话理解与应用

任务描述：播放一段关于日常生活情景的对话（如餐厅点餐、购物、问路等），让学生听后复述对话内容，并进行角色扮演练习。

目标：提高学生对日常对话的理解和应用能力，同时培养学生跨文化交际的意识。

（二）新闻摘要分析

任务描述：播放一条英语新闻摘要，要求学生听完后总结新闻的主要内容，并讨论新闻的影响或意义。

目标：提升学生对新闻报道的理解能力，同时培养学生的批判性思维和信息处理能力。

（三）科普短片听写

任务描述：播放一段科普短片，要求学生听写关键信息，并根据所听内容制作一张知识卡片或小报。

目标：增强学生的听力理解和写作能力，同时扩展学生的科学知识。

（四）文化差异探究

任务描述：播放一段有关不同文化习俗或节日的音频材料，让学生在听完后进行小组讨论，并准备一份研究报告或PPT进行展示。

目标：加深学生对不同文化的了解，提高学生跨文化交流的能力。

（五）学术讲座笔记

任务描述：播放一段学术讲座的片段，要求学生边听边做笔记，并在听完后总结讲座的主要观点和论据。

目标：提高学生的听力理解能力和笔记技巧，同时培养学生的批判性思维和学术研究能力。

（六）英语歌曲创作

任务描述：播放一首英文歌曲，要求学生分析歌词含义，并尝试自己创作一段歌词。

目标：激发学生的创造力和想象力，同时提高学生的语言运用能力。

（七）电影片段分析

任务描述：播放一部英文电影的片段，让学生分析角色的性格特点、情节发展方式等，并讨论影片的主题和价值观。

目标：增强学生的视听理解能力，同时培养学生的批判性思维和社会情感学习能力。

（八）模拟采访活动

任务描述：模拟一场英语采访场景，一部分学生扮演记者，另一部分学生扮演被采访者，通过事先准备好的问题来进行模拟采访。

目标：提高学生的口语交流能力，同时提高学生的听力技巧水平和情境反应能力。

（九）自主学习计划

任务描述：要求学生制订个人英语听力学习计划，包括选择感兴趣的听力材料、设定学习目标、记录学习进度等。

目标：培养学生的自主学习能力和自我管理能力。

这些任务可以帮助初中生在听、说、读、写各方面都有所提高，同时能强化他们的批判性思维和跨文化交流能力。这些活动既能够适应不同的学习风格，也能够满足不同层次学生的需求。

二、初中英语听力教学的策略

围绕核心素养的培养，初中英语听力教学应着重于发展学生的语言能力、文化意识、思维品质、学习能力和情感态度。以下是一些具体的教学策略。

（一）培养语言能力

分层次听力材料：提供不同难度级别的听力材料，如新闻报道、电影片段、访谈节目等，确保每个学生都能找到适合自己水平的练习。

听力技巧训练：设计以任务为中心的学习活动，如听力后完成报告、角色扮演等，教授学生如何预测、抓关键词、利用上下文等听力策略，提高理解效率。

词汇与语法结合：结合听力内容教授相关词汇和语法知识，增强语言理解能力。

情境化教学：设计贴近学生生活的情境，如购物、旅行、校园生活等，让学生在真实或模拟情境中练习听力，培养学生的听力语感。

（二）增强文化意识

跨文化听力：选择包含不同文化背景的听力材料，如英语国家的传统节日、历史故事、社会习俗等，增加学生的文化知识。

文化对比：鼓励学生对比中国文化和英语国家文化，培养学生的全球视野和跨文化交际能力。

（三）发展思维品质

批判性思维：基于听力材料组织讨论，鼓励学生提出问题、分析信息、表达个人观点，培养学生的批判性思维。

创造性思维：设计听力活动，如听力后的创作任务，让学生基于所听内容创作故事或诗歌，激发学生的创造性思维。

（四）促进学习能力

自主学习：引导学生设定听力学习目标，让学生利用网络资源自主练习，培养学生的自主学习能力。

合作学习：组织小组听力活动，如听力接力、听力角色扮演，促进学生之间的合作与交流。

（五）培养情感态度与价值观

正面激励：通过正向反馈和激励机制，如积分奖励、优秀听力作品展示，增强学生的学习兴趣和自信心。

情感支持：创建一个支持性的学习环境，鼓励学生分享听力学习中遇到的困难和取得的成就，为学生提供情感上的支持。

（六）注重多媒体与技术整合

利用音频、视频、在线资源等多媒体材料及人工智能技术，丰富听力教学内容，提高学生的学习兴趣。

通过综合运用上述策略，初中英语听力教学可以有效地围绕核心素养培养，帮助学生全面发展，为学生将来的学习和生活奠定坚实的语言基础。教师应该灵活调整教学策略，根据学生的学习进展和反馈不断优化教学方法，确保每个学生都能在听力学习中取得进步。

三、提升初中生英语听力理解能力的具体活动

在核心素养的视角下，提升初中生的英语听力理解能力不仅仅是为了考试，更重要的是培养学生的实际语言运用能力和跨文化交际能力。

（一）日常生活听力练习

听新闻简报：每天让学生听一段英文新闻简报或观看英语新闻视频，并讨论其中的内容。

英语歌曲与童谣：让学生学习简单的英语歌曲和童谣，提高学生的听力水平。

（二）视听材料

观看英语动画片或电影：选择适合初中生年龄层次的英语动画片或电影，可以先看带中文字幕的版本，逐渐过渡到无字幕版。

适合儿童的 TED 演讲：挑选一些适合青少年的短篇演讲，帮助学生理解不同的口音和表达方式。

（三）互动式学习

角色扮演：组织学生进行英语情景对话的角色扮演活动，模拟真实的生活场景。

小组讨论：分组进行话题讨论，可以关于学校生活、兴趣爱好等，鼓励学生用英语表达自己的观点。

（四）技巧训练

听写练习：播放一段录音后，要求学生写下所听到的内容，逐步增加难度。

速听速记：播放一段稍快的录音，要求学生记录关键词或句子中的主要信息。

（五）跨文化体验

国际笔友交流：通过与国外同龄人的电子邮件或视频交流，了解不同国家的文化习俗。

文化节活动：举办英语文化节，让学生参与准备和展示不同国家的特色文化节目。

（六）利用技术工具

在线资源：利用互联网上的英语学习网站和应用程序，如 BBC Learning English、Duolingo 等。

语音识别软件：使用语音识别软件来练习口语和听力，这些软件可以即时测试发音的准确性并做出反馈。

（七）家庭作业

听力日记：每周至少一篇，学生需要听一段英语材料，并写下自己的理解和感受。

家庭访谈：鼓励学生用英语采访家人，然后将采访内容整理成一篇短文或报告。

这些活动应该根据学生的实际情况进行调整，确保每个活动都能激发学生的兴趣并提高他们的英语听力理解能力。同时，教师需要为学生提供及时的反馈和支持，以促进其自主学习能力的发展。

四、初中英语听力教学的三阶段模式

初中阶段是英语听力能力发展的关键期。初中英语听力教学属于技能与策略培养阶段，旨在提升学生在不同语境下的听力理解能力，包括把握细节和主旨，通过系统训练使学生能够熟练运用多种听力技巧，如预测、推理和记笔记，从而有效提高信息捕捉和处理能力，并促进学生将听力内容转化为口语和书面表达，增强语言综合运用能力和自主学习能力。教学需兼顾基础技能训练和策略初步培养，帮助学生从"听懂简单对话"过渡到"理解较长语篇"。英语新课标（2022）要求三级（7—9年级）学生能听懂每分钟120词左右的语篇，并整合视听资源（如每周30分钟视听活动）强化输入。以下是初中英语听力教学的三阶段模式介绍。

（一）听前阶段（Pre-listening）

核心目标：激活背景知识，明确听力任务，学习关键策略。

1. 情境导入与话题讨论

通过播放相关视频片段、展示图片或讲述背景故事，引入听力主题。组织学生进行小组讨论，激发他们的思维，为听力活动做好心理准备。

2. 词汇与语法准备

针对听力材料中可能出现的生词和复杂句型，进行系统的教学和复习。利用例句和语境帮助学生理解新词汇和语法结构，减少听力障碍。

3. 预测策略与任务明确

指导学生根据标题、图片或问题预测听力内容。清晰阐述听力任务，如填写表格、回答问题或判断正误，确保学生明确听力目标和所需技能。

（二）听中阶段（While-listening）

核心目标：训练信息捕捉能力、培养基础听力技巧。

1. 整体理解与细节把握

首次播放录音时，要求学生专注于获取文章的主旨大意。通过简单的选择题或填空题，检验学生的整体理解能力。在后续播放中，指导学生关注具体细节，完成更复杂的听力任务。

2. 听力技巧应用与策略指导

教授学生使用预测、推理、记笔记等听力技巧。鼓励学生在听力过程中积极运用这些技巧，提高信息捕捉和理解的准确性。

3. 即时反馈与问题解答

每次听力后，提供即时反馈，解答学生的疑问。引导学生自我评估和同伴评估，帮助他们识别自己的听力难点和改进方向。

（三）听后阶段（Post-listening）

核心目标：巩固信息、纠正错误、迁移运用。

1. 语言输出与综合运用

设计口语和书面表达活动，如复述文章、撰写摘要或进行角色扮演。鼓励学生运用听力所学内容，进行创造性表达和语言综合运用。

2. 拓展阅读与思维训练

提供与听力主题相关的阅读材料，拓展学生的知识面。通过讨论、辩论或写作活动，培养学生的批判性思维和创新能力。

3. 总结与反思

总结听力材料中的重点知识和语言点。引导学生反思自己的听力学习过程，制定个人学习计划，提升自主学习能力。

初中英语听力教学三阶段模式的特点如表 5-3 所示：

表 5-3 初中英语听力教学三阶段模式的特点

阶段	核心目标	典型活动与策略	教学重点
听前阶段	激活背景知识，明确听力任务，学习关键策略。	讨论文化差异（如餐桌礼仪）；分析题干关键词，预判问题类型；学习话题相关高阶词汇。	策略指导（预测、速记）；跨文化意识渗透；逻辑推理能力培养。

续表

阶段	核心目标	典型活动与策略	教学重点
听中阶段	训练信息捕捉能力、培养基础听力技巧。	第一遍抓主旨(泛听);第二遍抓细节(精听);笔记技巧训练(缩写、符号);辨析说话者态度(语调、重音)。	信息筛选与整合;长语篇逻辑分析;适应不同口音和语速。
听后阶段	巩固信息、纠正错误、迁移运用。	辩论听力材料中的观点;撰写调查报告或信件;改编对话并表演。	语言综合运用(听-说-写联动);反思与评价能力;真实情境迁移。

五、初中英语听力教学案例

在核心素养视角下进行初中英语听力教学设计时,教师需要关注如何通过教学活动促进学生的语言能力、学习能力、思维品质和文化品格的发展。下面是一个具体的教学案例设计,以帮助理解如何在初中英语听力教学中实现这些目标。

教学案例：Trip

1.背景信息

故事名称：Trip。

适用年级：初中一年级。

教学目标：

（1）语言能力。理解故事中的关键单词和短语,能跟读故事中的句子。

（2）文化意识。理解故事背后的文化含义,培养跨文化意识。

（3）思维品质。通过故事激发想象力和批判性思维。

（4）学习能力。学会使用听力技巧（如预测、推断）来理解故事内容。

2.教学准备

材料：故事音频文件、故事文本、词汇卡片、思维导图模板。

技术：多媒体播放器、投影仪。

3. 教学流程

（1）听前活动（pre-listening activities）。

激活背景知识：引入话题，询问学生是否去过旅行，他们最喜欢的旅行地点是哪里。

预测故事内容：展示故事标题和一张相关的图片，让学生猜测故事中可能的情节。

词汇预习：介绍故事中的关键单词和短语，如"trip""excited""sightseeing""postcard"等，并通过词汇卡片进行教学。

（2）听中活动（while-listening activities）。

初次聆听：播放整个故事音频，让学生边听边看图片，初步理解故事大意。

细节捕捉：再次播放故事，这次要求学生注意故事中的细节，如主人公去了哪些地方，做了什么活动。

跟读练习：分段播放故事，学生跟着朗读，模仿发音和语调。

（3）听后活动（post-listening activities）。

复述故事：请学生用自己的话复述故事，可以采用小组讨论的形式。

思维导图：制作一个思维导图，梳理故事的主要事件和发展线索。

角色扮演：分组表演故事中的场景，加深对故事的理解。

文化讨论：讨论故事中的文化元素，如不同国家的旅游景点所代表的文化特色。

创造性写作：鼓励学生编写故事续集或者创作一个新故事。

4. 评价与反馈

即时反馈：在听后活动中，教师可以通过观察学生的表现给出即时反馈。

同伴评价：鼓励学生互相评价对方的故事复述或角色扮演表现。

自我评价：学生填写自我评价表，反思自己在听力和表达方面的表现。

5. 家庭作业

听力练习：给学生布置额外的听力练习材料，如简单的对话录音。

创意作业：要求学生创作一个与旅行有关的故事，并在家里录制成音频。

在这个案例中，教师通过听前、听中和听后的活动，系统地引导学生参与听力学习过程。例如，在听前活动中，通过激活学生的背景知识和预测故事内容，激发学生的好奇心和兴趣。在听中活动中，通过多次聆听以及跟读练习，帮助学生熟悉语言结构和语音特点。而在听后活动中，则通过复述故事、角色扮演等活动，加深学生对故事的理解，并且培养学生的创造力和批判性思维。

此外，关于教学评价的问题，新课标提出了"教学评一体化"的基本要求，这也是深化基础教育课程教学改革的重要路径。"教学评一体化"主张教师的教、学生的学以及对学习的评价一致指向基于课程标准的学习目标，强调以评价驱动引领高质量的学与教，从而推动教师由关注"自己教得怎样"向关注"学生是否学会"转变，促进教师的教学行为和学生的学习方式发生深刻变革。在以上教学案例中，评价与反馈的环节有助于学生了解自己听力的进步和需要改进的地方，而家庭作业则可以让学生在课外继续巩固和扩展所学知识。

这一教学模式特别针对初中生的认知特点和语言基础，有助于他们在轻松愉快的学习氛围中逐步建立起自信，同时培养学生良好的学习习惯和终身学习的态度。

第六章 核心素养视角下高中英语听力教学策略

高中阶段的外语教学是提升公民外语素质的重要过程。它既要满足学生心智和情感态度的发展需求以及高中毕业生就业、升学和未来生存发展的需要，同时要满足国家的经济建设和科技发展对人才培养的需求[①]。因此，高中阶段的外语教学具有多重的人文和社会意义。在包含听、说、读、写四项技能的英语教学中，听力教学占有极其重要的地位。

第一节 高中英语听力教学的特点与难点

一、高中英语课程性质与理念

高中英语课程是普通高中的一门主要课程。高中英语课程改革的主要有以下目的：建立新的外语教育教学理念，使课程设置和课程内容具有时代性、基础性和选择性；建立灵活的课程目标体系，使之对不同阶段和不同地区的英语教学更具有指导意义；建立多元、开放的英语课程评价体系，使评价真正成为教学的有机组成部分；建立规范的英语教材体系以及丰富的课程资源体系，以保障英语课程的顺利实施。

英语属于印欧语系，是当今世界广泛使用的国际通用语，是国际

---

① 金莺，宋桂月.高中英语课程标准教师读本[M].武汉：华中师范大学出版社，2003：12.

第六章 核心素养视角下高中英语听力教学策略

交流与合作的重要沟通工具，是思想与文化的重要载体。学习和使用英语对汲取人类优秀文明成果、借鉴外国先进的科学技术、传播中华优秀传统文化、增进中国与其他国家的相互理解与交流具有重要的意义和作用[1]。

普通高中英语课程作为一门学习及运用英语语言的课程，与义务教育阶段的课程相衔接，旨在为学生继续学习英语和终身发展打下良好基础。普通高中英语课程强调对学生语言能力、文化意识、思维品质和学习能力的综合培养，具有工具性和人文性融合统一的特点。普通高中英语课程应在义务教育的基础上，帮助学生进一步学习和运用英语基础知识和基本技能，发展跨文化交流能力，为他们学习其他学科知识、汲取世界文化精华、传播中华文化创造良好的条件，也为他们未来继续学习英语或选择就业提供更多机会。普通高中英语课程还应帮助学生树立人类命运共同体意识和多元文化意识，形成开放包容的态度，发展健康的审美情趣和良好的鉴赏能力，加深学生对祖国文化的理解，增强学生的爱国情怀，坚定学生的文化自信，帮助学生树立正确的世界观、人生观和价值观，为学生未来参与知识创新和科技创新，更好地适应世界多极化、经济全球化和社会信息化奠定基础[2]。

普通高中英语课程是高中阶段全面贯彻党的教育方针、落实立德树人根本任务、发展英语学科核心素养、培养社会主义建设者和接班人的基础文化课程。《普通高中英语课程标准（2017年版2020年修订）》明确提出了高中英语课程基本理念，具体涉及以下几个方面[3]。

---

[1] 中华人民共和国教育部.普通高中英语课程标准（2017年版2020年修订）[S].北京：人民教育出版社，2020：1.

[2] 中华人民共和国教育部.普通高中英语课程标准（2017年版2020年修订）[S].北京：人民教育出版社，2020：1-2.

[3] 中华人民共和国教育部.普通高中英语课程标准（2017年版2020年修订）[S].北京：人民教育出版社，2020：1-2.

（一）发展英语学科核心素养，落实立德树人根本任务

普通高中英语课程具有重要的育人功能，旨在发展学生的语言能力、文化意识、思维品质和学习能力等英语学科核心素养，落实立德树人根本任务。实施普通高中英语课程应以德育为魂、能力为重、基础为先、创新为上，注重在发展学生英语语言运用能力的过程中，帮助他们学习、理解和鉴赏中外优秀文化，培育中国情怀，坚定文化自信，拓展国际视野，增进国际理解，逐步提升跨文化沟通能力、思辨能力、学习能力和创新能力，形成正确的世界观、人生观和价值观。

（二）构建高中英语共同基础，满足学生个性发展需求

普通高中英语课程应在有机衔接初中学段英语课程的基础上，通过必修课程为所有高中学生搭建英语学科核心素养的共同基础，使其形成必要的语言能力、文化意识、思维品质和学习能力，为他们升学、就业和终身学习构筑发展平台。必修课程的内容与要求面向全体学生，具有基础性特点。同时，普通高中英语课程应遵循多样性和选择性原则，根据高中学生的心理特征、认知水平、学习特点以及未来发展的不同需求，开设丰富的选修课程。

（三）实践英语学习活动观，着力提高学生学用能力

普通高中英语课程倡导指向学科核心素养发展的英语学习活动观和自主学习、合作学习、探究学习等学习方式。教师应设计具有综合性、关联性和实践性特点的英语学习活动，使学生通过学习理解、应用实践、迁移创新等一系列融语言、文化、思维为一体的活动，获取、阐释和评判语篇意义，表达个人观点、意图和情感态度，分析中外文化异同，发展多元思维和批判性思维，提高英语学习能力和运用能力。

（四）完善英语课程评价体系，促进核心素养有效形成

普通高中英语课程应建立以学生为主体、促进学生全面、健康而有个性地发展的课程评价体系。评价应聚焦并促进学生英语学科核心素养的形成及发展，采用形成性评价与终结性评价相结合的多元评价方式，重视评价的促学作用，关注学生在英语学习过程中所表现出的情感、态度和价值观等要素，引导学生学会监控和调整自己的英语学习目标、学习方式和学习进程。

（五）重视现代信息技术应用，丰富英语课程学习资源

普通高中英语课程应重视现代信息技术背景下教学模式和学习方式的变革，充分利用信息技术，促进信息技术与课程教学的深度融合，根据信息化环境下英语学习的特点，科学地组织和开展线上线下混合式教学，丰富课程资源，拓展学习渠道。在课程实施过程中，应重视营造信息化教学环境，及时了解和跟进科技的进步和学科的发展，充分发挥现代教育技术对教与学的支持与服务功能，选择恰当的数字技术和多媒体手段，确保虚拟现实、人工智能、大数据等新技术的应用有助于促进学生的有效学习和英语学科核心素养的形成与发展[1]。

二、高中英语听力教学的特点

与初中阶段相比，高中英语听力教学更加注重深度和广度，同时更加侧重于培养学生的独立思考能力和跨文化交际能力。以下是高中英语听力教学的几个显著特点。

---

[1] 中华人民共和国教育部．普通高中英语课程标准（2017年版2020年修订）[S]．北京：人民教育出版社，2020：3．

（一）更高层次的听力理解

高中生的听力训练不再局限于日常对话和简单故事，而扩展到了学术讲座、新闻报道、访谈、辩论和学术论文摘要等更为复杂和专业的听力材料上。学生需要能够理解深层次的含义，包括隐含信息、作者的立场和目的，以及不同文化背景下的语言使用。

（二）跨文化交际能力的培养

高中英语听力教学重视对跨文化交际能力的培养，让学生通过听不同国家的英语口音和文化背景下的语言使用，理解和尊重文化差异。学生需要能够识别和解释不同文化中的习俗、价值观和行为模式，提高在经济全球化环境中的交际能力。

（三）批判性思维的训练

高中阶段的听力训练鼓励学生运用批判性思维，分析和评价听力材料中的信息，包括辨识论点、论据和逻辑推理方式。学生应该能够识别偏见和谬误，形成自己的观点，并用英语进行合理的论证和反驳。

（四）学术听力技能的培养

高中英语听力教学着重于培养学生在学术环境中的听力技能，如听讲座、研讨会和学术讨论的能力。学生需要学会做笔记、总结要点、识别主题和次主题，以及跟踪复杂的论证结构。

（五）听力策略的深化

学生不仅需要掌握基础的听力策略，如预测、抓关键词、利用上下文推测词义，还需要学习更高级的策略，如快速浏览、逆向思维和多任务处理。教师应教授学生如何根据听力材料的类型和目的，灵活运用不同的策略。

第六章 核心素养视角下高中英语听力教学策略

（六）技术辅助的听力练习

高中英语听力教学要充分利用现代技术，如在线资源、多媒体、智能设备和教育软件，为学生提供多样化的听力材料和互动练习。技术的应用可以为学生提供个性化学习路径，帮助学生根据自己的需求和兴趣选择听力材料。

（七）自我评价与反思

高中生应该学会自我评价听力理解的程度，识别自己的强项和弱点，设定个人学习目标。教师应鼓励学生进行定期的自我反思，评价学习策略的有效性，以及在听力理解方面所取得的进步。

（八）情感与态度的培养

高中英语听力教学不仅要关注语言技能的提升，还要注重对学生情感和态度的培养，如学习兴趣、自信心、耐心和坚持。教师应创造一个积极、包容的学习环境，鼓励学生面对听力挑战，培养积极的学习态度。

综上所述，高中英语听力教学的特点在于其综合性、深度和广度，以及对批判性思维、跨文化交际能力和独立学习能力的培养。教师在设计教学活动时，应考虑到这些特点，采用多样化的教学方法，激发学生的学习兴趣，促进其英语听力能力的全面发展。

三、高中英语听力教学的难点

高中英语听力教学面临的难点主要源于语言的复杂性、文化差异、学生个体差异以及教学资源和策略的局限性。以下是高中英语听力教学中常见的难点。

（一）语言难度升级

词汇量与专业术语：高中生需要处理的听力材料往往包含大量的专

业词汇和复杂句型，这对学生的词汇量和语法理解能力提出了更高要求。

语速与口音：高中听力材料的语速较快，且可能包含不同国家和地区的英语口音，这增加了学生的理解难度。

（二）文化与语境理解

跨文化差异：听力材料可能涉及不同的文化背景和习俗，学生需要具备一定的跨文化知识才能准确理解材料的内涵。

语境依赖：很多英语表达依赖特定的语境，若缺乏相关的背景知识，学生可能难以把握其真正含义。

（三）听力技能与策略

高级听力技能：高中阶段要求学生掌握更高级的听力技能，如快速提取关键信息、理解隐含意义、评价论点的有效性等。

策略运用：学生需要学会运用有效的听力策略，如预测、记笔记、联系上下文推测等，但这往往需要时间和实践才能熟练掌握。

（四）心理与情感障碍

听力焦虑：部分学生可能因为担心听不懂或跟不上而产生焦虑，影响听力效果。

动机与兴趣：长时间的听力练习可能会使一些学生感到乏味，降低学习动机和兴趣。

（五）教学资源与方法

资源局限性：适合高中生水平的高质量听力材料可能数量有限，且缺乏多样性，难以满足不同学生的需求。

教学方法：传统的听力教学可能过于依赖课本材料，缺乏互动性和实践机会，难以激发学生的主动性。

（六）个体差异与需求

学习风格：高中生的学习风格和偏好各不相同，有的学生可能更倾向于视觉学习，而非听觉学习。

语言背景：学生的英语水平参差不齐，有的学生可能在语言背景上有明显劣势。

（七）技术与工具的利用

技术接入：并非所有学生都有同等的技术接入条件，这可能限制了他们利用在线资源和应用程序进行听力练习的机会。

工具选择：教师和学生可能不知道如何有效利用现代技术工具和资源。

第二节 高中英语听力教学的目标与原则

一、高中生的年龄特点

高中生通常是指在高中阶段学习的学生，这个阶段的学生年龄一般在15岁至18岁之间。不同国家和地区可能会有所不同，但大体上可以认为高中生的年龄段是介于初中毕业与大学入学之间。在这个年龄段，学生会有以下几个典型的特点。

（一）身心发展

身体上处于青春期后期，身体迅速成长，第二性征明显，性成熟，大多数学生已经完成了青春期的生理变化，身高和体型的增长趋于稳定。心理上开始形成较为独立的自我意识和价值观，对自我认同感有较高需求，希望能够自主做决定，减少对成人的依赖。

（二）认知能力

高中生的思维更加抽象化，能够理解复杂的概念和理论。逻辑推理能力和批判性思维显著增强，能够处理更复杂的学习任务和问题。开始探索个人兴趣，并可能对特定学科产生浓厚的兴趣。

（三）社交行为

高中生在社交方面更加成熟，能够建立和维护较为复杂的人际关系，更加重视同龄人的看法和意见，社交圈扩大，通过社交媒体等途径结识新朋友。可能会出现叛逆心理，挑战权威和传统观念。

（四）情绪管理

高中阶段的学习任务更加繁重，学生面临着高考等重要考试，学业压力成为他们生活中的一个重要方面。情绪波动较大，容易受外界因素影响。面临学业压力、人际关系等方面的问题时，可能出现焦虑或抑郁情绪。

（五）职业规划与教育选择

高中生面临着升学或就业的选择，因此会开始考虑自己的职业倾向和未来发展方向。学习负担较重，需要为高考或其他形式的高等教育入学考试做准备。

（六）法律与社会角色

随着成熟度的提高，高中生的责任感也在不断增强，他们开始意识到自己的行为和决定对个人和他人都有影响。在法律上，这个年龄段的学生可能已经开始承担一定的法律责任（如驾驶许可）。学生在家庭和社会上的角色也在发生变化，逐渐承担起更多的责任。

二、高中英语听力教学目标

按照基础教育阶段英语课程分级总体目标的要求，《普通高中英语课程标准（实验）》针对语言技能、语言知识、情感态度、学习策略和文化意识等五个方面分别提出了相应的具体内容和标准。

语言技能是语言运用能力的重要组成部分。语言技能包括听、说、读、写四个方面的技能以及这四种技能的综合运用能力。听和读是理解的技能，说和写是表达的技能；这四种技能在语言学习和交际中相辅相成、相互促进。学生应通过大量的专项和综合性语言实践活动，形成综合语言运用能力，为真实语言交际打基础。因此，听、说、读、写既是学习的内容，又是学习的手段。

高中课程标准规定语言技能目标以学生在某个级别"能做什么"为主要内容，这不仅有利于调动学生的学习积极性，促进学生语言运用能力的提高，还有利于科学、合理地评价学生的学习结果。高中阶段英语课程的目标以义务教育一至五级目标为基础，共有四个级别（六—九级）的目标要求。其中七级是高中阶段必须达到的级别要求，八级和九级是为愿意进一步提高英语综合语言运用能力的高中学生所设计的目标。高中阶段听力技能（六—九级）目标描述如表6-1所示。

表6-1　高中阶段听力技能（六—九级）目标

级别	目标描述
六级	1.能够抓住所听语段中的关键词，理解句子之间的逻辑关系； 2.能够听懂日常的要求和指令，并能根据指令进行操作； 3.能够听懂正常语速的故事或记叙文，了解其中主要人物和事件以及他们之间的关系； 4.能够从听力材料、简单演讲或讨论中提取信息和观点
七级	1.能够识别语段中的重要信息并进行简单的推断； 2.能够听懂操作性指令，并能根据要求和指令完成任务； 3.能够听懂正常语速听力材料中对人和物的描写、情节发展及结果； 4.能够听懂有关熟悉话题的谈话并抓住要点； 5.能够听懂熟悉话题的内容，识别不同语气所表达的不同态度； 6.能够听懂一般场合的信息广播，如天气预报

续表

级别	目标描述
八级	1.能够识别不同语气所表达的不同态度； 2.能够听懂有关熟悉话题的讨论和谈话并记住要点； 3.能够抓住一般语段中的观点； 4.能够基本听懂广播、电视英语新闻的主题或大意； 5.能够听懂委婉的建议、劝告等
九级	1.能够听懂有关熟悉话题的演讲、讨论、辩论和报告； 2.能够听懂国内外一般的英语新闻广播及天气预报； 3.能够抓住较长发言的内容要点，理解讲话人的观点及目的； 4.能够从言谈中判断对方的态度、喜恶、立场； 5.能够理解一般的幽默； 6.能够在听的过程中克服一般性的口音干扰

高中英语新课程听力技能的教学目的具体有以下几点：培养听的策略；培养语感；培养在听的过程中获取和处理信息的能力。要求学生掌握的基本技能具体有以下内容：排除口音、背景音等因素的干扰；抓住关键词；听并执行指示语；听大意和主题；确定事物的发展顺序或逻辑关系；预测下文内容；理解说话人的意图和态度；评价所听内容；判断语段的深层含义。

在核心素养视角下的高中英语听力教学中，教师不仅要注重学生语言技能的培养，还要引导学生形成批判性思维，增强跨文化交流能力，并发展自主学习的习惯。这样，学生不仅能在英语听力方面取得进步，还能在综合素质方面得到全面提升。以下是高中英语听力教学的具体目标。

（一）提高语言理解能力

深度理解：学生能够理解复杂、抽象的听力材料，包括学术讲座、新闻报道、文学作品等的结构、逻辑关系及主旨要义，能够准确捕捉听力材料中的细节信息，如数字、日期、地点等。基于上下文和背景知识推断出言外之意、作者意图等隐含信息。

语境适应：能够根据不同的语境理解语言的多重含义，包括讽刺、幽默、比喻等修辞手法。

语音识别：准确识别不同英语口音和语调，包括英式、美式和其他地区口音，提高语音辨识能力。

（二）掌握听力策略

预测与推断：学生能够根据标题、关键词或已知信息预测听力内容，通过上下文推断词义。

抓取关键信息：能够迅速抓取和记忆听力材料中的关键信息，如时间、地点、人物、事件等。

笔记技巧：掌握有效的笔记技巧，如缩写、符号、图表，帮助记忆和回顾听力内容。

（三）增强跨文化交际能力

文化意识：通过接触不同文化背景的听力材料，学生能够增进对英语国家历史、文化、社会习俗的理解和尊重。

跨文化交际：学生能够识别和适应跨文化交际中的语言差异，如礼貌用语、非言语信号等，具备全球意识，能够从多元文化的视角看待问题，掌握在跨文化环境中有效沟通的策略和技巧，提高跨文化交际能力。

（四）发展批判性思维

信息分析：学生能够分析和评价听力材料中的信息，辨别事实与观点，识别逻辑结构和论证的有效性，对听力材料中的观点、论据进行评价。

问题解决：通过听力材料，学生能够识别问题，提出解决方案，培养解决问题的能力。

独立判断：学会对比不同来源的信息，鉴别真伪，形成个人见解。

基于听力内容，学生能够形成自己的见解，表达个人观点，并进行合理的辩护。

（五）促进自主学习

资源利用：培养独立学习能力，合理规划听力训练计划，让学生能够自主寻找和利用听力资源，如在线课程、播客、TED演讲等，进行课外听力练习。通过小组讨论等形式，促进学生之间的交流和合作。

自我评价：能够自我评价听力水平，识别自己在学习中的弱点，设定个人学习目标。定期反思听力学习过程中的收获与不足，制订改进措施。

（六）培养情感、态度

学习兴趣：培养对英语听力的兴趣，享受听力带来的乐趣和成就感，保持对英语学习的热情和积极态度。

自信心：通过听力练习获得成就感，增强自信心，能够建立在英语环境中自信交流的能力。

耐心与毅力：面对听力挑战时，能够保持耐心，不轻易放弃，持续努力。

（七）信息技术应用

数字资源利用：熟练运用网络平台和多媒体资源进行听力练习，结合说、读、写等各项技能，实现语言的综合运用。

信息筛选能力：具备从大量信息中筛选有价值资料的能力，运用英语解决实际生活中的问题，如参加国际会议、海外旅行等场合。

三、高中英语听力教学的原则

在核心素养视角下，高中英语听力教学的原则更加注重学生的综合语言运用能力、批判性思维能力、跨文化交流能力以及自主学习能力等方面的发展。以下是具体的原则内容。

(一)跨文化交际原则

英语听力教学中跨文化交际原则主张通过包含多元文化的听力材料来开阔学生的视野,帮助他们理解和欣赏不同文化背景下人们的语言使用特点。通过引入来自不同国家和地区的真实音频资料,如新闻广播、音乐、故事讲述等,教师可以让学生接触到多样化的口音和表达习惯,从而增进学生对英语这一全球语言的认识。这样的教学方法不仅能够提高学生的听力技能,还能培养他们成为具有全球视野和跨文化交流能力的学习者。

(二)批判性思维原则

英语听力教学中批判性思维原则强调引导学生在被动地接受信息之外,学会分析和评价所听到的内容。通过提问、讨论和反思等活动,教师可以鼓励学生质疑信息来源的可靠性、理解不同观点背后的逻辑,并培养他们形成自己的见解。这样的教学方法不仅能够提高学生的听力理解能力,还能促进其批判性思维的发展,使他们在面对复杂信息时能够做出明智的判断。

(三)自主学习原则

在英语听力教学中自主学习原则注重培养学生独立探索和自我管理的能力。通过设置明确的学习目标、提供多样化的学习资源以及鼓励学生自我评价进度,教师可以帮助学生发展自我导向的学习习惯。此外,利用数字工具和技术平台,如在线听力练习、语言学习应用程序等,可以进一步支持学生自主学习。这样的教学方法不仅能够提高学生的听力水平,还能提升他们终身学习的态度和能力。

（四）技术辅助原则

英语听力教学中技术辅助原则强调充分利用现代技术和数字工具来丰富学习体验。通过使用在线资源、多媒体播放器、智能手机应用程序等工具，为学生提供多样化和高质量的听力材料。技术的应用不仅能够使教学内容更加生动有趣，还能帮助教师跟踪学生的学习进度，并给师生提供个性化的反馈。这样的教学方法不仅能够提高学生的听力技能，还能培养他们适应数字化时代的学习能力。

（五）评价与反馈原则

英语听力教学中评价与反馈原则要求教师定期对学生的学习进展进行评价，并提供具体的反馈来指导他们的学习方向。通过多种形式的评价，如听力测试、项目作业和口头报告等，教师可以了解学生在哪些方面表现出色以及哪些方面需要改进。及时而有针对性的反馈不仅能够帮助学生认识到自己的强项和弱点，还能激励他们持续努力，不断提高英语听力水平。这样的教学方法有助于学生建立起自我监控的良好的学习习惯，进一步促进他们的自主学习能力的发展。

第三节　高中英语听力教学的任务与策略

一、高中英语听力教学的任务

在核心素养视角下进行高中英语听力教学时，设计的任务应当更加侧重于发展学生的综合语言运用能力、批判性思维、跨文化交际能力和自主学习能力等。以下是根据这些核心素养设计的一些具体教学任务。

（一）学术讲座听写

任务描述：播放一段学术讲座录音，要求学生边听边做笔记，并在听完后总结讲座的主要观点和论据。

目标：提高学生的听力理解能力和笔记技巧，同时培养学生的批判性思维和学术研究能力。

（二）新闻报道分析

任务描述：播放一段英语新闻报道，要求学生听完后撰写一篇新闻摘要，并阐述新闻的背景、影响以及个人观点。

目标：增强学生对新闻报道的理解能力，同时培养学生的批判性思维和信息处理能力。

（三）电影片段分析

任务描述：播放一部英文电影的片段，要求学生分析角色的性格特点、情节发展等，并讨论影片的主题和价值观。

目标：提高学生的视听理解能力，同时培养学生的批判性思维和社会情感学习能力。

（四）科技文章阅读与听力结合

任务描述：提供一篇与科技相关的英文文章，随后播放一段与文章主题相关的访谈或演讲录音，要求学生结合阅读材料和听力内容，撰写一篇综述文章。

目标：加强学生的阅读和听力综合能力，同时帮助学生扩展科技领域的知识。

（五）跨文化对话

任务描述：播放一段涉及不同文化背景的对话录音，要求学生分析对话中的文化差异，并探讨可能产生的误解及其解决方案。

目标：增进学生对不同文化的了解，提升跨文化交流的能力。

（六）英语辩论赛

任务描述：播放一段英语辩论录音，要求学生分析辩论双方的观点和论据，并准备自己的立场和反驳。

目标：提高学生的听力理解能力和逻辑思维能力，同时培养学生的辩论技巧。

（七）专题研讨会

任务描述：围绕一个特定主题（如环保、全球化等），播放一系列相关的音频资料，要求学生进行小组讨论，并准备一份研究报告或PPT展示。

目标：培养学生的合作精神和团队协作能力，同时提高学生的听力和语言运用能力。

（八）模拟面试

任务描述：模拟一次英语面试场景，一部分学生扮演面试官，另一部分学生扮演应聘者，通过事先准备好的问题来进行模拟面试。

目标：提高学生的口语交流能力，同时提高学生的听力技巧水平和情境反应能力。

（九）自主学习计划

任务描述：要求学生制订个人英语听力学习计划，包括选择感兴趣的听力材料、设定学习目标、记录学习进度等。

目标：培养学生的自主学习能力和自我管理能力。

二、高中英语听力教学的教学目标及实现路径

在高中英语听力教学中，具体的教学目标及实现路径包括以下内容。

（一）培养单句理解能力，快速听懂简单句的含义

一般听力理解所涉及的简单句式包括表达疑问、否定、感叹、比较、使役、因果、虚拟和建议等。单句理解能力体现在下述几个方面。

1. 能抓住语调提供的信息

语调是表达人们的思想感情的一种手段。它可以反映说话人的疑问、怀疑、肯定、激动、感叹等情绪状态。听力材料中通常会出现用升调或降调来表达各类疑问句和感叹句的功能的情况，这要求学生能够辨别这些句子的含义。例如：

You can read the sign without your glasses?

The snack bar has fresh fruit, right?

2. 能听懂各种形式的否定意义

在听力材料中，否定概念并非都是通过否定词 no、not、never 等来直接表达的。多数情况下否定是通过某些固定短语、常用句型或者修饰手段，以肯定的形式含蓄地表示出来的。在听力材料中，这类否定出现频率最高。概括起来大致有以下几种形式：

含否定意义的副词和形容词，如 hardly，rarely，little，few 等。

含否定意义的代词和连词，如 nobody，nothing，neither，nor 等。

含否定意义的词缀，如 im-，un-，mis-，dis-，-less 等。

含否定意义的动词、动词词组及介词词组，如 fail、miss、avoid、deny、hate、refuse、dispute、doubt、cross out、turn down、far from、anything but、instead of、rather than、beyond。

含 too...to... 的结构。

含形容词 last+ 名词 + 动词不定式（或从句）的结构。

强调否定句，将 never、little、rarely、scarcely 放句首，且语序倒装。

双重否定句，如 not uncommon、no one can deny 等[1]。

3. 能熟悉各种形式的比较

所谓比较指的是形容词和副词的原级、比较级和最高级形式。常用的有（not）as...as、twice（half）as...as、more...than、sooner（more）than I thought（expected）、the more... the less... 等。

4. 能理解使役关系

在听力材料中常出现使某人做某事的句子，它有其固定的结构。如 Let/have/make/get sb do sth、Get/have sth done。

5. 能领会虚拟句的含义

虚拟语气虽然不是高中的重点语法内容。但在听力材料中出现的频率还是很高的，听好这类材料的关键在于了解并辨别用于表达虚拟语气的基本句型结构，理解虚拟语气中所包含的假设意义。一般表达虚拟语气的句型包括以下几种。

（1）与现实相反的条件句："If I + p.t，I would (should, could, might) + v."。

（2）与过去事实相反的条件句："If we had + p.p，we would (might, could) have + p.p."。

（3）与将来事实相反的条件句："If I were to (should) + v, I should (would)+ v."。

（4）省略 if 的倒装条件句如下。

Had I + p.p, I would (could, might) have + p.p.

Should we + v, we would (should, could, might) + v.

Were I +, I would (should, could, might) + v.

（5）If only + 从句的句型如下。

由 as if, as though 等引导的从句。

含 should have 或 shouldn't have 的句式。

---

[1] 陈振华. 高中英语新课程：理念与实施 [M]. 海口：海南出版社，2004：36.

6. 能判断因果关系

在听力材料中，涉及因果关系的单句理解也时有出现。正确理解这类句子的关键在于有效辨别含有因果关系的句子，熟悉与掌握表示因果关系的连词以及它们在句子中的位置。

表示原因的常用连词有 because、as、since、for 等，常用介词和介词短语有 because of、for、due to、owing to 等。

表示结果的常用连词有 and、so、therefore、so...that、such...that 等。

7. 能理解词组和习语的含义

对词组和习语的考查是英语各类听力材料中必不可少的一部分。这类材料着重考查学生对一些常用词组和习语的理解和掌握程度。由于它们的构成形式多种多样，而且其中有些含义又常常超越了字面的意思，因此，为了有效地做好此类题目，教师必须要求学生平时要多读、多听、多记听力中常出现的各类词组与习语；熟悉高中阶段那些常见的词组以及习语的基本结构；正确理解各类词组与习语的确切含义，切忌望文生义，以个别单词来猜测整个习语的意思、如 catch on、put off、run short of、take advantage of、come down with、get along with 等。

（二）培养语段理解能力，听懂小对话

高中阶段的听力材料以小对话形式为多。高考的第一种题型就是典型的小对话测试题。这种材料主要考查学生在语段水平上的理解能力，而这种能力以判断和推理为主。

这类题目一般有以下特点：对话的内容十分广泛，主要以衣食住行等日常生活为主要的话题；题型主要有明示和暗示两大类。要想做好此类题目应掌握以下技巧：抓住关键词，从而作出正确的判断；熟悉题型和各种提问形式；注意第二说话人的讲话语气；注意 but、because、however、so、therefore 等词引导的句子；熟记有关学校生活及日常生活话题方面的词语。

1. 能理解直接提供信息的明示对话

这类听力题目中常见而需要理解的内容主要有事情发生的原因，打算做、正在做和已经做的事情，谈话人对事物和问题的看法。这类形式的材料一般都能从对话的内容中直接找到答题所需的信息，并据此作出正确的判断与选择。这就要求学生及时抓住小对话中明示对话的中心内容，特别是要正确领会第二说话人所说的含义以便排除干扰内容，在较短的时间内迅速选出正确答案。例如：

M：Of the two houses we saw today, which do you prefer?

W：I think the white one is prettier, but the black one has a bigger yard, so I like it better.

Q：Why does the woman like the black house better than the white house?

2. 能理解测试判断与推理能力的暗示型题目

暗示型题目是小对话部分的一个极为重要的部分，其比例在高中阶段常常占小对话题目的百分之六十以上，它涉及面广，提问形式多样，要求学生根据对话所提供的信息做出正确的判断或合理的推测，以抓住对话双方的言外之意。

常见的要求有判断对话双方的关系或身份，判断对话地点或时间，判断对话的主题，判断发生的事情，推测说话者的真实意图。学生要正确解答暗示题目，应熟悉它的提问形式，善于抓住和理解与对话的主题有关的关键词，勤于推测即将发生的事情，利用自己对英美社会的了解以及其他常识进行推测[1]。例如：

W：Richard works as hard as his roommate.

M：That's not saying very much.

Q：What conclusion can be drawn from the man's statement?

---

[1] 李品洁. 教师作为辅助者在外语课堂语言互动中的作用[J]. 外语界，2002（1）：67-71.

3. 能掌握形式多样的提出建议的题目

高中英语听力中的小对话部分常常出现一些提出建议的句子，它们的表达形式分直接和间接两大类。

直接提出建议的有以下几种常见的句式。

Why don't you ...? How（what）about...? You'd better....

间接提出建议的有以下几种常见的句式。

Have you（done）...? Should he...? Couldn't you...?

（三）培养语篇理解的能力

这种听力材料一般包括成段对话、短文和专题讲话、新闻报道等。主要训练学生的整体理解能力。这种听力材料有以下几个特点。

1. 题材与学生的学习和生活有关

有学校生活方面的，如申请听课、注册报到、申请工作等；有日常生活方面的，如谈论租房、购物、体育比赛、电视节目、约会和请客等；有与课程有关的专题讲话，内容涉及社会、历史、文化和科普知识等；有新闻报道，如与学生生活、当前时事相关的国际、国内新闻、特别是著名电台 BBC、VOA 的新闻报道等。

2. 题型有主观和客观两大类

客观题主要锻炼学生的记忆能力。它们大都是以特殊疑问词等标志词语引导的问题。这类题目在高中阶段的训练中占有较大比例。主观题主要用于提升学生判断、推理、综合、归纳等的能力。要求学生掌握整篇材料的主题思想和真实意图等。主要的题目形式有以下几种。

What's the main topic/idea of the subject/ passage/talk/lecture?

What's the news about ?

What can you infer from the passage?

What can be inferred from the passage?

Which statement is true about…?

Which of the following statements is NOT discussed by the speaker?

这些任务可以帮助高中生在听、说、读、写各方面都有所提高，同时能增强他们的批判性思维和跨文化交流能力。这些活动既能够适应不同的学习风格，也能够满足不同层次学生的需求。

三、听力教学的现状及主要问题

自 1985 年以来，我国高中英语教学取得了显著的进步。为适应学生发展需要以及国家经济与科技建设对人才质量的要求，高中英语课程得到了普及。高中英语教学大纲经过 1993 年的修订，进一步促进了英语教学的改革，提高了对学生用英语进行交际的能力要求，我国基础教育的英语教学有了明显的进步，学生的听说能力有了较大幅度的提高。[1] 但是，目前在高中英语听力教学中所存在的问题也较为突出。

（一）学生在以下方面存在严重不足

1. 语音的辨别能力低

要想听懂一般语言材料，尽量地听懂其中的每一个词是至关重要的。然而部分学生掌握不好英语的标准发音，或者他们自身的英语发音与标准发音差距甚大。在听的过程中，这样的学生往往分辨不出听到的是哪个词或者分不清词与词的界限。有时即使听到了已经学过的词，学生也会将其误听为其他词而作出错误判断，在理解上步入歧途。

2. 语义的判断能力差

大多数单词在字典上有多种含义。对一个词词义的准确判断应根据上下文来决定。例如，"She was fast asleep.（她在酣睡）"与"She ran fast.（她跑得快）"之中，fast 有不同含义。而学生如果只根据自己所熟悉的词义判断，就会"听词生义"误下结论。此外，还有些学生没有扎实的语法功底与习语的积累，所以在听时或概念模糊，或错误理解了句

---

[1] 成晓光. 对我国英语课程标准的思考[J]. 外语与外语教学，2002（5）：23-25，30.

子的语法结构从而误解了句子的实际意义。

3. 抓不住主要内容及重要细节

在听的过程中，听懂每个词，对大部分学生来说是不大可能的。只要听懂中心内容，就能大致理解全文。但部分学生不善于抓主要内容。他们只是根据材料中的只言片语就断章取义地进行理解，不能通过对各个局部的理解快速找到上下文的联系，结果对整段内容产生片面的理解，得出错误的结论。同时，听力不仅要求学生听懂材料的主要内容和中心思想，还要求学生听懂那些说明主题的重要细节。对于那些影响整篇材料的重要细节更必须弄清楚，因为它们有助于学生对整篇材料的理解，如人名、地点、时间、年代、数字等。学生在听的过程中往往忽视对以上重要细节的记忆与分辨，结果就会在做与重大细节有关的题目时难以下手。

4. 缺乏背景知识

听力材料内容广泛，涉及天文、地理、人物、历史、科技、文艺、教育、医学、体育等诸多领域。部分学生由于知识面太狭窄，缺乏对英语国家的风土人情、历史背景、文化差异的了解，因此往往听完一篇材料后对其内容一知半解，甚至不知所云，结果影响了理解。

（二）教学中需要克服的主要问题

1. 只听不读

要有效地提高听力，除了多听，还需要多读。这里的读指的是朗读。出声的朗读有助于改进语音、语调，增强语言感受能力。这对于体会说话人的感情色彩，提高理解能力，很有好处。但教师们往往注重听的训练而忽略了朗读训练。

2. 只听不讲

这里的讲是指教师的讲解，即必要的指导。教师通常只是提供听力材料，放录音，然后核对答案，不提供必要的指导，这让学生的听力难有较大的突破。这种听力模式充其量也只能叫听力测试而不能叫听力训练。听前应有一个准备阶段，教师应向学生介绍相关背景知识，解释某些关键词，传授一定的听力技巧；听后阶段教师应了解学生的听力情况，如典型错误、听的困难，并加以解决；此外，教师还应该做必要的总结，以帮助学生吸取经验，避免重犯。但实际中往往有违此理。

3. 边看边听

有些学生总喜欢一边看录音稿一边听，甚至有些教师在听力材料稍难一点的时候也让学生采用这种训练方式，这样做是不科学的。听力是一个通过听觉输入信息的过程，如果再辅以视觉信息，势必会影响到对听觉获取信息能力的训练，而且视觉信息往往先于听觉信息被接收。

4. 一步到位

由于受应试教育思想的影响，有些教师听力训练时总是采用高考题型，全是多项选择题，即组织听力测试而不是听力训练。这样做不利于学生听力水平的提高，因为学生听时往往只关注与题目有关的部分，没有认真听其他内容，容易捡了芝麻丢了西瓜。而且，有些题目的设计也不够科学，学生有时可以从上下几个题目及其选项中推测出答案。这种情况下，学生是不会认真去听的。

四、高中英语听力教学策略

（一）确立新的教学观念，重视非智力因素的培养

新课程要求改变传统教学只重视知识传授，忽视学生智力（尤其是非智力因素）发展的弊端。事实上，与其他教学活动一样，听力教学中师生双方的行为都不限于智力活动，他们的非智力因素也参与并影响着教与学的进行，且起着非常重要的作用。

广义的非智力因素指除智力因素以外的一切对人的心理活动有影响的心理因素，狭义的非智力因素主要包括人的动机、兴趣、情感、意志

和性格。[1]智力因素常常指感觉、知觉、记忆和思维等。它们直接参与人的认知过程，主要负责信息的加工与处理。而那些不直接参与认知过程的心理因素通常是情绪、兴趣、注意力、意志力等。对学生来说，它们表现为学习情绪与学习态度。这些因素虽然不直接参与学习，但在刺激、调节与推动学习方面发挥着重要的作用。教师如何调节学生的这些非智力心理因素，使其始终保持在一种积极的状态之中，提高学生的听力训练效率，是一个值得高度重视的问题。

1. 运用多种方法，激发学生的学习兴趣

兴趣可以增强学生的学习动机和记忆，成为提高学习效率的重要因素。教师应该选择各种生动活泼的听力材料，让学生经常保持一种新鲜感，产生浓厚的听力兴趣。听力材料的主题应尽可能广泛，内容可以涵盖广泛的范围。教师可轮流使用不同的电子教学设备，不断改变听力训练的方法。每种方法不要使用太久，以免学生感到无聊。例如，可以交替使用电影、视频、幻灯片和录音等电子教学方式。还可以将听与说（或讨论）、听与读、听与写相结合。如果可能的话，教师还可以邀请外教发言、讲课等。总之，教师应该尝试使用各种实用有效的方法来激发学生的兴趣，使他们的智力活动能够在轻松愉快的情感体验中进行。

2. 利用注意规律，减轻学生的疲劳感

注意是心理活动或意识对一定对象的指向与集中。其基本功能是对信息进行选择，分为不随意注意、随意注意和随意后注意，选择性注意、持续性注意和分配性注意。听力训练往往是一种强化教学，因为在整个教学过程中学生的精神和注意力始终处于高度紧张的状态。正如心理学家所言："长时间的、高度紧张的注意也会引起疲劳，这时注意的紧张在减弱，注意逐渐趋于分散。"[2] 因此，在教学中教师有必要严格控制教学时间，充分发挥注意力的积极作用，使学生进行高效学习。事实上，充

---

[1] 李祖超，李蔚然，王天娥.国家最高科学技术奖获得者非智力因素分析[J].教育研究，2015，36（10）：78-89.

[2] 梅艳.英语教学手段的新思考[J].外语电化教学，2002（3）：35-38.

分使用内容相关、题材多样、形式丰富多彩的材料来激励学生，可以有效缓解学生因高压力而产生的大脑疲劳，从而使学生保持注意力稳定。此外，在训练休息期间，教师可尝试插入一些轻松美妙的音乐或短篇幽默与笑话等作为调节，以实现身心放松的目标，从而提高听力训练的有效性。

  3. 教学中融入情感，培养学生成就感，不断强化学生的学习动机

  在课堂上，如果学生总是无法理解并错误地重复练习，他们会感到强烈的焦虑和压抑，这会导致训练效果低下。因此，教师需要采取有效措施减少甚至消除学生的这些负面情绪，使他们能够以轻松愉快的心情进入学习环境。这要求教师选择的视听材料不能太难，设计的练习也应该在学生的能力范围之内。学生将通过成功的学习经历增强学习信心，同时，老师会心的微笑、及时的表扬与积极的鼓励将进一步增强这种信心，使学生逐渐产生学习成就感。当学生犯了错误的时候，老师应该耐心地帮助学生找到错误的原因，并让他们再听一遍或复习一遍，最好能让他们自己纠正错误。教师如何正确地指出学生错误的原因很重要，这对提高学生的听力技能水平非常有益。可惜现阶段这方面的研究还太少。

  除了学习兴趣、注意、情感和动机，归因是否正确同样影响着英语学习的效果。如果学生把英语学习的成败归因于自己努力的程度、学习策略的使用等可控因素，而不把成败归因于学习能力、外界环境等非可控因素，那么，即便失败了，他们也会自己承担失败的责任，反省学习过程，找到失败的根源，积极主动地解决问题，为将来的成功奠定基础。因此，在听力教学过程中，为了帮助学生形成良好的英语学习情感，教师除了设法引导他们形成和保持正确的学习态度和强烈的学习动机，还有责任引导学生正确认识自己，对自己的成败进行正确的归因。

（二）与时俱进，实现教师角色的转变

  新课程要求教师要充分发展自我，完善自我，形成个性化的教学风格。教师要注重自我进修，提高英语语言水平并学习有关英语教育的教

学理论。英语教师应坚持阅读各种英文报刊，坚持收听各种英语广播。只有这样，知识才能不断更新，能力才会不断提高。同时，教师应订阅有关中小学外语教学研究之类的与教学结合十分紧密的教学科研杂志。教师应从知识型、技术型向活力型、思辨型、促进型发展[①]。

在听力课堂上，在传授知识的过程之中，教师要更加注重传授听力理解的技巧和方法。在课堂上教师要努力扮演好以下三种角色。

1. 学生、教材、多媒体设备的"协调员"

英语听力课通常在语言实验室内进行，教师的教学方法自始至终都受各种条件和因素的限制。首先，传输和接收方式存在局限性。听力课是一个传递和接收语言信号的过程，它受语言流速、播放时间、材料难度等因素的影响，以及学生听力水平的不平衡和记忆差异的制约。这些因素很容易影响教学方法的实施，使学生处于被动和紧张的气氛中，导致师生双方的主观能动性难以得到充分发挥。其次，教材内容存在局限性。目前的听力教材虽然总体上较好，但由于每节课的数量有限，如果只播放录音的话，完成每节课只需要大约15分钟。显然，教师有必要在课堂上增加相应的补充材料。最后，学生的听力差异也存在局限性。在听力过程中，每个学生都会收到相同的信号，并被给予相同的时间，但他们的听力水平各不相同。这必然会给一些学生带来难以理解的困难，也会给其他听力较好的学生带来不满足感。教师必须充分认识到上述各种局限性，在课前做好积极准备，找到创造和利用有利条件的方法，缩小或消除这些局限性，努力协调好学生、教科书和多媒体设备之间的关系。

教师应根据学生情况，发挥多媒体设备的各种功能。教师应在课前熟悉多媒体的各种功能和用途，并在课堂上有效操作和灵活使用，使各种功能在教学的不同方面发挥应有的作用。这是上好听力课的根本保证。目前，人们使用的电子教学媒体通常具有播放、录音、收听、选择、对

[①] 陈振华. 高中英语新课程理念与实施[M]. 海口：海南出版社，2004：96.

话和提问等功能。如果能够根据教学的实际需要，特别是不同层次学生的需要，合理利用这些功能，就不仅可以使整个教学步骤和方法变得丰富多彩、生动活泼，还可以大大减少因学生听力水平差异而造成的各种问题。

　　教师应根据教学需要，合理地使用相应的补充教材。本节说过，人们目前广泛使用的听力教材，由于篇幅所限，每课的容量是很有限的。实践证明，如果每次授课只单纯地使用课文内容，那是不够的。为了避免因反复播放录音而使课堂气氛变得乏味、枯燥，教师应在课前根据课文的内容、重点及教学安排，适当地准备相应的补充教材，以便能在授课时将之作为补充、调节的资源。补充教材最好是篇幅适宜、内容对口的，尽可能避免重复使用，并且要配以录音及适量的练习。

　　在授课过程中，并不是每次都一定要将所准备的补充教材全部用上，而是要将它与课文内容、层次有机地结合起来，根据教学上的需要，从实际出发，做好补充或调节。关于哪个环节该用什么材料，哪种材料宜重复播放，哪个要点该作详细讲解，哪部分学生该听何种材料等问题，教师不仅要做到课前心中有数，还应在应用中做到灵活机动、使用得当。这样，补充教材才能发挥补充、调节的作用，即加强学生对课文重点的理解，激发学生的新鲜感。同时在课堂中又不至于喧宾夺主、本末倒置，让课文内容始终占主导地位。

　　2. 学习情况的"检查员"

　　在每节听力课上，教师有必要给学生设置一个测验环节。但这种测验的目的和性质不同于常规的单元考试、期中和期末考试，只是听力课的一个特殊的教学组成部分。这一阶段将产生两个积极影响：首先，它可以调节学生的学习情绪，进一步激发他们的学习热情。心理学家认为，单调的活动会迅速降低人的注意力。如果活动交替进行，新的内容和问题不断出现，就可以使学生保持稳定的注意力。使用测验就是一种改变活动模式、增加新内容和提出新问题的具体方法。也许每个人都有这样的感觉：当学生听说要考试的时候，他们的情绪会变得更高涨，课堂气氛会变得更加活跃。其次，教师可以通过测试及时了解学生的听力情况，发现问题，并制订相应的解决策略。因此，通过小测试方法获得反馈，非常有助于教师调节学生的心理，更准确地评价他们的听力状况。

3. 听力问题的"释疑员"

古人云："授人以鱼，不如授人以渔。"用古人这个观点来说明听力课的教学目的是最恰当不过的。要将"渔"很好地传授给学生，确确实实不是一件容易的事情。课堂测试后的下一个重要步骤是根据测试结果和文本中的关键点进行分析和评价，找出共性的问题，分析问题的根源，为学生指出解决问题的技能与方法，反映"授渔"的整个教学过程。对于测试中出现的常规问题，教师应该通过例子引导学生，激励他们努力去发现和掌握规律，并做到举一反三。

总之，教师要摒弃过去那种单纯的"录音播放者""答案核对者"的角色，成为引导者、研究者。在实践中教研组要充分发挥作用，组织集体学习、观看有关教学录像，开展听力优质课比赛，组织听课、评课活动，通过活动为教师提供互相学习的机会，提高听力教学的整体水平。

（三）加强技能训练，丰富学生的语言知识

技能与知识息息相关。没有广泛的知识作为基础，技能难以形成。而娴熟的技能又有利于知识的获得。二者紧密联系，相辅相成。

1. 辨音练习

要理解语句，人们需要识别、理解组成语句的单词，这是人们进行听力理解的基础。而识别、理解单词在很大程度上取决于学生的辨音能力。

辨音练习的主要目的是让学生能够识别有区别意义特征的语音。在设计辨音练习时，教师要针对学生的学习困难进行设计。我国幅员辽阔，方言众多，受不同地区方言的影响，学生在听音、辨音方面所面临的问题也是不同的，因此，教师在设计与组织辨音练习活动时，不能仅仅依靠教材中的练习，而要根据自己所教班级的状况，与学生进行协商，有

的放矢地组织教学内容，进行教学设计。

例如，有的地区的学生对英语中的 /l/ 和 /r/ 这两个音不能很好地加以区分，他们在区别单词 long 和 wrong 时就有困难，那么他们在听到"The sentence is long."和"The sentence is wrong."时是否能准确理解就可能成为一个问题。因此，教师要围绕这两个音设计一系列的练习，对学生进行专门的训练[1]。

（1）最小音差一对词。目前使用得比较广泛且行之有效的训练学生辨音的方法，就是利用"最小音差一对词"（minimal pair）。所谓"最小音差一对词"就是指，在一对词中，只有一个音不同，其余的音全部相同。以 /l/ 和 /r/ 这两个音为例，它们的最小音差一对词可以有以下几对：

long / wrong   led / red   lag / rag

light / write   lane / rain   let / net

（2）判断单词的"异同"。教师先示范让学生理解 same 和 different 的词义，然后让学生运用这两个词，判断听到的单词的异同。例如：

① long long（same）   ② wrong long（different）

③ light write（different）   ④ light light（same）

⑤ rain rain（same）   ⑥ rain lane（different）

（3）判断句子的"异同"。如果教师感觉学生在单词辨音中取得了进步，就可以把单词放在句子中让他们进一步地进行识别练习、判断句子的异同。例如：

① He writes a long sentence.

    He writes a wrong sentence.   (different)

② He writes a long sentence.

    He writes a long sentence.   (same)

③ They are going to live together.

---

[1] 廖晓青. 任务型教学的理论基础和课堂实践[J]. 中小学外语教学，2001（11）：10-12.

They are going to leave together.　（different）

④ They are going to live together.

They are going to live together.　（same）

⑤ They are going to leave together.

They are going to leave together.　（same）

2. 数字听力练习

数字是我国学生听力理解的拦路虎之一。许多人有这样的体验，他们能听清楚数字的表达，但如果要把这些数据的含义搞清楚，脑子反应的速度就跟不上录音播放的速度，努力对数字进行解析，就影响了听下面的内容。要想使听力理解数字的速度跟上说者的表达速度，提高听力的水平，学生需要了解、熟悉英语数字口头表达法，然后进行一定的必要的听力训练。

（1）"电话号码"的表达。电话号码通常是一个一个数字说出来的。例如，356897读作"three five six eight nine seven"。

七位数的电话号码经常被分成两组，前三位是一组，后四位是一组。例如，5387351读作"five three eight / seven three five one"。

电话号码中的数字"0"通常读为英语字母"O"的音。有时电话号码中连续有几个"0"，就可以把电话号码组成较大的数字。例如，5238000读作"five two three / eight thousand"。

有时在说数字的时候人们会使用"double"和"triple"。例如，2257555读作"double two five / seven triple five"。

（2）"价格"的表达。当价格不是整数时，价格中的小数点通常不说出来，如11.45读作"eleven dollars（and）forty-five（cents）"。有时价格中货币单位名称省略不说，如"eleven forty-five"。

（3）"千"的表达。遇到上千的数字，标准的读法是使用"thousand"，如1600读作"one thousand six hundred"。但有时人们使用"hundred"来表示，如"sixteen hundred"。再如，1126读作"eleven hundred and twenty-six"。

3. 强化学生按照意群加工句子的意识

听者可以根据意群对句子进行加工，把他们切分成几个组块，而不去一个词一个词地进行理解加工，这种做法会加快理解的速度，减少短时记忆的负担，减少加工的负担，也相应地增加了短时记忆加工的信息数量。例如，"Listening is "hard work" /not only for the body/but also for the mind. "一句，可以把由14个单词组成的句子切分成三个意群单位进行加工记忆，这比把它们切分成14个词汇单位进行加工记忆的负担更轻。因此教师要尽早对学生进行意群意识的培养。尤其要让学生把词组视作学习和运用语言的重要单位。

英语的常用词搭配能力很强，不同的搭配会产生多种多样的意义。英语语言的这种特点给学生的英语学习造成了很大的困难。学生学习某个单词的词义是远远不够的，还必须掌握它与其他单词的搭配，才能很好地理解该词在实际运用中的确切含义。例如，当学生听到"I have only three dresses to my name."这个句子时，他应该把"to my name"当作一个整体来考虑，而不应该把它们分解成三个词汇单位来考虑，这样在对下面的四个选项进行选择时，就会迅速地作出判断。

A. My name is on three dresses.

B. I am the only one with three dresses.

C. I own no more than three dresses.（正确答案）

D. Only my name is on the three dresses.

4. 关注词语的文化内涵，丰富学生的内容图式

英语语言在使用和发展的过程中，受到社会政治、经济、文化、科技等的影响，产生了许多新的词汇和表达方式。除此之外，英语语言还广受其他民族语言和文化的影响，这使英语变得更加丰富多彩。但是许多表达方式在语言的使用和发展过程中，渐渐偏离了它们字面的意思，给人们的理解造成了一定的困难。因此，恰当地补充一些社会文化背景知识，有助于学生的理解。例如：

The present school course seems to some students a procrustean bed.

句中的"procrustean"是形容词,从专有名词"Procrustes"派生而来。"Procrustes"是古希腊阿提卡(Attica)一带的巨人,译成中文是"普罗克汝斯忒斯"。他拦路抢劫,把受害人绑在床榻之上。如果受害人身高超过床榻,柏鲁克洛斯就截断其下肢;如果受害人身高短于床榻,他就伸长其下肢,使其与床榻等长。"procrustean"现在喻指"强求一致的,削足适履的"。"procrustean bed"喻指"强求一致的制度或政策"。例句中的"procrustean bed"正是取了该意[①]。

(四)坚持以人为本,培养学生的思维能力

听力理解是一个涉及记忆思维、分析判断、综合归纳等诸因素的复杂的心理语言过程和创造性思维过程,其理解过程由以下五步组成:听音会意、捕捉信息,梳理材料、识记信息,辨析比较、处理信息,整理筛选、储存信息,推理判断、再现信息。在中学英语教学过程中,通过听音会意、推理判断、对比联想等形式,对学生进行适量的听觉思维能力训练,可以增强他们听的能力,提高他们的听力水平和解题技巧。新课程"以人为本"的教育理念要求教师不仅要传授学生知识,更要发展学生的智力。在学生的各种能力中,思维能力具有极其重要的地位,对人的发展起着巨大的作用。听力教学在这一方面也大有可为。

1. 听音会意,培养学生的记忆能力

记忆要经过识记、保持、再现三个心理过程。听力中的记忆能力是在短时间内记住收听的信息并能在审题解题时再现识别收听的信息的思维技能。也就是说,学生在语言收听过程中要做到以下几点:能在较短的时间内记住尽可能多的信息;保持有用信息记忆的稳定性;能把所记住的信息在需要时准确无误地快速回忆起来,以达到听音会意的效果。听力是在听的练习里培养起来的。如果听者没有正确的方法,不能及时

[①] 吕良环.外语课程与教学论[M].杭州:浙江教育出版社,2003:95.

整理所储存的信息并处理连续涌来的听力材料，就会大大影响听力理解和记忆的效率[①]。所以，教师要通过下列训练来培养和提高学生的记忆能力。

（1）单词和词组的听写训练。这项训练主要是对单词和词组进行边听边写练习。教师可以将同音不同型、近似型、易混型及较难型的词或词组集中起来进行训练。这类练习看似简单，却很重要。它对巩固学习成果和发展学生听的能力有一定的作用，可以在增加短时记忆容量的同时，提高记忆的快速性和准确性。

（2）数字听写训练。捕捉及抓住数字信息是听力测试中的难点之一。教师要指导学生针对百以上单位的数字、小数、分数及百分数等的读法来分类记忆，同时要求学生注意 plus、minus、times、divided by 等词和短语同数字一起使用的含义。数字听写训练应从简短易懂的数字开始，逐渐增加数字的长度来强化学生的记忆功能。

（3）句子听写训练。听写句子一般应从简单句或较短句开始，逐步过渡到复合句或较长句。训练应通过"静听—记录—检查"三个过程来完成。教师应指导学生根据句子意群进行记忆。教师朗读句子时，意群的划分应由浅入深，逐步增加其长度，最后可进行教师整句读，学生整句听、整句记的训练。意群越长，越容易被大脑感知并整合成连贯的语义单位，从而增加记忆的稳定性，提高记忆效果。例如：

Last Monday/our class/went on an organized trip/to a forest/to study the wildlife.

Last Monday our class/went on an organized trip to a forest/to study the wildlife.

Last Monday our class went on an organized trip to a forest/to study the wildlife.

[①] 李健.在高中英语听力教学中如何培养学生的思维能力[J].徐州教育学院学报，2002（4）：172-173.

Last Monday our class went on an organized trip to a forest to study the wildlife.

（4）段落听写训练。段落听写可以是简短的对话，学生学过的课文之重点章节，以及简单的趣味、科普等类型的短文，有意识地训练学生掌握所听到的语言材料的主题大意并能说明主题大意的真实细节。不一定要求学生记录全部内容，只要能记下重要的词或词组以便理解就行。同时，教师要指导学生在听时聚精会神，用心听，抓住内容要点，边听边写，直接理解，直接记忆。当然，听的训练还有多种形式，如教师叙述课文，朗读课文，观看英文教学影片等。

2. 推理判断，培养学生的分析能力

分析能力就是透过现象看本质、找出内在联系或规律、理解其深层含义的思维技能。听力中的分析能力可以帮助听者从已获取的各种语言线索中进行简单推理，从而既能理解表面性、事实性的意思，也能初步理解深层的含义，猜测所涉及事件发生的时间、地点、场合、人物身份、关系态度等。教师在指导学生做这方面的练习时，一要认真备课、精选语言材料、注意训练方法；二要教导学生不能仅仅满足于字面上的理解，要听懂别人的话还包括抓住和记住别人说的大意或要点，并进一步通过对方的口气，听出对方的真实意思。

（1）捕捉有用信息的训练。听力材料无论长短，无论体裁，都含有有用信息和无用信息（就解题要求而言）。为增加记忆的快速性和准确性，教师要指导学生在训练时应根据试题要求，养成捕捉材料中的有用信息，以排除无用信息干扰的习惯，养成捕捉材料中的时间、地点、人物、事件等细节，以减少记忆负荷的习惯，养成捕捉材料中的信息内容引导句，抓住信息题材，以缩小搜索范围的习惯，养成捕捉材料中的重点词句且快速记录，以避免短时记忆超载的习惯。具体训练内容、方式举例如下。

听力试题：Which city does the woman like most?

A. Rome　　　　　　B. San Francisco　　　　　　C. Paris

听力材料：

W：Of all the places I have lived, including Paris and New York, I think, I like San Francisco best.

M：Well, of course. That's because it's your home. Your family and friends are there.

解题分析：依据试题的要求，材料中的有用信息为 I like San Francisco best，排除 Paris and New York 的干扰。答案为 B。

（2）分析推理训练。分析推理训练是提高学生分析能力的有效途径。教师要指导学生集中精力，快速而准确地通过材料中的关键词或词组及句型推断说话者的要求、态度及爱好，通过话题及说话口气推断说话双方的关系和身份，通过上下文提供的信息推断事情发生的场所、时间、价格、起因等，通过字里行间推断说话者的真实意图，从而提高他们的反应能力、应变能力和分析判断能力。具体训练内容、方式举例如下。

例1：

听力试题：What's the correct time?

A. 1:30　　　　　　　B. 1:33　　　　　　　C. 1:27

听力材料：

W：What's the time by your watch?

M：One-thirty. But it's three minutes fast.

解题分析：依据材料中的关键词组 three minutes fast，推断出正确时间是 1:27。答案为 C。

例2：

听力试题：Where does the conversation take place?

A. At the post office　　B. At the restaurant　　C. At the theatre

听力材料：

M：What about the food ordered?

W：I will see right now, sir. Sure it's ready.

解题分析：依据材料中提供的信息 the food ordered，推断出对话的地点是在饭店。答案为 B。

例 3：

听力试题：What did the teacher mean?

A. It was late for the student to do so.

B. Thanks. You handed in your homework.

C. It doesn't matter.

听力材料：

S：I handed in my English homework this morning. So tired I was.

T：You should have done that when I needed it.

解题分析：依据材料中这位教师使用的句型"should have + p.p."及该句型所表达的语气，推断这位学生未及时交作业，教师含蓄表达了对学生的责备。答案为 A。

3. 对比联想，培养学生的发散思维

发散思维是人们在已有知识的基础上通过大脑思维进行信息的自由组合的思维技能，是一种由此及彼的思想飞跃。听力中的发散思维可以让听者在初步理解语言材料的基础上扩大思考范围，由一人一事想到多人多事，由正面想到反面，由颜色想到声音，由现象想到本质，突破材料的局限，横向扩展，纵向延伸，使原来不相连的聚合黏结，联想出崭新的情形。教师要根据听力训练的内容，留出适当的时间对学生进行联想训练。培养他们的发散思维，提高他们听力的理解速度和效果。

（1）材料线索的联想训练。教师需指导学生在听力练习中学会捕捉语言材料线索，预测文章的题材背景和大意，注意信息内容的提示或暗示，联想信息内容的铺叙方向。具体训练内容、方式举例如下。

听力试题：What does the woman mean?

A. She agrees with the man.

B. She doesn't agree to have dinner with the man.

C. She wants to meet the man on another day.

听力材料：

M：Let's have dinner together tomorrow evening.

W：I'm busy then. How about Tuesday?

解题分析：依据材料句"How about Tuesday"的提示，答案为 C。

（2）关键词或词组的联想训练。教师要指导学生注意语言材料中出现的能起到正确理解全文或具有提示、暗示、联想作用的一些词或词组，由一词一事可联想到与之相关的词或事，如表示地理位置、天气预报、节假日、新闻报道、交通事故、购物论价等及一些表示说话者口吻的常用单词和短语，如 but、however、though、besides、instead、sure、last、finally、most、luckily、to the truth、as a result、what's more、more or less 等。例如，假设语言材料中提及天气预报（weather report），学生可由此联想有表示天气状况的词，如 windy、rainy、sunny、foggy、fine、cold、hot 等。

（3）逻辑推理的联想训练。在逻辑推理联想过程中学生应充分发挥自己的想象力，教师要指导他们利用已掌握的基础语法知识及文化时代背景常识进行逻辑推理联想，培养学生的创造性思维，以提高他们的预测能力和分析能力。

总之，教师应有效地指导学生，让他们在听力训练中不断实践和探索，逐渐提高听力水平和思维能力。

（五）加强学习策略指导，优化学生学习方式

不同的英语学习者具有不同的听力水平，导致这种差异的根本原因是不同听力成绩的学习者采取了不同的学习策略。学习策略主要分为元认知策略、认知策略和交际情感策略。教师的策略指导是非常重要的。策略指导应有针对性，要与学生的具体情况相结合，要特别注意指导学生学会监控自己，鼓励他们积极运用交际策略并学会控制自己的情绪。

1. 预测

预测是指学生在做听力理解之前，根据文章体裁或对话标题，利用已有的各方面知识，对即将听到的段落或对话内容进行猜想，或者在听

的过程中,根据已获得的信息线索包括主题句、句子结构、词的前后关联,句子的语法关系,语言环境等,预测情节的进一步发展或说话人下一步要讲述的内容。

(1)体裁预测法。不同体裁的语篇,其组织结构安排也不同。例如:故事语篇的开头部分往往会交代时间、地点,人物等方面的信息,中间部分主要是描写人物或事态的结局或给人的启示;议论性的语篇开头往往提出问题,中间部分对开头所提出的问题加以分析,对论点加以论证,结尾则提出解决问题的方法或得出一个结论;新闻报道体在开头有一个导语,以对所报道的事件作一个提纲挈领的概括;而一个较完整的对话通常会由打招呼、谈话内容和告别几部分组成,部分交界处往往会有"well,all right"等明显的语言符号。引导学生作语篇模式分析,可以帮助学生熟悉各种体裁框架,从而让学生对所听语篇产生总的期待。

(2)标题预测法。 标题预测指根据标题进行预测。很多听力材料以标题来分类,而学生通过标题中所包含的信息往往可以预测到文章的大体内容,尤其是新闻报道题材的材料。例如,看到标题"The problems of city pollution"之后,人们可对文章内容做如下预测:

Introduction → Kinds of pollution → Results of pollution → What should be done?

(3)主题句预测法。 根据主题句进行预测也是一种理顺语篇逻辑的有效方法。第一段落的首句往往是整个话题的主题句,其中包含着该段的议题和中心思想。同样,文章每一分段的首句往往反映了该段的大意。如果将这些首句连起来,便构成了整个语篇的基本框架,可得到整篇话语的梗概,尤其是对议论文体裁的文章来说。因此,学生往往可以根据主题句预测整篇文章的内容。

(4)功能词预测法。人们在谈话中常会使用一些功能词来开启话题,承接上下文并进行推论。例如,表示"转折或对比"的词和短语有but、and、yet、however、while、though、otherwise、or、on the contrary、on the other hand、on second thoughts 等;表"因果关系"的有 so、therefore、consequently、thus、as a result (of)、for this/that reason 等；表"概括和总结"的有 all in all、in short、in brief、to sum up、in a word、above all、in conclusion、as was stated/mentioned above、as you know 等。这些功能词可以在很大程度上为听话人的预测指明方向，提供帮助。例如："Tomorrow I'm hoping to go to the beach, but…"句式中的 but 可用于预测相反信息，如果是 because，可预测原因，如果是 and，可预测附加信息。

（5）谈话者的身份及其关系预测法。在一般情况下，如果知道谈话者的身份及他们之间的关系，就可以预测出他们的谈话内容。如果知道他们所谈的内容，也可推断他们之间的关系。因为谈话的主体在很多情况下具有谈话者的职业特色。例如以下对话。

W: Could you please explain the assignment for the next class?

M: Sure. Pick out important persons during the French Revolution and write a paragraph about these persons.

Q: What is the probable relationship between the two speakers?

A. Customer and clerk   B. Husband and wife

C. Patient and nurse   D. Student and teacher

从"assignment"和"class"这两个词，可判断这是在学校的谈话。从男的祈使语气可知他是老师。

另外，根据说话人带有明显职业特点的语言也可判断说话人的身份和从事的职业等。例如以下两句。

从"The problem is not in the TV. It's in the wiring."一句可以推测出说话人是电视修理员。

从"I'm afraid you're going to have this filling replaced."一句可以推测出说话人是牙医。

总之，预测是听者在听音理解中的一种自觉的参与性心理活动，它是一项有效的认知技能，也是一种良好的听力习惯。听者只有先增强这种积极预测的意识，并在听音过程中运用各种预测方法，才能逐渐养成积极有效的听力习惯，学会听音理解中这一重要的认知技能。

2. 记笔记

记笔记可以使听话人把注意力放在讲话人的思路上，使听与说同步进行，保持听的积极参与性，有助于听话人记忆所听的内容。记笔记常有以下三种形式。

（1）关键词式笔记。这是最常用的一种笔记方式，即训练学生在听的过程中抓关键词和语言标记，借助语言标记写下要点和细节，如时间、地点、数字和名字等，以帮助学生记忆所听信息，避免前听后忘。

（2）蛛网式笔记。顾名思义，蛛网式笔记（cob web）是指将讲话的主要信息记录在一页纸的中间，随着讲话不断深入，所记内容也不断增添，次要信息则记录在主要点周围，并用直线标明相互关系，从而形成一种蛛网状记录[1]。蛛网式笔记的优点在于听话人只需简单地记下要点，标明各要点间的关系，不必用太多的文字，这样就不会分散听的注意力。

（3）主题图式笔记。主题图式笔记（topic map）应用场景也很多，例如，在听某学术讲座之前，听讲人可以事先根据讲座题目列出可能涉及的各种主题及自己期望得到的新信息，在听的时候不断地添加和补充，有的放矢，既可节省时间和精力，又保证注意力的集中。由于主题图式笔记需要事先准备，相当于一次认真的课前预习，准备过程中要事先熟悉相关内容，听的时候，这些熟悉的内容则又有助于大脑处理新信息。研究者发现，采用主题图式笔记听课的学生对理论性内容的理解程度更高。因此，在教学中，教师将课堂主题预先告知学生，并辅以对此种笔记方法的训练，将会大大提高学生的听力效果。

3. 听、说、读、写结合

语言教学的综合性原则（integration）不仅强调教学方法的综合，还强调语言技能的综合（integration of all language skills）。该原则认为在英语学习与教学中，听、说、读、写四种能力是相互促进的。每种能力

---

[1] 刘靖. 听力教学中的策略运用[J]. 基础教育外语教学研究, 2004（2）: 52-54.

的加强，都能带动另外几个能力的提高。反之，任何一种能力的缺乏，都会影响其他能力的掌握与发挥[①]。听的教学需要口、耳、眼、手并用，听觉、视觉、触觉或动觉等共同协作。多感官参与听力能够使工作记忆更有效，更容易激活和提取原来信息。另外，听的教学也需要借助说、读、写的技能的帮助。从理论上分析，听是一种交际性言语活动，它必然伴随着其他感官和技能活动，听只有与多感官、多技能协作时才能显示出其交际性的本质特征。因此，英语教师应学会将听力训练与其他几种能力的训练结合起来，齐头并进。

许多学者和教师在拓宽听力训练方式和听的教学途径方面做了大量尝试，积累了丰富经验。具体练习方式有以下几种。

（1）听说结合。"听"是对输入信息的"加工"，"说"是表达，是"输出"，没有输入就没有输出。在听懂的基础上说，在说的同时增强听的能力，使两者有机结合，相互促进。听说训练包括听音答问、听后复述、听后解释和听后辩论等。而中学阶段的听说训练侧重听音答问和听后复述。听音答问就是让学生就所听句子、对话或短文回答问题。这就要求学生在听音时要根据不同句式和不同疑问词来确定不同的听的重点。关于对话题，必须注意说话人的身份、话题及谈话的地点；听短文时则要注意捕捉像人物（who），主题（what），地点（where），时间（when）以及方式、方法（how and why）等方面的关键词，从而培养语意理解能力。听音复述主要是听后口头复述，内容一般是一些课文段落，可以听后复述，若是整篇课文，则可以听后概述。这时教师可以写出关键词，或用图片、投影来降低难度，培养学生的概括能力。

在听力课上，教师不仅要引导学生说，还要示范。教师要根据学生每次听力训练中暴露出来的问题，及时总结归纳、分析原因，有针对性地讲解语音知识和语法知识，帮助学生克服语音、词汇、语法障碍，抓

[①] 蒋小青.提高中学生英语听力水平的十个教学策略[J].基础教育外语教学研究，2003（4）：43-45.

住所听内容的主题和整体，让学生在解决问题、获得知识过程中逐步提高听力。

（2）听读结合。朗读文字材料有助于增强语感，使语言的音、形、义在头脑中迅速统一起来，从而减少判断误差，提升反应速度。特别是边听边读，还可以纠正学生的发音错误（这些错误发音往往会使学生形成思维定式，干扰正常的听音）。教师应鼓励学生多朗读，朗读的材料可以是课文或与课文难度相仿的文章，让学生听着录音读。听读结合还意味着要扩大阅读量。书读得越多，阅读速度提高，听音时的反应速度也会快，理解就会加深。因为阅读量越大，词汇复现率越高，对常用词语就会越熟悉，在读与听时就可以很快将这些词语从记忆库中调出，并马上领会所读到与听到的内容。

提高阅读能力有助于提高听力，因此，除教材中的阅读材料外，应当尽可能多地给学生提供其他阅读材料，尤其是与英语国家的文化背景有关的材料，让学生进行广泛阅读，从而提高学生的词汇量，帮助学生形成语感，丰富英语国家的文化背景知识，提高学生的猜测能力和推理能力，提高学生对语法结构的熟练程度。对于那些来自生活真实语言的不太长的阅读文章，可以采取先听后读的教学方式，让学生主要以听觉而不是视觉来吸取语言知识，听后可让学生回答一些关于主旨大意的问题，待学生阅读材料之后再讨论疑难问题或回答书面问题。另外，加强朗读训练，对提高辨音能力、形成语感、提高听力作用也很大。

（3）听写结合。听和写结合可以准确地检查学生掌握音、词、句和文章的情况。其中听写是听的教学、写作训练和综合性测试中最常用的手段，它是一种书面表达性言语活动，是一个复杂的思维活动过程，不仅有助于提高学生的文字表达水平，还能使学生高度集中注意力，提高学生的记忆效率。听写的方式丰富多样，例如：①标准听写，即听后要求准确写出原文，听的次数一般为三遍，停顿以意群为单位，可检测学生短时记忆的能力；②部分听写，即边听边填空，所填空内容是单词、短语或句子；③干扰听写，即在制作听写材料录音时全部或部分地加上背景杂音，以增加内容真实感及难度；④听写作文，即让学生在听一遍或多遍后凭记忆写出听的内容，重点训练学生的综合理解力和表达力；⑤复合式听写，即"部分听写"与"听写作文"的混合体，既有准确写下所听单词的要求，又有提取信息并转化为恰当的文字表达的要求，通过听培养学生的拼写技能、语法能力和阅读能力[①]。

（六）利用多媒体与信息技术，提高课堂教学效率

多媒体计算机辅助外语教学使学生个性化学习和师生互动教学成为可能。教材丰富多彩，图形、文字、音频和视频的结合相辅相成。多媒体技术为拓展外语教学的广度和深度提供了外部物质条件，为听力教学提供了新的教学方法和技巧。多媒体具有信息载体的多样性、交互性、整合性等特点，与外语教学相结合是外语教学发展的必然趋势。

多媒体互动式的英语教学适合综合的语言课，它除了传统课堂教学模式的优点，还能弥补传统教学的许多不足。尤其是充分利用多媒体直观、立体和动感的特点，可将大量的知识信息传递给学习者，而不至于使他们感到乏味。多媒体教学的主要目的就是因材施教，实行个别化教学，对不同背景、不同习惯的学生采取不同的教学策略和教学方法。这样可以给成绩好的学生和成绩差的学生都提供适应性的帮助，从而使他们发挥特长，提高学习效果。

多媒体技术融入英语听力教学，并作为一种新的教学方式和辅助手段，具有以下特点。

首先，英语听力技能和各种语言知识的培养与提高依赖学生自身的参与和实践，与学生其他英语语言技能的发展密切相关，相辅相成。多媒体可以辅助教师实现以学生为中心的教学模式，使学生积极参与各种教学活动，发挥自己的主动性，大大提高他们的学习兴趣和效率。

---

① 孔燕平，聂建中. CET 中复合式听写及其对教学的反拨作用[J].外语界，2002（2）：51-57.

其次，在多媒体教学模式下，学生和教师都是教学活动的主体。这改变了过去以教师为中心、单向灌输的封闭式教学模式，在一定程度上减少了教师的人格特质对学生活动的影响，将其转变为积极、双向交流的开放式教学模式。

再次，多媒体以艺术性和感染力呈现教学内容，很容易激发学生的学习兴趣。外语教学强调培养和提高语言学习者的语言能力和交际能力。多媒体优化了声音、图像、动画、音乐和色彩的组合和应用，创造了生动逼真的交流场景，促进了知识的获取和听说能力的发展。

最后，第二语言习得理论认为，语言的输出量（output）和输入量（input）成正比。从心理学的角度来看，语言材料的输入有两个渠道：听觉和视觉。其中，"听"正是第一渠道。英语听力是通过听觉感知识别、理解、总结、表达、消化和吸收大量新音频材料的过程。在听力课堂教学中，输入语言信息的主要渠道是教师和听力材料。教师的教学是有限的，听力材料也仅限于学校提供的材料范围。而多媒体听力教学模式具有传输量大、效率高和全开放的特点，能在单位时间里有效地向学习者提供大容量的语言材料，是信息输入的有效途径，可以使学习者在有限的时间里能获得大量的信息和知识，从而大大地提高教学效率。

运用 PowerPoint、Photoshop 自制文本、图片、声音、动画效果等多媒体课件，在学生面前真实而立体地展现出所学语言的背景和使用环境，使学生产生身临其境之感，有利于知识的掌握，有利于听力水平的提高。利用 PowerPoint，在听力教学中可以起到以下几个作用。

1. 显示重点难点

先在听力材料中找出需要显示的重难点单词、短语、句子，制成幻灯片。在幻灯片中对关键词语可采用不同字体、颜色和进入画面时的不同的动态效果，以吸引学生的注意力，帮助学生加深印象，增强记忆。

2. 显示整篇听力材料

幻灯片可以用清晰美观的字体显示长篇的文字材料，还可以加入声音。学生不仅可以通过有声阅读增加阅读兴趣，提高阅读能力，还可以进行听力训练。

3. 显示试题和答案

教师可以根据教学需要利用电脑幻灯片即隐即现等功能给学生显示听力试题和答案，并给每个学生打分，利用反馈信息，激发学生学习动机。

4. 显示文化背景知识

好的听力材料多选自原版英语出版物，如果将有关资料制成幻灯片，无疑对学生理解英文原意会有很大的帮助。

5. 显示选择材料

像同步听力，可将语速较慢、有利于学生听力提高的内容制成word文档，作为听力材料的有益补充。

五、听力教学中如何培养学生的批判性思维

高中英语听力教学中培养学生的批判性思维是一项重要目标，这不仅能够提升学生的语言技能，还能提高其思维品质和分析问题的能力。

（一）分析听力材料的结构

引导学生识别听力材料中的论点、论据和结论，分析其逻辑关系。讨论材料中使用的修辞手法，如比喻、夸张、反问等，探讨其在说服力和表达效果上的作用。

（二）识别并评价观点

鼓励学生辨别听力材料中的主观观点和客观事实，评价信息的可靠性。讨论不同观点的合理性，引导学生形成自己的判断和立场。

（三）推理与预测

培养学生基于现有信息进行合理推理的能力，如预测听力材料的后

续发展或可能的结果。设计听力活动，让学生根据上下文线索推断不明确的信息或未被提及的细节。

（四）提出问题与解答

鼓励学生在听完一段材料后，提出自己的问题，无论是关于内容的深度还是其背后的含义。组织讨论会，让学生尝试回答彼此的问题，促进深度思考和交流。

（五）辩论与论证

设计以听力材料为基础的辩论活动，让学生选择不同立场，准备论据并进行论证。教师要强调辩论中的逻辑性和证据支持，培养学生清晰、有条理地表达观点的能力。

（六）跨学科联系

将听力材料与科学、历史、艺术等其他学科知识联系起来，让学生从多角度分析问题。通过让学生讨论听力材料中所涉及的社会、政治或经济议题，培养学生的全局观和批判性视角。

（七）文化对比与分析

选择包含不同文化背景的听力材料，让学生对比分析不同文化下的语言使用和思维方式。讨论文化差异如何影响信息的传递和理解，培养跨文化批判性思维。

（八）自我反思与评价

鼓励学生反思自己在听力理解过程中的思考方式，评价自己的批判性思维。提供自我评价工具，让学生识别自己的强项和待改进之处，设定个人学习目标。

（九）案例分析与实践

使用真实的案例作为听力材料，让学生分析问题的复杂性，提出解决方案。设计模拟情境，如法庭辩论、政策讨论等，让学生在实践中运用批判性思维。

（十）利用多媒体资源

利用新闻报道、纪录片、TED 演讲等多媒体资源，给学生提供丰富的真实语境，促进学生对复杂议题的深入思考。

通过上述策略，高中英语听力教学不仅可以帮助学生提升语言理解能力，还能培养他们独立思考、分析和解决问题的批判性思维，为学生将来的学术研究和职业生涯打下坚实的基础。教师在教学过程中应灵活运用这些策略，根据学生的兴趣和学习需求，设计富有挑战性和启发性的听力活动。

六、高中英语听力教学的三阶段模式

高中英语听力教学属于高阶思维与综合应用阶段。高中阶段的英语听力教学应注重高阶思维培养、策略运用和跨技能整合，强调对长语篇的理解、逻辑分析和批判性思考。高中英语听力教学的核心目标是培养学生对复杂听力材料的深度理解能力，包括理解深层含义、隐含信息和作者观点，能够进行批判性分析，通过高级听力技巧的训练，使学生能够应对高难度听力挑战，同时注重培养学术听力能力和跨文化交际意识，以适应更高层次的英语学习和未来国际交流的需要。教学模式结合高考要求，采用真题精听与泛听结合。英语新课程标准（衔接高中）要求六级（高一、高二）至七级（高三）学生能处理每分钟 140～160 词的语篇，并培养跨文化听力理解能力。以下是高中英语听力教学的三阶段模式介绍。

（一）听前阶段（Pre-listening）

核心目标：激活背景知识，预测内容结构，制定听力策略。

1. 深度话题探讨与背景分析

通过深入的话题讨论和分析，帮助学生理解听力材料的文化背景和深层含义。利用新闻报道、学术论文等资源，拓展学生的视野和知识面。

2. 高级词汇与复杂句型学习

针对听力材料中可能出现的高级词汇和复杂句型，进行系统的教学和练习。通过例句分析和语境应用，帮助学生掌握这些语言难点。

3. 预测与推理训练

指导学生利用已知信息预测听力内容的发展方向和可能的结论。培养学生在听力过程中进行逻辑推理和信息整合的能力。

（二）听中阶段（While-listening）

核心目标：理解主旨与细节，推断隐含意义，训练笔记技巧。

1. 多层次理解与信息整合

要求学生不仅捕捉文章的主旨大意，还要理解细节、推断隐含意义和分析作者观点。通过多层次的听力任务，如摘要撰写、观点对比等，提高学生的信息整合和分析能力。

2. 高级听力技巧应用

教授学生使用更高级的听力技巧，如速记、信息筛选和逻辑推理。鼓励学生在听力过程中灵活运用这些技巧，提高听力效率和准确性。

3. 即时反馈与深度讨论

每次听力后，组织深度讨论，引导学生分析听力内容中的难点和亮点。提供即时反馈，帮助学生识别自己的听力优势和需要改进的地方。

（三）听后阶段（Post-listening）

核心目标：批判性反思、语言输出、策略优化。

1. 批判性思维与创造性表达

设计辩论、演讲或写作任务，鼓励学生运用听力所学内容进行批判性思考和创造性表达。培养学生的独立思考和语言综合运用能力。

2. 跨文化交际与拓展学习

通过比较不同文化的观点和价值观，提升学生的跨文化交际意识。推荐相关的学术资源和文化活动，鼓励学生进行拓展学习和深入研究。

3. 总结与长期规划

总结听力材料中的重要语言知识和文化背景。引导学生制定长期学习计划，提升自主学习能力和终身学习意识。

高中英语听力教学三阶段模式的特点如表 6-2 所示：

表 6-2　高中英语听力教学三阶段模式的特点

阶段	核心目标	典型活动与策略	教学重点
听前阶段	激活背景知识，预测内容结构，制定听力策略	分析语篇类型（讲座、新闻）的结构特点；预教学术词汇（如环境类术语）；制定个性化听力计划	元认知策略培养；背景知识系统化；适应高难度材料
听中阶段	理解主旨与细节，推断隐含意义，训练笔记技巧	听学术报告抓论点与论据；速记关键数据及逻辑关系；辨析隐含观点（如 VOA 新闻）	批判性思维训练；多任务处理能力；跨学科知识联动
听后阶段	批判性反思、语言输出、策略优化	撰写听力材料摘要或评论；模拟国际会议发言；基于听力内容设计调研项目。	学术语言转化；独立研究与协作能力；全球化视野培养

七、高中英语听力教学案例

教学案例：An Adventure in the Amazon

1. 背景信息

故事名称：An Adventure in the Amazon。

适用年级：高中一年级。

教学目标：

（1）语言能力。理解故事中的关键单词和短语，能跟读故事中的句子。

（2）学习能力。学会使用听力技巧（如预测、推断）来理解故事内容。

（3）思维品质。通过故事激发批判性思维和问题解决能力。

（4）文化意识。理解亚马逊地区的自然环境和人文特色，培养跨文化意识。

2.教学准备

材料：故事音频文件、故事文本、词汇卡片、思维导图模板、相关视频片段。

技术：多媒体播放器、投影仪、电脑／平板。

3.教学流程

（1）听前活动（pre-listening activities）。

激活背景知识：引入话题，讨论亚马逊雨林的地理特征和生态多样性。

预测故事内容：展示故事标题和一张相关的图片，让学生猜测故事可能发生的情节。

词汇预习：介绍故事中的关键单词和短语，如"Amazon""adventure""explorer""biodiversity"等，并通过词汇卡片进行教学。

（2）听中活动（while-listening activities）。

初次聆听：播放整个故事音频，学生边听边看图片，初步理解故事大意。

细节捕捉：再次播放故事，这次要求学生注意故事中的细节，如探险者遇到了哪些动物，发生了什么事情。

跟读练习：分段播放故事，学生跟着朗读，模仿发音和语调。

（3）听后活动（post-listening activities）。

复述故事：请学生用自己的话复述故事，可以采用小组讨论的形式。

思维导图：制作一个思维导图，梳理故事的主要事件和发展线索。

角色扮演：分组表演故事中的场景，加深对故事的理解。

文化讨论：讨论亚马逊地区的自然环境和人文特色，探讨保护自然资源的重要性。

问题解决：设计一个情境，让学生思考如果他们是探险者，会如何应对特定的挑战。

4. 评价与反馈

即时反馈：在听后活动中，教师可以通过观察学生的表现给予即时反馈。

同伴评价：鼓励学生互相评价对方的故事复述或角色扮演表现。

自我评价：学生填写自我评价表，反思自己在听力和表达方面的表现。

5. 家庭作业

听力练习：给学生布置额外的听力练习材料，如相关的新闻报道或纪录片片段。

创意作业：要求学生撰写一篇关于亚马逊地区探险经历的短文，并在家里录制成音频。

第七章　核心素养视角下数字技术在英语听力教学中的应用策略

随着科学技术的不断发展，数字技术正在推动产业的深层次变革。传统以知识掌握、经验习得为主的教育难以满足数字时代经济社会发展对人才培养的需求，创新意识、批判性思维、问题解决能力等素养变得尤为重要。具体到课程领域，数字技术的介入冲击着传统"唯分数论"的评价理念，促使评价从结果导向的课程知识掌握转向发展导向的课程核心素养培育。数字技术可用于记录学生课堂学习的全过程数据，智能分析学生个体发展现状，促进学生全面、个性化成长[①]。

中共中央办公厅、国务院办公厅于 2022 年 5 月印发了《关于推进实施国家文化数字化战略的意见》。《意见》明确，到"十四五"时期末，基本建成文化数字化基础设施和服务平台，形成线上线下融合互动、立体覆盖的文化服务供给体系。到 2035 年，我国将建成一个具有物理分布、逻辑关联、快速链接、高效搜索、全面共享与重点集成等特点的国家文化大数据系统，呈现中华文化全景，全民分享中国文化的数字成果。

在核心素养视角下，数字技术在英语听力教学中发挥着重要作用，它们不仅给学生提供了丰富多样的学习材料和真实的语言环境，还促进了学生的批判性思维、创造性思维和跨文化交流能力的发展，从而全面提升了学生的英语综合运用能力和终身学习能力。

---

① 朱莎，杨浠，李嘉源，等.智慧课堂情境的课程核心素养评价范式[J].开放教育研究，2024，30（1）：83-88.

第一节　多媒体材料在听力教学中的整合

多媒体材料在英语听力教学中的整合不仅丰富了教学资源，为学生提供了丰富、互动和真实的学习体验，极大地提升了教学效果和学生的学习兴趣，还能够帮助学生更好地理解和掌握语言知识，促进其听、说、读、写等综合语言能力的全面发展，进而提升学生的跨文化交际能力和批判性思维。

一、多媒体材料的类型

多媒体材料通常指的是在计算机系统或互联网上使用的、结合了多种媒体形式（如文本、图像、音频、视频和动画等）的数字内容。这些材料可以被用于教育、娱乐、广告、通信等多个领域。

多媒体材料通常包括以下几种基本类型。

（一）文本素材

包括各种字体、字号、颜色的文字信息，用于表达多媒体内容的描述、说明或对话等。文件格式可能包括".txt"".doc"".pdf"等。

（二）图像素材

包括静态的照片、插图、图表、图标和矢量图形等。文件格式有".jpg"".png"".gif"".bmp"".svg"等。

（三）音频素材

包括音乐、语音、自然声效等。文件格式可能包括".mp3"".wav"".aac"".ogg"等。

（四）视频素材

包括电影片段、演示视频、访谈等。文件格式有".mp4"".avi"".mov"".wmv"等。

（五）动画素材

包括 2D 和 3D 动画、交互式内容等。文件格式有".swf"，".gif"，".mp4"或".mov"等。

（六）图形素材

包括图表、流程图、符号等。这些图形可以是矢量图形或位图图像的一部分。

这些类型的素材可以单独使用，也可以组合在一起创建复杂的多媒体项目，如多媒体课件、网站、应用程序、游戏等。在多媒体设计中，这些素材的合理搭配和使用可以极大地提高信息传达的效果和用户体验。

二、多媒体材料在提高学生英语听力理解中的作用

多媒体材料在英语听力教学中发挥着重要的作用，它们不仅可以提高学生的学习兴趣，还能有效提升学生的听力理解能力，主要表现在以下几个方面。

（一）提供真实语境

多媒体材料，尤其是视频和音频片段，能为学生提供接近实际交流的真实语境。学生可以听到自然的语音、语调、连读、弱读和重音，这些都是书面材料所无法传达的。例如，观看英语电影或新闻节目，可以让学生接触到各种口音和说话速度，增强他们对真实对话的理解能力。

（二）视觉辅助理解

视频材料中的图像、动作和表情为听力内容提供了视觉上的支持，

可以帮助学生更好地理解对话的上下文和非语言信息。例如，在观看教学视频时，教师的手势或图表可以辅助对复杂概念的语言解释，使学生更容易跟上讲解。

（三）循环播放与暂停功能

多媒体材料允许学生重复播放和暂停，这是传统听力练习所无法比拟的优势。学生可以反复听某个部分直到理解，或者暂停来查阅生词，这有助于学生加深记忆并逐步提高听力技巧。

（四）互动性和参与感

互动软件和在线平台常常包含听力测验、游戏和其他互动活动，鼓励学生积极参与。这种互动性不仅增加了学习的乐趣，还促进了主动学习，提高了听力理解的效率。

（五）多样化的内容和难度

多媒体材料覆盖了广泛的主题和难度级别，从初级到高级都有相应的资源。学生可以根据自己的水平选择合适的材料，并逐渐过渡到更难的内容，从而稳步提升听力技能。

（六）文化浸润

多媒体材料往往包含丰富的文化元素，如音乐、电影、新闻和访谈等，这不仅可以让学生接触到语言本身，还能让学生了解英语国家的社会、历史和习俗，从而让学生在更深层次上理解语言背后的文化含义。

（七）可定制学习路径

数字化多媒体平台允许教师和学生创建个性化的学习计划，根据个人进度调整听力练习。例如，学生可以专注于特定的听力弱点进行训练，如辨识特定口音或理解快速对话，而无需浪费时间在已掌握的内容上。

（八）便捷性和灵活性

数字化的多媒体资源使学生可以在任何地方、任何时间进行听力训练，无论是通过智能手机、平板电脑还是电脑。这种灵活性意味着学生可以充分利用碎片时间，进行持续和频繁的听力练习。

总而言之，多媒体材料为学生提供了全面、动态和个性化的听力训练，并通过多种感官刺激和实际应用，显著增强了学生的听力理解能力和跨文化交流的能力。

三、多媒体材料在英语听力教学中的创新应用

多媒体材料在英语听力教学中的应用可以极大地丰富学生的学习体验，并提高学生的语言能力。下面是一些具体的创新应用方法。

（一）多媒体资源的多样性

视频片段：使用电影、电视剧或新闻报道等真实语境下的视频材料，帮助学生理解不同场景下的对话和表达方式。

音频材料：包括歌曲、播客、有声书等，这些可以提供纯正的发音和地道的用语。

互动软件：利用专门设计的听力练习软件，这些软件通常具有即时反馈功能。

（二）技术支持的学习平台

在线课程平台：如 Coursera、EdX 上的英语听力课程，可以为学生提供结构化的学习路径和丰富的练习资源。

社交媒体：利用 YouTube、Twitter 等社交平台上的英语内容进行学习，这些平台内容多样且更新迅速。

移动应用程序：通过手机应用（如 Duolingo、Rosetta Stone）随时随地进行听力训练。

（三）教学方式的创新

翻转课堂：让学生在课前通过观看视频或听录音来预习，课堂上则进行讨论和实践练习。

项目式学习：鼓励学生围绕一个主题收集并分析不同的多媒体材料，完成一个综合性的项目。

角色扮演：基于特定情境的视频或音频材料，组织学生进行角色扮演活动，模拟真实的交流场景。

（四）个性化学习

智能推荐系统：根据学生的学习进度和个人兴趣向学生推荐合适的多媒体材料。

适应性学习路径：通过算法为每个学生制订个性化的学习计划，确保他们接触到最适合自己的材料。

（五）评价与反馈

自我评价工具：让学生自己评价听力理解的学习效果，并记录进步情况。

同伴评价：组织小组活动，让学生互相听和评价彼此的录音或口头报告。

教师指导：教师可以利用多媒体材料作为教学工具，提供有针对性的指导和反馈。

（六）虚拟现实和增强现实技术

沉浸式体验：通过 VR 技术可以模拟真实环境，让学生置身于虚拟的英语环境中进行练习。

辅助学习：使用 AR 技术在现实世界中叠加虚拟信息，如让学生通过扫描书籍或图片来触发播放相关的音频讲解。

通过上述方法，多媒体材料不仅能够增加英语听力教学的趣味性和互动性，还能有效地提升学生的听力技能和跨文化交际能力。当然，多媒体材料的创新应用不仅限于上述例子，随着技术的不断发展，新的教育工具和方法将持续涌现，为教学和学习带来更多的可能性。教师和教育工作者需要不断探索和实践，以充分利用这些资源，创造更加高效、有趣和个性化的学习体验。

四、英语听力教学中多媒体互动环节设计

在英语听力教学中，多媒体互动环节的设计对于提高学生的参与度和学习效果至关重要。以下是一些具体的设计思路。

（一）听前准备阶段

背景介绍：通过多媒体展示听力材料的背景信息，如通过视频或幻灯片简要介绍即将听到的故事的背景或人物关系。

预测活动：展示一些关键词或图片，引导学生预测听力内容的主题或情节发展。

热身游戏：利用多媒体工具进行词汇游戏或快速问答，以激活学生的已有知识。

（二）听中互动阶段

暂停提问：播放过程中适时暂停，向学生提出问题，让他们思考答案或与其他同学讨论。

实时互动：使用多媒体软件中的互动功能，如投票系统或即时反馈机制，让学生参与进来。

跟读练习：播放一段对话或独白，要求学生模仿其中的发音和语调，然后录制下来与原声对比。

字幕辅助：对于难度较高的材料，可以先关闭字幕让学生尝试理解，随后开启字幕帮助学生理解难点。

（三）听后反馈阶段

小组讨论：根据听力材料分组讨论关键点，分享个人见解。

角色扮演：让学生根据听力材料中的对话进行角色扮演，以此加深对材料的理解。

听力笔记：鼓励学生做听力笔记，并与同学分享笔记内容，共同讨论重要细节。

创作活动：根据听力材料编写续集故事、改编剧本或是制作视频短片。

（四）多媒体技术支持

在线平台：使用在线学习平台如 Edmodo、Moodle 等，上传听力材料，提供在线测试和互动讨论区。

移动应用：利用专门的听力训练 App，如 Quizlet、Babbel 等，进行互动练习和游戏。

社交媒体：创建班级专属的微信群、QQ 群，共享听力材料和交流心得。

虚拟现实（VR）与增强现实（AR）：利用 VR 技术模拟真实场景，让学生身临其境地练习听力；AR 技术可以用于增强学生现实中的互动学习体验。

（五）评价与反馈

自我评价：让学生通过多媒体平台进行自我评价，了解自己进步和需要改进的地方。

同伴评价：让学生通过多媒体工具相互评价对方的录音或口语表达。

教师反馈：教师可以根据多媒体平台上学生的表现给予及时反馈和指导。

具体实施步骤如下：

一是选择多媒体材料：选取适合学生水平的视频或音频文件。

二是设计互动任务：结合听力材料的特点，设计听前预测、听中互动和听后反馈的任务。

三是实施教学活动：按照设计好的流程执行教学活动，确保多媒体工具的有效使用。

四是收集反馈：教师通过多媒体平台收集学生的作业和反馈，以便调整后续的教学计划。

通过这样的设计，多媒体不仅能够丰富英语听力课堂的内容，还能促进师生之间的互动，提高学生的听力和语言运用能力。

五、多媒体材料在英语听力教学中的整合策略

多媒体材料在英语听力教学中的整合策略旨在有效地利用各种视听资源来强化学生的听力技能。

（一）整合策略

1. 选择合适的材料

多样性：确保选用的材料涵盖不同的口音、速度和话题，以便学生能适应多种语言环境。

真实性：尽可能使用真实的语言材料，如新闻报道、电影剪辑、播客等，以给学生提供贴近现实的语言体验。

2. 创设情境

模拟真实情景：利用多媒体材料创设接近实际生活的交流情境，如餐厅点餐、机场对话等。

角色扮演：让学生根据提供的视频或音频材料进行角色扮演练习，以增强其听力理解和口语表达能力。

3. 分层次教学

分层练习：针对不同水平的学生设计不同难度级别的听力材料，确保每个学生都能在适合自己的水平上得到有效的练习。

渐进式难度：从简单的对话开始，逐渐过渡到更复杂的话题和更高的语速，帮助学生逐步提高听力水平。

4. 互动式学习

互动活动：利用多媒体工具创建互动性的听力练习，如在线测验、互动故事等。

小组讨论：组织小组讨论会，让学生分享对听力材料的理解和个人观点，以促进语言交流和思维的碰撞。

5. 自主学习

自主探索：鼓励学生自己寻找感兴趣的听力材料，并尝试独立完成相关的听力任务。

自我评价：提供自我评价工具，帮助学生检测自己的听力水平，并根据反馈调整学习计划。

6. 技术辅助

智能工具：利用语音识别软件、自动评分系统等技术手段来辅助教学，提高效率。

在线资源：推荐使用在线数据库、应用程序等资源，方便学生随时随地进行听力训练。

7. 教学方法创新

翻转课堂：在课前分配多媒体材料供学生预习，课堂上则将之用于讨论和深入分析。

项目式学习：围绕某个主题或项目开展听力训练，让学生在完成任务的过程中提高听力技巧。

8. 跨学科融合

结合其他学科：将英语听力与其他学科（如语文、历史、政治、地理、数学）结合起来，让学生在学习新知识的同时锻炼听力技能。

（二）实施步骤

第一，目标设定：明确教学目标，包括学生需要达到的听力水平以及期望他们能够掌握的具体技能。

第二，材料准备：收集与目标相符的多媒体材料，并根据学生的兴趣和需求进行筛选。

第三，课程设计：制订详细的课程计划，包括活动安排、作业布置等。

第四，实施教学：按照计划进行教学，灵活调整以应对学生的反应和需求。

第五，评价反馈：定期对学生的表现进行评价，并给予积极的反馈和建议。

通过上述策略的实施，教师可以有效地整合多媒体材料来提高英语听力教学的质量和效果。

第二节　移动学习与个性化听力训练

一、移动学习的概念

移动学习（Mobile learning，简称 M-Learning 或 m-learning）是一种新兴的学习方式，指利用移动设备（如智能手机、平板电脑、个人数字助理 PDA、笔记本电脑等）进行的学习活动。这些设备通常可以通过无线网络连接到互联网，从而使学习者能够访问学习资源和服务，在任何时间、任何地点进行学习。移动学习的便携性、个性化、实时性和互动性特点使其在教育领域被广泛应用。移动设备上的应用 APP 可为学习者提供更加个性化和智能化的学习体验[1]。

移动学习具有以下特征。

---

[1] 王瑜.大学生使用人工智能技术辅助移动学习英语词汇的行为意向影响因素研究[J].现代远距离教育，2023（5）：72-80.

第一，高便携性：移动学习的核心特征之一是设备的便携性，这使学习者可以轻松携带设备并在各种环境下进行学习。

第二，高效用：学习者可以随时随地访问学习内容和服务，不受时间和地点的限制。

第三，个性化学习：移动学习可以提供高度个性化的学习体验，因为学习者可以根据自己的进度、兴趣和需求来选择学习内容。

第四，互动性：移动学习促进了学习者之间的互动以及学习者与内容之间的互动，如学习者可以通过社交媒体、论坛、即时消息等方式进行交流。

第五，情境相关性：学习内容可以与学习者当前的环境或活动相关联，提供即时的信息或支持。

第六，成本效益：相对于传统的学习方式，移动学习在某些情况下可能会减少成本，因为它减少了对物理空间的需求并提高了资源的利用率。

移动学习的应用场景包括以下几种。

正式学习：作为学校或机构课程的一部分，移动学习可以被用来补充课堂教学，如在线课程、视频讲座、测验等。

非正式学习：个人可以通过移动设备自发地学习新技能或知识，如通过应用程序自学语言或数学。

混合学习：移动学习结合了面对面教学与在线学习资源，可以作为混合学习模式的一部分被广泛采用。

职业培训：企业可以利用移动学习为员工提供在职培训和发展机会，提高工作效率。

移动学习的技术基础：移动计算技术。它既包括设备硬件的进步，如更高的处理速度、更大的存储容量和更长的电池寿命，也包括无线网络技术，如 Wi-Fi、3G、4G、LTE、5G 等技术，这类技术可以为人们提供快速稳定的网络连接，也包括软件应用，如专门为移动设备开发的应用程序，可以用于提供学习内容和工具。

移动学习已经成为现代教育不可或缺的一部分，随着技术的进步，它的形式和应用将会继续发展。

二、移动学习与个性化听力训练之间的关系

移动学习与个性化听力训练之间存在密切的联系，尤其是在语言学习、听力康复和其他教育领域。移动学习有灵活性和便捷性，使学习者能够在任何时间、任何地点访问学习资源。个性化听力训练则是针对个人特定需求而定制的听力练习，旨在提高个体的听力技能和理解能力。以下是对二者关系的详细阐述。

（一）随时随地的练习机会

移动设备的便携性使用户可以随时进行听力训练。无论是在公交车上，在休息时间，还是在等待期间，学习者都可以利用碎片时间进行听力练习，这有助于提高听力技能的频率和效率。

（二）个性化学习路径

移动学习平台通常能够收集用户数据，包括学习进度、错误模式和个人偏好。基于这些信息，平台可以提供个性化的听力材料，如调整语速、词汇难度或主题内容，以适应每个学习者的具体需求。

（三）即时反馈与进步追踪

移动应用可以立即给出反馈，指出哪些部分被正确理解了，哪些部分需要改进。这种即时反馈有助于学习者意识到自己的弱点，并有针对性地进行强化训练。同时，进度追踪功能可以让学习者看到自己随着时间的推移在听力理解方面取得的进步。

（四）多样化的听力材料

移动学习平台可以提供多种类型的听力材料，从简单的对话到复杂

的讲座或新闻广播，甚至包括音乐和电影片段。多样性不仅增加了学习的趣味性，还确保了训练的全面性和实用性。

（五）社交和竞争元素

一些移动学习应用还集成了社交功能，允许学习者与他人竞争或合作，如排行榜竞赛、挑战或小组活动。这种社交互动可以激发学习动力，促进听力技能的持续发展。

（六）可扩展性和更新

移动应用可以定期更新，引入新的听力材料和训练方法，以反映最新的研究发现和教育趋势。这保证了学习内容的时效性和有效性。

（七）成本效益

与传统的听力训练方式相比，移动学习往往更经济实惠。许多应用程序可以提供免费的基础功能，高级功能可能需要付费，但总体上仍然比购买专门的听力训练材料或参加线下课程便宜。

综上所述，移动学习与个性化听力训练相结合，为学习者提供了高度定制化、灵活且高效的学习环境。通过充分利用移动技术和个性化学习策略，每个人都可以根据自己的节奏和需求，有效地提升听力技能。

三、移动学习实现个性化听力训练的策略

移动学习能够通过各种技术手段实现个性化听力训练，满足不同学习者的需求和偏好。以下是移动学习如何实现个性化听力训练的一些关键方法。

（一）自适应学习算法

移动学习平台可以利用算法来分析学习者的行为和表现，自动调整听力训练的难度和内容。例如，如果一个学习者在理解快速对话方面

第七章 核心素养视角下数字技术在英语听力教学中的应用策略

有困难，算法可能会提供更多这类材料的练习，直到他们达到一定水平为止。

（二）用户画像与数据分析

通过收集学习者的个人信息、学习历史和偏好，移动学习应用可以创建详细的用户画像。这些数据可被用于推荐最适合的学习资源，确保学习内容与学习者的兴趣和能力相匹配。

（三）智能推送

基于学习者的表现和进度，移动学习应用可以智能推送个性化的听力材料。例如，如果检测到学习者对某一类词汇的理解有所欠缺，应用就可以推送包含这些词的听力练习。

（四）可调节的学习参数

移动学习平台通常允许学习者自定义学习参数，如语速、音量、重复次数等。这使学习者可以根据自己的听力需求调整听力材料的播放方式，以达到最佳的学习效果。

（五）反馈与评价系统

移动学习应用可以提供即时反馈，帮助学习者了解自己的听力水平和进步情况。评价系统可以包括听力测试、自我评价问卷和同伴评价，为学习者提供全面的反馈。

（六）多模态学习资源

移动学习平台通常能提供多种类型的听力材料，包括对话、讲座、新闻、音乐和电影片段等。学习者可以根据自己的兴趣和学习目标选择适合的材料，这有助于提高学习的积极性和效率。

（七）游戏化学习

通过将听力练习设计成游戏的形式，移动学习应用可以增加学习的趣味性和互动性。游戏化元素，如积分、徽章和排行榜可以激励学习者积极参与听力训练。

（八）社交学习功能

移动学习平台可以集成社交功能，如论坛、聊天室和合作学习小组，让学习者与他人交流学习经验，互相帮助，共同进步。

（九）语音识别功能

一些移动学习应用具备语音识别功能，允许学习者通过口语练习来提高听力理解能力。系统可以分析学习者的发音和语调，提供有针对性的指导。

（十）跨平台同步

移动学习应用通常支持跨平台同步，这意味着学习者可以在不同设备上无缝切换，而不必重新开始学习进程。这对于经常在多个设备之间切换的学习者而言尤其有用。

通过上述方法，移动学习不仅给学习者提供了个性化的听力训练，还给学习者创造了更加灵活、高效和有趣的语言学习体验。学习者可以根据自己的需求和时间安排，随时随地进行听力练习，逐步提高听力理解能力。

四、移动学习中如何利用大数据分析个性化需求

在移动学习环境中，大数据分析对于实现个性化学习具有至关重要的作用。通过收集、分析和解释大量学习者数据，教育者和平台可以给学生提供更加定制化和更加有效的学习体验。以下是利用大数据分析来

满足个性化需求的一些具体方式。

（一）学习者行为分析

大数据可以帮助教师追踪和分析学习者在移动学习平台上的行为，如观看视频的时长、完成任务的速度、参与讨论的频率等。这些数据可以揭示学习者的偏好、兴趣和学习风格，从而帮助师生调整学习内容和方法。

（二）学习路径优化

通过分析学习者在课程中的进展，大数据可以识别学习难点和能迅速掌握的部分，进而调整学习路径，为每个学习者提供最合适的课程顺序和深度。

（三）个性化推荐

基于学习者的历史数据，包括过去的课程选择、成绩和兴趣，大数据分析可以给学习者推荐最相关的学习资源，包括文章、视频、测验等，确保学习内容既相关又具有挑战性。

（四）实时反馈与干预

大数据分析可以实时监测学习者的进步和挑战情况，提供即时反馈，甚至在学习者遇到困难时主动介入，提供额外的资源或辅导。

（五）预测分析

通过机器学习算法，大数据分析可以对学习者未来的学习趋势和可能遇到的问题进行预测，并提前准备好相应的解决方案。

（六）情感分析

大数据可以被用于分析学习者在论坛、社交媒体和评价中的评论，了解他们的情绪状态和满意度，这有助于改善课程设计和学习体验。

（七）社交学习网络分析

大数据可以揭示学习者之间的互动模式，帮助构建更友善的学习社区，促进合作学习和知识共享。

（八）智能辅导系统

基于大数据的智能辅导系统可以模拟人类导师的角色，为学习者提供个性化的指导和建议，满足每个学习者的独特需求。

（九）评价与认证

大数据分析可以用于创建更公平、准确的评价系统，通过分析学习者的表现和参与度来颁发证书或学分。

（十）持续改进与迭代

通过对学习者数据的持续分析，教育者和平台可以不断改进课程内容、教学方法和技术，确保学习体验与时俱进。

实施过程中应注意的事项如下。

隐私保护：在收集和分析数据时，必须遵守数据保护法规，确保学习者的隐私得到尊重。

透明度：向学习者明确告知数据如何被收集和使用，建立信任。

伦理考量：确保数据分析和应用的目的始终是增进学习者的福祉和教育质量。

通过这些方式，移动学习平台可以利用大数据分析来提供更加个性化、高效和适应性强的学习体验，从而提高学习成果和满意度。

第三节 在线平台与虚拟现实技术的运用

在线平台与虚拟现实技术在英语听力教学中的运用，为学习者提供了前所未有的沉浸式和互动式学习体验。

一、在线平台与英语听力教学

（一）在线平台的概念

在线平台是指可以在互联网上访问和使用的软件或服务，它们提供了各种功能，包括但不限于教育、社交、商务、娱乐等。在教育领域，特别是在移动学习方面，有许多在线平台被设计为可以支持远程学习、自主学习和协作学习等活动的形态。

在线学习平台一般具有以下特点。

一是内容管理：在线平台通常具有内容管理系统，允许教师上传课程资料、创建作业和测验。

二是互动工具：平台可能包含讨论区、即时聊天、视频会议等功能，以便学生和教师进行交流。

三是评价和反馈：支持自动评分和手动评分，为学生提供即时反馈。

四是移动兼容性：许多平台都优化了移动设备上的使用体验，以适应移动学习的需求。

五是个性化学习路径：一些高级平台能够根据学生的表现和偏好定制学习路径。

六是数据分析：平台可以跟踪学习者的活动，并生成报告以帮助教师评价效果。

常见的在线学习平台包括以下几种。

1. LMS（Learning Management System）

Moodle：一个广泛使用的在线学习管理系统，它可以用于组织和提供英语听力课程内容，包括上传听力材料、创建测验和讨论区等。

Blackboard Learn：提供全面的在线学习解决方案，适用于各级教育机构。

Canvas by Instructure：面向教育机构的云托管学习管理系统。

2. MOOC 平台

Coursera：提供大量大学级别的在线课程。

edX：由哈佛大学和麻省理工学院合作创办，提供免费的在线大学课程。

Udacity：专注于技术领域的纳米学位课程。

3. 企业培训平台

Docebo LMS：面向企业的学习管理软件，支持移动学习。

SumTotal Systems：提供集成的人才管理和学习解决方案。

4. 专业移动学习平台

短书：提供移动学习解决方案的专业平台。

得到：专注于提供高质量音频课程的平台。

喜马拉雅 FM：以音频内容为主的学习平台。

5. 社交媒体和通信工具

微信：在中国非常流行，可用于构建学习社群和分享学习资源。

Slack：企业级通信平台，可以用于团队协作和学习小组。

实施移动学习需要考虑的关键因素有以下几方面。

技术兼容性：确保平台支持不同的移动设备和操作系统。

用户体验：设计简洁直观的用户界面，方便学习者使用。

内容适配：创建适合小屏幕阅读和交互的内容。

数据隐私与安全：保护用户的个人信息和学习数据的安全。

随着技术的发展，越来越多的在线平台开始支持移动学习，并且这些平台也在不断地创新，以更好地满足教育和培训的需求。

（二）在线平台在英语听力教学中的作用

在"互联网＋教育"时代，英语在线学习成为越来越多英语学习者

第七章 核心素养视角下数字技术在英语听力教学中的应用策略

的选择。与传统英语教育相比,在线英语教育不受时间、空间、地域的限制,同时,理想的在线英语教育为学习者提供了丰富的国际化资源,个性化的课程定制以及真人外教视频互动等优势功能,来支持不同领域学习者的在线学习。不论从语言学的角度还是教育学的角度,这都是传统应试型英语教育无法实现的[①]。在线平台在英语听力教学中不仅可以提供丰富的学习资源,还可以促进学生之间的交流和协作,以及为学生提供个性化的学习体验。

1. 提供丰富的学习资源

在线平台可以为学生提供大量的听力材料,包括但不限于以下几类。

新闻报道:国际新闻网站和播客所提供的最新的新闻报道,可以帮助学生熟悉不同的口音和语速。

电影和电视剧:提供电影和电视剧的片段,特别是那些带有字幕的片段,可以帮助学生理解对话内容。

学术讲座:教师可以通过播放 TED Talks、大学公开课程等平台所提供的学术讲座,可以来提高学生的学术听力能力。

语言交换:学生通过在线平台找到语言交换伙伴,进行实际的对话练习。

2. 促进个性化学习

自适应学习路径:在线平台可以根据学生的表现和进步自动调整学习材料的难度和类型。

个性化推荐:根据学生的学习历史和个人兴趣推荐合适的听力练习材料。

3. 支持自主学习

自我评价工具:提供自我评价和测试工具,帮助学生检查自己的听力理解水平。

进度追踪:允许学生跟踪自己的学习进度,并设定个人学习目标。

[①] 苗国芳,陈仕品,胥碧.国内在线英语教育平台探析:以 VIPABC 英语在线平台为例[J].中国教育信息化,2016(19):94-96.

4. 促进交流与协作

在线讨论区：提供讨论区让学生分享学习经验、提问和回答问题。

小组项目：组织小组项目促进同学之间的合作学习，让学生共同完成听力任务。

5. 实现灵活的学习方式

移动学习：在线平台通常支持移动设备，这意味着学生可以在任何地方进行听力练习。

时间灵活性：学生可以根据自己的时间表安排学习活动，无须受固定上课时间的限制。

6. 提供即时反馈

自动化评价：在线平台可以提供即时的反馈和成绩报告，帮助学生即时了解自己的表现。

教师指导：教师可以在线监控学生的进步情况，并提供有针对性的指导和建议。

7. 使用多媒体和互动工具

视频和音频资源：在线平台通常集成了各种多媒体资源，如视频教程、互动游戏等。

虚拟教室：提供虚拟教室环境，支持实时视频会议，让学生和老师能够面对面交流。

8. 数据驱动的学习分析

学习行为分析：平台可以收集学习数据，帮助教师和学生了解学习习惯和模式。

个性化学习建议：基于学习分析的结果，提供个性化的学习建议。

在线平台通过提供多样化的资源、个性化的学习体验以及灵活的学习方式，极大地促进了英语听力教学的效果。它们不仅可以帮助学生提高听力技能，还能够激发学生的学习兴趣和自主学习的能力。随着科学技术的不断进步，在未来的英语听力教学中在线平台必将发挥更加重要的作用。

第七章　核心素养视角下数字技术在英语听力教学中的应用策略

二、虚拟现实技术与英语听力教学

（一）虚拟现实技术的概念

虚拟现实技术利用计算机技术模拟三维立体的虚拟空间，可以为用户提供视觉、听觉等感官模拟，令其产生身临其境之感，并可让用户即时、不受时空限制地与虚拟世界中的人物、场景、物品进行交互。《虚拟现实产业发展白皮书（2022年）》中指出，当前虚拟现实技术已经广泛应用于包括数学、医学、机械工程、空间科学等在内的各学科教育，在推动语言教育变革方面亦取得了令人瞩目的成绩，近年来更是成为学界热议的话题[①]。

虚拟现实技术利用计算机生成的模拟环境可以让用户感觉自己置身于一个完全沉浸式的虚拟世界中。这种技术可以让用户通过视觉、听觉甚至是触觉等方式与虚拟环境进行交互。虚拟现实的技术基础可以追溯到20世纪60年代，但它真正成为一种成熟的技术是在90年代初。虚拟现实技术具有以下基本特征。

一是沉浸（immersion）。用户能够感觉到自己仿佛真正处于被模拟的环境之中，这是通过高分辨率的显示器、环绕声和其他感官输入来实现的。

二是交互（interaction）。用户可以通过手势、语音或其他输入方式与虚拟环境进行互动。

三是想象（imagination）。用户可以在这个虚拟世界中创造和经历各种情境和体验。

虚拟现实系统可分为以下几类。

一是沉浸式：使用头戴式显示器等设备提供完全封闭的虚拟体验。

[①] 肖俊敏，王春辉.虚拟现实技术在语言教育中的应用：研究现状、作用机制与发展愿景[J].首都师范大学学报（社会科学版），2023（5）：91-105.

二是非沉浸式：不需要特殊硬件，可以通过桌面电脑或平板电脑等设备访问。

三是分布式：多个用户可以在不同地点共享同一个虚拟环境。

四是增强现实（AR）：将虚拟元素叠加在真实世界之上，而不是完全替代真实世界。

（二）虚拟现实技术在增强英语听力理解能力中的作用

虚拟现实技术因其沉浸式特性和交互性，在提高英语听力理解能力方面具有巨大的潜力。它不仅能够提供真实的情景模拟，还能根据学习者的需要进行个性化定制，从而有效地提高语言学习的效率和质量。随着技术的发展，虚拟现实技术在英语听力教学中的应用会越来越广泛和深入。

1. 提供沉浸式学习环境

模拟真实对话场景：通过模拟真实的对话和情境，如购物、点餐、旅行预订等，帮助学习者在自然的交流环境中练习听力。在虚拟环境中，学习者可以自由犯错而不用担心被评判，这种心理安全感有利于提高学习者的自信，使他们更愿意尝试和挑战更难的听力材料。

增强现实感：利用高质量的音频和视频来模拟真实世界的背景声音和情境，让学习者更容易理解对话的内容。在虚拟现实中，学习者可以体验各种日常或专业情境，如餐馆点餐、机场办理手续、商业会议等。这些情境不仅给学习者提供了丰富的听力材料，还要求学习者在实际环境中运用语言，从而增强学习者的理解能力和反应速度。

2. 实现个性化学习

适应性学习路径：虚拟现实技术可以根据学习者的水平、表现和需求，调整听力材料、场景的复杂度和语言难度，提供个性化的学习体验。例如，如果学习者在理解快速对话方面有困难，系统可以减慢语速或提供字幕辅助。

反馈与评价：虚拟现实系统可以即时提供反馈和成绩报告，指出学习者在听力练习中的正确和错误之处，帮助学习者快速纠正错误，提高学习效率。

3. 提升学习动力和兴趣

游戏化学习：通过游戏化的任务和挑战，提高学习者的参与度和动力。虚拟现实技术创造了一个完全沉浸的环境，学习者仿佛置身于真实的场景中，如英语国家的街头、教室或工作场所。这种身临其境的游戏化学习可以提高学习者的专注度，使听力练习更加生动和有效。

互动性和趣味性：虚拟现实技术允许学习者与虚拟人物进行对话，通过语音识别技术，学习者可以与虚拟环境中的对象进行实时交流。这种互动不仅加强了听力训练的效果，还提升了学习者的口语表达能力，通过虚拟角色扮演、故事讲述等活动，让学习过程更加有趣。

4. 创造多样化的练习机会

多种口音和语速：通过虚拟角色展示不同的口音和语速，帮助学习者适应各种英语变体。

丰富的内容选择：提供广泛的听力材料，包括新闻报道、电影片段、讲座和日常对话等。虚拟现实可以模拟不同的文化背景，让学习者在文化沉浸中练习听力，理解不同文化下的语言使用习惯和表达方式，这对于提高跨文化听力理解能力至关重要。

5. 促进自主学习

自我调节学习：鼓励学习者设定个人目标并在没有教师直接监督的情况下进行练习。

随时随地学习：允许学习者在任何时间和地点访问虚拟学习资源，便于学习者灵活安排学习计划。虚拟现实环境可以无限次地重复相同的场景，学习者可以在没有压力的情况下反复练习听力，直到熟练掌握。这对于克服听力难点和提高理解能力非常有益。

6. 支持远程教育和协作

在线同步学习：使身处不同地理位置的学习者能够在同一虚拟环境中进行听力练习和交流。不受地理位置限制，学习者可以在家中体验世界各地的语言环境，这对于提高对不同口音和方言的听力理解能力特别有帮助。

教师指导：教师可以在虚拟环境中观察学习者的进展，并提供即时指导和支持。

通过以上方式，虚拟现实技术不仅能够增强学习者的听力理解能力，还能提升其跨文化交际能力和语言运用的灵活性，为英语学习带来了全新的维度和可能性。

（三）虚拟现实技术的局限

尽管虚拟现实技术在听力教学中展现出了巨大的潜力和优势，但它同样存在一些局限性，这些局限可能会影响其在教育领域的广泛应用。下面是虚拟现实技术在听力教学中可能遇到的几个主要局限性。

1. 成本问题

虚拟现实设备，如头戴式显示器、控制器和高性能计算机，成本相对较高，这可能限制了学校或家庭对虚拟现实技术的采用，尤其是在资源有限的地区。

2. 技术障碍

对于教师和学生而言，掌握虚拟现实技术的使用可能需要一定的时间和培训。此外，软件的安装、配置和维护也可能成为障碍。

3. 健康与安全问题

长时间使用虚拟现实设备可能导致眼睛疲劳、头痛、恶心或晕动病发作，特别是对于敏感人群。这被称为"VR晕动症"，可能影响学习体验和持续性。

4. 内容与质量

高质量的虚拟现实听力教学内容开发需要专业知识和大量资源，目前市场上可能缺乏足够多的、针对特定学习目标的高质量虚拟现实教学内容。

第七章 核心素养视角下数字技术在英语听力教学中的应用策略

5. 可访问性

虚拟现实设备的物理特性可能会给具有某些身体条件的人造成使用上的困难，如视力或移动受限的个体可能难以正常使用虚拟现实头盔。

6. 社交隔离

虽然虚拟现实可以模拟社交互动，但在长时间的沉浸体验中，学习者可能会感到被隔离在了现实世界的社交之外，这会影响人际交往技能的培养。

7. 技术兼容性

不同的虚拟现实平台和设备之间可能存在兼容性问题，导致一些内容不能在所有设备上顺畅运行，限制了资源的共享和利用。

8. 教育理论与实践的融合

将虚拟现实技术融入现有的教育理论和实践中可能需要时间，教育者需要探索如何最有效地利用虚拟现实技术来支持教学目标。

9. 隐私与数据安全

虚拟现实应用可能涉及收集用户数据，包括行为和生物特征数据，这就需要落实严格的数据保护措施，以保障学生的隐私安全。

10. 长期效果的不确定性

目前对虚拟现实在教育中长期效果的研究还不充分，需要更多实证研究来探明其对学习成果的持久影响。

虽然虚拟现实技术在听力教学中存在这些局限性，但随着技术的进步和教育应用的成熟，这些问题有望得到缓解。教育者和开发者正在不断努力，寻找创新的方法来克服这些挑战，以最大化开发虚拟现实在听力教学中的潜力。

（四）克服虚拟现实技术局限性的方法

克服虚拟现实技术在听力教学中的局限性需要多方面的策略和创新。以下是一些可能的解决办法。

1. 降低成本

规模化生产：随着虚拟现实技术的普及，大规模生产将降低硬件成本。

租赁和共享服务：学校或图书馆可以设立虚拟现实中心，提供设备租赁或共享服务，减少个人购买的负担。

政府和企业资助：争取政府补助或企业赞助，为学校和教育机构提供资金支持。

2. 技术培训和支持

提供培训课程：为教师和学生提供虚拟现实技术的基本操作和教学法培训。

技术支持团队：建立专门的技术支持团队，解决安装、配置和维护中的问题。

3. 健康与安全措施

定期休息：设定使用时间限制，确保使用者可以每隔一段时间休息一次，缓解眼部和身体疲劳。

舒适性设计：选择舒适度高的虚拟现实设备，减少佩戴不适感。

用户教育：教育使用者关于 VR 晕动症的预防和缓解措施。

4. 内容开发与质量控制

合作与共享：鼓励教育者和内容创作者合作，共享资源，降低内容开发成本。

标准与审核：制定内容质量标准，建立审核流程，确保教学内容的教育价值和准确性。

5. 提高可访问性

适配辅助功能：设计带有辅助功能的虚拟现实应用，如语音识别输入、屏幕阅读器等，以适应特殊需求的用户。

6. 促进社交互动

混合学习模式：结合在线和面对面教学，确保学生不会完全脱离现实世界的人际互动。

虚拟社交空间：创建虚拟社交环境，鼓励学习者之间进行合作、交流。

7.技术兼容与标准化

遵循开放标准：采用开放标准和协议，确保不同平台和设备之间的互操作性。

跨平台开发：优先开发可在多种设备上运行的内容，提高资源的可访问性和使用率。

8.教育理论与实践的融合

研究与实践：开展更多的实证研究，探索虚拟现实在教育中最有效的应用场景和教学策略。

教师专业发展：持续为教师提供专业发展机会，帮助他们将虚拟现实融入课堂教学。

9.隐私与数据安全

加密与匿名化：对收集的数据进行加密处理和匿名化，保护用户隐私。

透明政策：建立清晰的隐私政策，向用户说明数据是如何被收集和使用的。

10.长期效果研究

持续跟踪评价：实施长期研究项目，跟踪学习者的进步和成果，以评价虚拟现实教学的长期效果。

通过实施这些策略，教育者和科技工作者可以共同努力，最大限度地发挥虚拟现实技术在听力教学中的潜力，同时克服其潜在的局限性，为学习者创造更加丰富、安全和有效的学习体验。

三、在线平台与虚拟现实技术在英语听力教学中的应用策略

在线平台与虚拟现实技术在英语听力教学中的应用可以结合两者的优势，为学习者提供高效且有趣的听力训练体验。以下是一些具体的应用策略。

（一）在线平台的应用策略

1. 充分利用丰富的网络资源

利用在线平台获取多样的听力材料，包括新闻、电影片段、播客、访谈等，涵盖不同主题和口音。设立专门的听力练习区域，根据难度级别和话题分类整理材料。

2. 优化个性化学习路径

根据学习者的水平和需求，提供个性化的学习建议和材料推荐。利用数据分析来跟踪学习者的进度，并据此调整后续的教学内容。

3. 开展互动与反馈

设计互动式听力练习，如填空题、选择题等，以检验学习者的理解程度。提供即时反馈机制，帮助学习者及时纠正错误并巩固知识点。

4. 开展社交学习

创建在线讨论组或论坛，鼓励学习者分享听力材料和心得、互相帮助解决问题。安排定期的线上讨论会或小组活动，促进学习者之间的交流。

5. 倡导移动学习

开发移动应用程序，使学习者可以在任何地方进行听力训练。确保平台内容在手机和平板电脑上也能流畅播放。

（二）虚拟现实技术的应用策略

1. 增强沉浸式体验

利用虚拟现实技术构建真实的场景，如超市购物、餐厅点餐、机场值机等日常生活场景，使学习者置身于实际的语言环境中，提高听力理解和应对实际对话的能力。通过模拟不同的文化和社会背景，增加听力材料的文化相关性，学习者可以"亲临"英语国家的街头巷尾，感受文化氛围，学习地道表达，加深对英语文化的理解。

第七章 核心素养视角下数字技术在英语听力教学中的应用策略

2.设计角色扮演游戏

设计角色扮演游戏,让学习者与虚拟人物进行对话,提高听力和口语表达能力。要提供不同难度级别的角色,以适应不同水平的学习者。

3.模拟真实对话

模拟日常生活中的对话场景,如购物、旅行预订等,以提高学习者在实际生活中用英语交际的能力。利用虚拟现实技术提供多种口音和语速的练习,帮助学习者适应不同的英语发音。

4.开展互动性学习

利用虚拟现实技术提供互动式练习,如模拟对话中的选择题或问答环节。设计小游戏和挑战,提高学习者的参与度、兴趣和自信心。

5.做好评价与反馈

利用虚拟现实技术的传感器和数据分析工具,记录学习者的行为和反应,以评价学习者的听力理解水平。提供基于学习者表现的个性化反馈和改进建议。

6.完善自主学习工具

设计虚拟图书馆,让学习者可以浏览和听取外语书籍、杂志和报纸上的内容,提高阅读理解能力。提供写作辅助工具,帮助学习者在听后进行书面总结或复述。

(三)在线平台与虚拟现实技术的结合

1.整合资源

将在线平台作为虚拟现实的体验入口,让学习者可以从平台上进入虚拟现实场景。在线平台可以提供虚拟现实体验的预览和简介,帮助学习者做好准备。

2.强化学习体验

利用在线平台的互动特性,为虚拟现实体验提供额外的支持和反馈。在虚拟现实活动中加入在线平台的互动元素,如在线投票、调查等。

3. 扩展学习社区

鼓励学习者在完成虚拟现实体验后，在线平台上分享他们的体验和学习成果。创建在线社区，让学习者可以讨论在虚拟现实活动中遇到的难点和收获。多人 VR 环境允许全球的学习者在同一虚拟空间内相遇，进行跨文化交际练习，开阔全球视野，增强跨文化沟通能力。

（四）实施注意事项

1. 确保技术支持

确保所有参与者都有必要的技术设备（如 VR 头盔、智能手机等）。提供技术支持和培训，帮助学习者熟练掌握使用方法。

2. 注重内容质量

保证虚拟现实体验的内容质量，确保语言准确无误。定期更新内容，保证学习材料的新鲜度和相关性。

3. 保护个人隐私

在使用虚拟现实技术和在线平台时，注意保护学习者的隐私和个人信息安全。确保虚拟环境的安全性，避免不适宜的内容出现。

通过结合在线平台与虚拟现实技术，英语听力教学可以变得更加生动、有趣和有效。这样的教学方法不仅可以提高学习者的听力理解能力，还能激发他们的学习热情和创造力。

第四节　人工智能在英语听力教学中的应用

一、人工智能的概念

20 世纪 50 年代，人工智能（Artificial Intelligence, AI）作为一个独立的研究领域正式出现。早期探索包括逻辑推理、搜索算法等。20 世纪

第七章　核心素养视角下数字技术在英语听力教学中的应用策略

80年代末至20世纪90年代初，机器学习开始受到重视。21世纪初至今，深度学习技术的发展极大地推动了人工智能的进步。随着计算能力的增强、算法的优化以及数据的爆炸性增长，人工智能将继续迅速发展，并在更多领域发挥重要作用。

党的十八大以来，党和国家陆续出台了多项推动人工智能教育应用的政策与行动，极大地促进了教育数字化转型的不断升级与实践场域的全面普及化拓展。2017年7月，国务院颁布《新一代人工智能发展规划》，明确提出"要加速推进以人工智能为核心的人才培养模式和教学方式改革，建立以智能学习和互动学习为核心的新型教学模式"。2022年11月，ChatGPT的横空出世再次引发了教育领域广泛而热烈的讨论。① 2024年《政府工作报告》明确指出："深化大数据、人工智能等研发应用，开展'人工智能+'行动，打造具有国际竞争力的数字产业集群。"这是"人工智能+"概念首次被写入《政府工作报告》，人工智能已成为驱动产业升级和新质生产力发展的关键力量。②

人工智能是对模拟、延伸与扩展人类智能的理论、方法、技术以及应用系统的总称。它试图理解和模仿智能的本质，并创造出能够以类似于人类智能的方式作出反应的智能机器。人工智能的核心目标是使计算机系统执行通常情况下那些需要人类智能才能完成的任务。这些任务包括学习、推理、规划、感知、自然语言处理、认知和自我修复等。人工智能具有以下特征。

（一）智能化

计算机能够模仿人类的思维和行为，在特定领域展现出类似人类智能的能力。通过数据处理，计算机能够实现自主决策和行动，模拟人类

---

① 孙立会，周亮. 生成式人工智能融入国家中小学智慧教育平台的实践逻辑[J]. 中国电化教育，2024（8）：71-79.

② 李猛. "人工智能+"赋能新质生产力发展：内在机理与路径探索[J]. 北京航空航天大学学报(社会科学版)，2024，37（4）：127-137.

的智能行为。典型应用包括自动驾驶、语音识别、自然语言处理和图像识别等。

（二）学习能力

人工智能通过学习算法和模型，能够从大量数据中学习和提高自身的能力。通过分析、识别、抽象和总结数据，人工智能可以形成知识和规则，并将之应用于新任务中。

（三）感知能力

通过感知技术，计算机能够获取外界信息并对其进行分析、处理和识别，实现对周围环境的感知，包括图像、声音、温度、湿度和气味等。视觉识别、语音识别、自然语言处理和生物特征识别等技术的开发是人工智能感知能力的体现。

（四）自主决策能力

基于先前学习的知识和规则，结合当前环境信息，计算机能够进行自主决策和行动。自主决策能力使人工智能能够在多变的环境中灵活应对，快速得出最优解决方案。这一能力在机器人、智能家居和自动驾驶等领域得到了应用。

（五）归纳和演绎能力

人工智能具有归纳和演绎能力，能够从大量数据中抽象概括总结出规律和模式，能够根据已有知识进行逻辑推理和计算。

（六）多模态信息处理能力

人工智能可以处理数字、字符、音频、图像、视频等多种信息。具有极高的智能化和应用化特征。

（七）大规模数据分析能力

人工智能可以结合数据库技术、数据挖掘技术等，利用大量数据进行深度学习和模型训练。为决策支持和预测分析提供技术手段。

（八）与人交互的能力

人工智能系统能够与人进行交互，如通过语音、图像等方式与人类进行对话，从而不断学习和适应人类的语言和文化。

以上特征共同构成了现代人工智能的核心要素和技术能力。随着技术的进步，人工智能的应用范围也在不断扩大，未来还会有更多的创新和发展。

二、人工智能在英语听力教学中的作用

人工智能是引领新一轮科技革命和产业变革的重要驱动力，正深刻改变着人们的生产、生活、学习方式，推动着人类社会进入人机协同、跨界融合、共创分享的智能时代。人工智能技术的应用极大地解放了社会生产力，提升了社会管理效率，改善了人类生活和服务质量[1]。人工智能在英语听力教学中的作用是非常显著的，它可以给学生提供个性化的学习体验，提高学习效率，并且帮助教师更好地管理课堂教学具体作用有以下几点。

（一）智能化听力材料推荐

个性化推荐：人工智能可以根据学生的听力水平、兴趣偏好等因素，为每个学生推荐合适的听力材料。例如，对于初级学习者，人工智能可能会推荐简单的对话或故事；而对于高级学习者，则可能提供新闻广播或学术讲座。

---

[1] 朱莎，李环，吴砥，等.面向未成年人的人工智能核心素养构建：面向未成年人的人工智能技术规范研究（二）[J].电化教育研究，2023，44（6）：15-21，53.

动态难度调节：根据学生的表现，人工智能可以自动调整材料的难度，确保学生始终处于适当的挑战水平。

（二）语音识别与反馈

发音纠正：通过语音识别技术，人工智能能够实时检测学生的发音准确性，并提供即时反馈。这种即时反馈有助于学生迅速改正错误。

听力理解测试：人工智能可以通过提问来测试学生对听力材料的理解程度，从而帮助学生巩固所学内容。

（三）真实情景模拟

情景模拟：人工智能可以创建模拟对话或情景，让学生在实际环境中练习听力技能，如机场登记、餐厅点餐等场景。

角色扮演：通过人工智能模拟不同角色的声音，学生可以参与角色扮演活动，在提高听力的同时锻炼口语表达能力。

（四）大数据分析与学习跟踪

学习进度跟踪：人工智能系统可以记录学生的学习行为，如听力练习的时间、正确率等，进而提供详细的进度报告。

个性化学习路径：基于数据分析，人工智能可以为学生量身定制学习计划，确保学习内容与学生的需求相符。

（五）自适应学习系统

自适应难度调整：根据学生的能力水平，人工智能可以自动调整听力练习的难度，确保学生能够在舒适区之外学习新知识。

激励机制：设定小目标和奖励机制，以激励学生持续进步。

（六）虚拟教师

虚拟助教：人工智能可以作为虚拟助教，回答学生的问题，给学生提供额外的解释或示例。

全天候可用性：虚拟助教可以全天候为学生提供帮助，不受时间和地点限制。

（七）交互式学习体验

互动式课程：人工智能驱动的互动元素，如问答游戏、虚拟现实体验等，可以增加学习的乐趣和参与度。

多模态学习：结合图像、视频等多种媒体形式，丰富听力材料，提高学生的学习兴趣。

（八）教师支持

教学资源管理：人工智能可以帮助教师整理和分类教学资源，使其更易被管理和分享。

课堂管理工具：人工智能可以协助教师监控学生的学习进度，并提供有关如何改进教学的建议。

通过上述应用，可以看到，人工智能在英语听力教学中不仅能够提高学生的学习效果，还能减轻教师的工作负担，使整个教学过程更加高效和个性化。随着技术的不断进步，有理由相信未来会有更多创新的方法来利用人工智能提升英语听力的教学质量。

三、核心素养视角下人工智能在听力教学中的应用策略

人工智能辅助外语学习弥补了课堂教学的不足，不仅将传统课堂教学延伸到了课外学习，增加并创造了更多的学习机会，为英语学习提供了便利，开拓了新的英语自主学习模式，还为听力技能的习得提供了个性化的学习方法和有效的学习途径[1]。在核心素养视角下利用人工智能开

---

[1] 王瑜.大学生使用人工智能技术辅助移动学习英语词汇的行为意向影响因素研究[J].现代远距离教育，2023（5）：72-80.

展英语听力教学，需要结合人工智能的特点和技术优势来设计和实施教学活动。下面是一些具体的策略和方法。

（一）利用智能平台进行个性化学习

个性化学习路径：利用人工智能对学生的学习情况进行分析，为每个学生提供个性化的学习路径和建议。

适应性学习内容：根据学生的学习进度和能力水平，智能推送合适的听力材料，确保学习内容既具有挑战性又能促进学生成长。

（二）开展智能评价与反馈

即时反馈：人工智能可以实时评价学生的听力表现，并给出即时反馈，帮助学生及时纠正错误。

深度分析：人工智能通过深度学习技术，可以分析学生的听力弱点和优点，提供有针对性的改进建议。

（三）增强互动式学习体验

虚拟对话伙伴：聊天机器人或虚拟助手，可以模拟真实的对话场景，让学生在自然的环境中练习听力。

互动式故事讲述：利用人工智能生成互动式故事，可以鼓励学生参与故事情节，提高听力理解和反应速度。

（四）加强多媒体资源的整合

多样化听力材料：人工智能可以帮助教师筛选和整合不同类型的听力资源，如新闻广播、电影片段、播客等。

情景模拟：人工智能可以通过虚拟现实（VR）或增强现实（AR）技术创设真实的情境，提高学生的听力技能。

第七章　核心素养视角下数字技术在英语听力教学中的应用策略

（五）加强数据驱动的教学管理

学习数据分析：收集学生的学习数据，如听力成绩、学习习惯等，帮助教师了解学生的学习状态。

精准教学指导：基于数据分析，教师可以针对学生的学习需求提供更精准的教学指导和支持。

（六）开展社区化学习

在线协作平台：利用人工智能支持的在线平台，促进学生之间的合作学习，如共享听力资源、讨论听力材料。

同伴评价：人工智能可以辅助学生进行同伴间的听力作业评价，提升学生的沟通能力和批判性思维。

（七）提供游戏化学习

听力游戏：开发基于人工智能的游戏，可以让学生在游戏中练习听力，增加学习的趣味性和参与度。

挑战模式：设置不同难度级别的听力挑战，激励学生不断提升自己的听力水平。

（八）加强教师培训与发展

教师培训：为教师提供关于如何有效利用人工智能进行听力教学的专业培训。

教学资源共享：建立教师社区，共享优秀的人工智能辅助听力教学案例和资源。

具体实施步骤如下。

一是需求分析：了解学生的需求和兴趣点，确定教学目标。

二是资源准备：选择合适的人工智能工具和技术，准备多样化的听力材料。

三是课程设计：设计包含听前、听中、听后的教学活动，确保课程的连贯性和有效性。

四是教学实施：利用人工智能技术进行教学活动，确保学生积极参与。

五是评价反馈：定期对学生的学习效果进行评价，并给予反馈。

六是持续改进：根据评价结果调整教学策略，不断优化教学过程。

通过实施这些策略，人工智能不仅能帮助学生提高英语听力水平，还能在核心素养视角下全面提升学生的综合语言运用能力和跨文化交际能力。这不仅对学生的学业成绩有益，还将对他们未来的职业生涯和个人发展产生积极影响。

总之，ChatGPT等生成式人工智能技术可以根据课程标准、教材内容和学生认知发展情况，辅助教师科学地确定包含活动目标、活动形式和活动内容等要素的设计方案。教师可以选择合适的教学工具、策略和资源，设计富有启发性、探究性和实践性的课堂学习活动，激发学生在活动中培养核心素养[1]。人工智能技术在英语听力教学中的应用不仅能够给学生提供个性化的学习体验，还可以提高英语教学的质量。教师应当积极探索这些新技术的应用，同时要确保它们能够与现有的教学理念相结合，以实现最佳的教学效果。此外，还需要考虑如何在使用这些技术的同时保护学生的隐私和个人信息安全。

---

[1] 朱莎，杨洒，李嘉源，等.智慧课堂情境的课程核心素养评价范式[J].开放教育研究，2024，30（1）：83-88.

参考文献

[1] 奥恩斯坦，汉金斯. 课程：基础·原理和问题 [M]. 柯森，译. 3 版. 南京：江苏教育出版社，2002.

[2] 沃斯，林佳豫. 自主学习的革命：《学习的革命》工具篇 [M]. 刘文，译. 北京：中国友谊出版公司，2016.

[3] 佐藤学. 课程与教师 [M]. 钟启泉，译. 北京：教育科学出版社，2003.

[4] 皮亚杰. 皮亚杰教育论著选 [M]. 卢濬，译. 北京：人民教育出版社，1990.

[5] 斯蒂德，萨瓦哈尔. 教会学生自主学习：在课堂中实践成长型思维的实用工具包 [M]. 白洁，译. 北京：中国青年出版社，2021.

[6] 曾洁. 外语自主学习策略教程 [M]. 上海：上海外语教育出版社，2011.

[7] 陈光海，汪应，杨雪平. 信息化教学理论、方法与途径 [M]. 重庆：重庆大学出版社，2018.

[8] 陈坚林. 计算机网络与外语课程的整合：一项基于大学英语教学改革的研究 [M]. 上海：上海外语教育出版社，2010.

[9] 陈敬朴. 基础教育概论 [M]. 苏州：苏州大学出版社，2000.

[10] 教育部基础教育司. 全日制义务教育英语课程标准（实验稿）解读 [M]. 北京：北京师范大学出版社，2002.

[11] 教育部基础教育课程教材专家工作委员会. 义务教育英语课程标准（2011 年版）解读 [M]. 北京：北京师范大学出版社，2012.

[12] 陈申. 外语教育中的文化教学 [M]. 北京：北京语言文化大学出版社，1999.

[13] 陈玉琨，代蕊华. 课程与课堂教学 [M]. 上海：华东师范大学出版社，2002.

［14］陈振华．高中英语新课程理念与实施［M］．海口：海南出版社，2004．

［15］程晓堂．核心素养下英语教学的理念与实践［M］．南宁：广西教育出版社，2021．

［16］程晓堂．任务型语言教学［M］．北京：高等教育出版社，2004．

［17］戴炜栋．外语教育求索集［M］．上海：上海外语教育出版社，2006．

［18］杜草甬，商金林．夏丏尊论语文教育［M］．郑州：河南教育出版社，1987．

［19］杜晓新，冯震．元认知与学习策略［M］．北京：人民教育出版社，1999．

［20］段作章．基础教育课程改革透视与展望［M］．合肥：安徽教育出版社，2004．

［21］范兆雄．课程文化发展论［M］．广州：广东高等教育出版社，2005．

［22］付克．中国外语教育史［M］．上海：上海外语教育出版社，1986．

［23］傅道春．新课程中教师行为的变化［M］．北京：首都师范大学出版社，2001．

［24］龚亚夫，罗少茜．任务型语言教学［M］．2版．北京：人民教育出版社，2006．

［25］桂诗春．新编心理语言学［M］．上海：上海外语教育出版社，2000．

［26］郭娟，蒋海燕．人本主义活动在英语教学中的应用［M］．北京：首都师范大学出版社，2005．

［27］韩冬，傅兵．信息素养教育论［M］．北京：北京理工大学出版社，2017．

［28］郝德永．课程研制方法论［M］．北京：教育科学出版社，2000．

［29］何安平．新课程理念与初中英语课程改革［M］．长春：东北师范大学出版社，2002．

［30］文秋芳．英语学习策略论［M］．上海：上海外语教育出版社，1996．

［31］胡文仲．跨文化交际与英语学习［M］．上海：上海译文出版社，1988．

［32］黄甫全．课程与教学论［M］．北京：高等教育出版社，2002．

［33］黄国营．英语教育学［M］．南昌：江西教育出版社，1997．

［34］黄远振．新课程英语教与学［M］．福州：福建教育出版社，2003．

［35］贾冠杰．外语教育心理学［M］．南宁：广西教育出版社，1996．

［36］贾国栋.计算机辅助语言教学：理论与实践[M].北京：高等教育出版社，2007.

［37］中华人民共和国教育部.国务院关于基础教育改革与发展的决定[M].北京：中国法制出版社，2001.

［38］教育部基础教育司.走进新课程：与课程实施者对话[M].北京：北京师范大学出版社，2002.

［39］教育部基础教育司.全日制义务教育英语课程标准解读（实验稿）[M].北京：北京师范大学出版社，2002.

［40］金莺，宋桂月.高中英语课程标准教师读本[M].武汉：华中师范大学出版社，2003.

［41］金莺，宋桂月.全日制义务教育普通高级中学英语课程标准教师读本[M].2版.武汉：华中师范大学出版社，2003.

［42］靳玉乐，黄清.课程研究方法论[M].重庆：西南大学出版社，2000.

［43］靳玉乐.新课程改革的理念与创新[M].北京：人民教育出版社，2003.

［44］李定仁，徐继存.课程论研究二十年：1979～1999[M].北京：人民教育出版社，2004.

［45］李丽生.英语新课程改革理论与实践[M].昆明：云南大学出版社，2005.

［46］李良佑，张日昇，刘犁.中国英语教学史[M].上海：上海外语教育出版社，1988.

［47］李森，宋乃庆.基础教育概论[M].成都：四川教育出版社，2004.

［48］李庭芗.英语教学法[M].北京：高等教育出版社，1983.

［49］李雁冰.课程评价论[M].上海：上海教育出版社，2002.

［50］连榕.现代学习心理辅导[M].福州：福建教育出版社，2001.

［51］联合国教科文组织国际教育发展委员会.学会生存：教育世界的今天和明天[M].北京：教育科学出版社，1996.

［52］林崇德.21世纪学生发展核心素养研究[M].北京：北京师范大学出版社，2016.

［53］李庆安，李洪玉，辛自强. 英语教学心理学[M]. 北京：北京教育出版社，2001.

［54］刘道义. 外语基础教育发展报告（1978—2008）[M]. 上海：上海外语教育出版社，2008.

［55］卢家楣. 情感教学心理学[M]. 上海：上海教育出版社，2000.

［56］鲁子问，陈则航. 小学英语课程标准与教材研究[M]. 上海：华东师范大学出版社，2020.

［57］鲁子问. 英语教学论[M]. 上海：华东师范大学出版社，2009.

［58］罗爱梅，罗丹，何艳铭. 当代中小学外语课程发展[M]. 广州：广东高等教育出版社，2005.

［59］全国课程专业委员会秘书处. 21世纪中国课程研究与改革[M]. 北京：人民教育出版社，2001.

［60］吕良环. 外语课程与教学论[M]. 杭州：浙江教育出版社，2003.

［61］普通高中英语课程标准修订组. 普通高中英语课程标准（2017年版2020年修订）解读[M]. 北京：高等教育出版社，2020.

［62］义务教育英语课程标准修订组. 义务教育英语课程标准（2022年版）解读[M]. 北京：北京师范大学出版社，2022.

［63］梅德明. 新世纪英语教学理论与实践[M]. 上海：上海外语教育出版社，2004.

［64］潘洪建. 有效学习与教学：9种学习方式的变革[M]. 北京：北京师范大学出版社，2013.

［65］庞维国. 自主学习：学与教的原理和策略[M]. 上海：华东师范大学出版社，2003.

［66］裴娣娜. 现代教学论：第二卷[M]. 北京：人民教育出版社，2005.

［67］彭泽平. 变革与反思：改革开放以来我国基础教育课程改革研究[M]. 北京：中国文史出版社，2005.

［68］任长松. 新课程学习方式的变革[M]. 北京：人民教育出版社，2003.

[69] 施良方，崔允漷.教学理论：课堂教学的原理、策略与研究[M].上海：华东师范大学出版社，1999.

[70] 石鸥，刘丽群.课程改革中的若干问题：面向21世纪基础教育课程改革[M].广州：广东教育出版社，2004.

[71] 束定芳，庄智象.现代外语教学：理论、实践与方法[M].上海：上海外语教育出版社，1996.

[72] 束定芳.外语教学改革：问题与对策[M].上海：上海外语教育出版社，2004.

[73] 束定芳，庄智象.现代外语教学：理论、实践与方法[M].上海：上海外语教育出版社，1996.

[74] 隋明才.英语教学论[M].南宁：广西教育出版社，2001.

[75] 田式国.英语教学理论与实践[M].北京：高等教育出版社，2001.

[76] 王本陆.中国教育改革30年：课程与教学卷[M].北京：北京师范大学出版社，2009.

[77] 王炳照.中国教育改革30年：基础教育卷[M].北京：北京师范大学出版社，2009.

[78] 王才仁.英语教学交际论[M].南宁：广西教育出版社，1996.

[79] 王才仁，曾葡初.英语双重活动教学法：中国特色的外语教学法[M].南宁：广西教育出版社，1999.

[80] 王策三，孙喜亭，刘硕.基础教育改革论[M].北京：知识产权出版社，2005.

[81] 王吉庆.信息素养论[M].上海：上海教育出版社，1999.

[82] 王坤庆.教育哲学新编[M].武汉：华中师范大学出版社，2010.

[83] 王蔷，胡亚琳，陈则航，等.基于学生核心素养的英语学科能力研究[M].北京：北京师范大学出版社，2018.

[84] 王蔷.小学英语教学法教程[M].北京：高等教育出版社，2003.

[85] 王尚文.语感论[M].上海：上海教育出版社，2006.

[86] 课程教材研究所.课程改革整体论[M].北京：人民教育出版社，2003.

[87] 魏立明,刘丽艳.课程标准与教学大纲对比分析:高中英语[M].长春:东北师范大学出版社,2004.

[88] 温满玉,苏剑芳.小学英语课程理念与实施[M].桂林:广西师范大学出版社,2003.

[89] 文秋芳.英语学习策略论[M].上海:上海外语教育出版社,1996.

[90] 吴康宁.教育社会学[M].北京:人民教育出版社,1998.

[91] 吴效锋.新课程怎样教:教学艺术与实践[M].沈阳:沈阳出版社,2003.

[92] 吴永军.课程社会学[M].南京:南京师范大学出版社,1999.

[93] 肖川.教师:与新课程共成长[M].上海:上海教育出版社,2004.

[94] 杨小微.现代教学论[M].太原:山西教育出版社,2004.

[95] 中央教育科学研究所.叶圣陶语文教育论集[M].北京:北京教育出版社,1980.

[96] 尹世寅,赵艳华.新课程:中学英语课堂教学如何改革与创新[M].成都:四川大学出版社,2005.

[97] 于向东,苑德庆,董馨.基础教育课程改革研究[M].上海:华东师范大学出版社,2007.

[98] 于泽元.课程变革与学校课程领导[M].重庆:重庆大学出版社,2006.

[99] 张楚廷.教学论纲[M].北京:高等教育出版社,1999.

[100] 张传燧.课程与教学论[M].北京:人民教育出版社,2008.

[101] 张大均.教育心理学[M].北京:人民教育出版社,1999.

[102] 张天宝.新课程与课堂教学改革[M].北京:人民教育出版社,2003.

[103] 张天雪,等.基础教育改革论纲[M].重庆:重庆大学出版社,2008.

[104] 刘倩.初中英语新课程教学法[M].北京:开明出版社,2003.

[105] 任长松.新课程学习方式的变革[M].北京:人民教育出版社,2003.

[106] 张正东.中国外语教学法理论与流派[M].北京:科学出版社,2000.

[107] 章兼中,俞红珍.英语教育心理学[M].北京:警官教育出版社,1998.

[108] 章兼中.外语教育学[M].杭州:浙江教育出版社,1993.

[109] 赵平.中国中小学英语教学教改研究[M].太原:书海出版社,2001.

［110］郑金洲.教育文化学[M].北京：人民教育出版社，2000.

［111］中华人民共和国教育部.普通高中英语课程标准（2017年版2020年修订）[S].北京：人民教育出版社，2020.

［112］中华人民共和国教育部.普通高中英语课程标准（实验）[S].北京：北京师范大学出版社，2003.

［113］中华人民共和国教育部.全日制义务教育普通高级中学英语课程标准（实验稿）[S].北京：北京师范大学出版社，2001.

［114］中华人民共和国教育部.义务教育英语课程标准（2011年版）[S].北京：北京师范大学出版社，2012.

［115］中华人民共和国教育部.义务教育英语课程标准（2022年版）[S].北京：北京师范大学出版社，2022.

［116］钟启泉.课程与教学概论[M].上海：华东师范大学出版社，2004.

［117］钟启泉，崔允漷，张华.为了中华民族的复兴，为了每位学生的发展：《基础教育课程改革纲要（试行）》解读[M].上海：华东师范大学出版社，2001.

［118］朱纯.外语教学心理学[M].上海：上海外语教育出版社，1994.

［119］教育部基础教育司.走进新课程：与课程实施者对话[M].北京：北京师范大学出版社，2002.

［120］朱智贤.心理学大词典[M].北京：北京师范大学出版社，1989.

［121］庄兆身，高凌飚.基础教育课程改革研究[M].广州：广东教育出版社，2002.

［122］左焕琪.外语教育展望[M].上海：华东师范大学出版社，2002.

［123］VANDERGRIFT L，方申萍.第二语言听力理解中的学习策略培训[J].国外外语教学，2000（4）：24–28.

［124］安丰存，王铭玉.新时代外语学科核心素养建构：价值意蕴、内涵维度与实施路径[J].外语研究，2024，41（3）：57–63.

［125］白晓云.基础英语教育人文价值的迷失与回归[J].中国教育学刊，2015（6）：84–87.

[126] 蔡铁权. 三维目标的课程观诠释[J]. 全球教育展望, 2006, 35（3）: 57-61.

[127] 蔡学佳. 初中英语教师信息素养的现状分析及对策探究[D]. 长春: 东北师范大学, 2013.

[128] 陈敏. 英语教学中学生跨文化交际意识的培养[J]. 中国教育学刊, 2019（增刊1）: 93-94.

[129] 陈佑清, 胡金玲. 核心素养导向的课程与教学改革的特质: 基于核心素养特性及其学习机制的理解[J]. 课程·教材·教法, 2022, 42（10）: 12-19.

[130] 成晓光. 对我国英语课程标准的思考[J]. 外语与外语教学, 2002（5）: 23-25, 30.

[131] 程可拉. 外语学习的三对基本概念辨析[J]. 课程·教材·教法, 2006（6）: 50-53.

[132] 程晓堂, 但巍. 基础教育阶段英语课程的核心理念解读[J]. 课程·教材·教法, 2012, 32（3）: 57-63.

[133] 程晓堂, 龚亚夫. 《英语课程标准》的理论基础[J]. 课程·教材·教法, 2005（3）: 66-72.

[134] 程晓堂, 赵思奇. 英语学科核心素养的实质内涵[J]. 课程·教材·教法, 2016, 36（5）: 79-86.

[135] 程晓堂. 课程改革背景下英语课程资源的开发和使用: 问题与建议[J]. 课程·教材·教法, 2019, 39（3）: 96-101.

[136] 程晓堂. 论自主学习[J]. 学科教育, 1999（9）: 32-35, 39.

[137] 褚艳秋. 优化关键环节: 让"教学评一体化"真实落地[J]. 中小学管理, 2023（11）: 53-55.

[138] 戴劲. 输入方式、输入次数与语篇理解[J]. 外语教学与研究, 2007（4）: 285-293, 321.

[139] 戴忠信. 外语言语交际能力形成过程: 个体体验理论视角[D]. 北京: 北京师范大学, 2004.

[140] 邓垚.英语教学情境创设要恰当[J].中国教育学刊，2020（7）：103.

[141] 董淑娟，刘雪园.高中英语教学中提升跨学科思维能力探究：评《核心素养下英语教学的理念与实践》[J].科技管理研究，2023，43（24）：243.

[142] 董晓波.美国中小学外语课程改革对我国基础外语教育的启示[J].教学与管理，2006（6）：93-94.

[143] 范琳，张其云.建构主义教学理论与英语教学改革的契合[J].外语与外语教学，2003（4）：28-32.

[144] 冯刚，王栋梁.思想政治教育反馈激励机制的构建：基于游戏系统的启示[J].思想教育研究，2017（8）：21-25.

[145] 付海东.面向学科核心素养的高中信息技术教师教学能力发展研究[D].长春：东北师范大学，2022.

[146] 高燕.课程思政建设的关键问题与解决路径[J].中国高等教育，2017（3/4）：11-14.

[147] 高洋，曾罡，王晓晨.社会文化理论视域下高校青年英语教师多元身份发展研究[J].西安外国语大学学报，2023，31（3）：73-78.

[148] 葛炳芳，印佳欢.英语学习活动观的阅读课堂教学实践[J].课程·教材·教法，2020，40（6）：102-108.

[149] 龚亚夫.论基础英语教育的多元目标：探寻英语教育的核心价值[J].课程·教材·教法，2012，32（11）：26-34.

[150] 龚亚夫.英语教育的价值与基础英语教育的改革[J].外国语（上海外国语大学学报），2014，37（6）：18-19.

[151] 郭宝仙.从课程观的角度看我国英语课程的发展[J].中小学英语教学与研究，2004（7）：1-3，13.

[152] 郭雅彩.基础教育课程改革与教师观念的应对[J].陕西师范大学学报（哲学社会科学版），2002（增刊1）：277-280.

[153] 郭艳玲.英语专业学生批判性思维能力培养探究[J].黑龙江高教研究，2014（8）：174-176.

[154] 郭元祥.课程观的转向[J].课程·教材·教法,2001(6):11–16.

[155] 韩宝成,刘润清.我国基础教育阶段英语教育回眸与思考(一):政策与目的[J].外语教学与研究,2008(2):150–155,161.

[156] 韩宝成.关于我国中小学英语教育的思考[J].外语教学与研究,2010,42(4):300–302.

[157] 韩红.全球化语境下外语教学中的跨文化意识[J].外语学刊,2002(1):105–112.

[158] 郝德永.关于课程本质内涵的探讨[J].课程·教材·教法,1997(8):6–11.

[159] 何玉海.关于"课程思政"的本质内涵与实现路径的探索[J].思想理论教育导刊,2019(10):130–134.

[160] 核心素养研究课题组.中国学生发展核心素养[J].中国教育学刊,2016(10):1–3.

[161] 胡艳芬.行为主义理论指导下的HUC英语口语能力培养体系[J].外语电化教学,2009(3):33–37.

[162] 华维芬.数字素养与英语自主学习研究[J].外语教学,2020,41(5):66–70.

[163] 黄甫全.普通高中新课程培养目标变革的文献分析[J].课程·教材·教法,2004(10):3–8.

[164] 黄启后.新课程呼唤新观念[J].昆明师范高等专科学校学报,2002(1):29–32.

[165] 黄远振,兰春寿,黄睿.为思而教:英语教育价值取向及实施策略[J].课程·教材·教法,2014,34(4):63–69.

[166] 贺斌.教师怎样与新课程同行——谈教师的角色转变及学会新的专业技能[J].教育理论与研究,2002(5):30–35.

[167] 吉哲民,李冬梅.浅谈中国学生的外语交际能力[J].外语界,2001(3):15–18.

[168] 贾爱武.外语教师的专业地位及其专业发展内涵[J].外语与外语教学，2005（4）：57-59.

[169] 贾爱武.外语教师教育与专业发展研究综述[J].外语界，2005（1）：61-66.

[170] 贾道新.高中英语听力教学初探[J].黑龙江教育学院学报，2002（6）：118-119.

[171] 贾文娟.基于核心素养的任务型教学策略在初中英语听力教学中的应用[D].重庆：西南大学，2023.

[172] 蒋红斌."双减"背景下学生自主学习的价值、限度及其实现[J].教育学术月刊，2022（4）：66-72.

[173] 蒋小青.提高中学生英语听力水平的十个教学策略[J].基础教育外语教学研究，2003（4）：43-45.

[174] 孔燕平，聂建中.CET中复合式听写及其对教学的反拨作用[J].外语界，2002（2）：51-57.

[175] 雷淑芬.近十年基础教育英语课程改革研究述评[J].湖北函授大学学报，2015，28（11）：161-162.

[176] 李冬梅.近十年来国内英语听力理解研究述评[J].外语界，2002（2）：30-34.

[177] 李芳.巴班斯基"教学过程的最优化"理论与外语教学的最优化问题[J].外语教学，2001（1）：48-50.

[178] 李国娟.课程思政建设必须牢牢把握五个关键环节[J].中国高等教育，2017（15/16）：28-29.

[179] 李惠敏.基于核心素养的高校英语教师职业能力发展[J].山西财经大学学报，2023，45（增刊1）：196-198.

[180] 李健.在高中英语听力教学中如何培养学生的思维能力[J].徐州教育学院学报，2002（4）：172-173.

[181] 李俊.基于批判性思维能力培养的高中英语选修课教学探析[J].江苏教育学院学报（社会科学报），2013，29（5）：131-134.

[182] 李美莹，吴光辉. 人与世界相遇的方式：语言哲学观照下的跨文化交际 [J]. 南通大学学报（社会科学版），2022，38（3）：79-86.

[183] 李猛. "人工智能+"赋能新质生产力发展：内在机理与路径探索 [J]. 北京航空航天大学学报（社会科学版），2024，37（4）：127-137.

[184] 李品洁. 教师作为辅助者在外语课堂语言互动中的作用 [J]. 外语界，2002（1）：67-71.

[185] 李涛涛，田建荣. 英语学习活动观实施的困境与超越 [J]. 课程·教材·教法，2021，41（5）：96-102.

[186] 李晓. 试论外语教学"三大原则"及其实践途径 [J]. 外语与外语教学，2003（8）：19-21.

[187] 李彦荣. 中国中小学课程改革的文化路向 [D]. 上海：华东师范大学，2004.

[188] 李跃湘. 影响学生英语听力的主要因素及解决方式 [J]. 现代教育科学，2003（12）：46-47.

[189] 李正栓，索磊. 美国外语教学模式给我们的启示 [J]. 外语与外语教学，2003（7）：21-24.

[190] 李志厚. 走出旧模式，走进新课程：对我国基础教育课程改革的几点认识 [J]. 教育导刊，2002（19）：22-25.

[191] 李祖超，李蔚然，王天娥. 国家最高科学技术奖获得者非智力因素分析 [J]. 教育研究，2015，36（10）：78-89.

[192] 廖晓青. 任务型教学的理论基础和课堂实践 [J]. 中小学外语教学，2001（11）：10-12.

[193] 林崇德. 构建中国化的学生发展核心素养 [J]. 北京师范大学学报（社会科学版），2017（1）：66-73.

[194] 林崇德. 中国学生发展核心素养：深入回答"立什么德、树什么人"[J]. 人民教育，2016（19）：14-16.

[195] 刘道义，郑旺全. 改革开放40年中国基础英语教育发展报告 [J]. 课程·教材·教法，2018，38（12）：12-20.

[196] 刘道义.外语教育的作用与高考改革[J].外国语（上海外国语大学学报），2014，37（6）：8-10.

[197] 刘婧韡，刘一萌，顾小清.指向核心素养的智能化深度学习系统框架[J].开放教育研究，2023，29（6）：112-120.

[198] 刘靖.听力教学中的策略运用[J].基础教育外语教学研究，2004（2）：52-54.

[199] 刘树仁.新课程对教师的挑战及应对策略[J].教学与管理，2002（6）：3-4.

[200] 刘旭东，薛荣.人文精神：现代课程的价值取向[J].教育理论与实践，1998（1）：39-43.

[201] 刘振天，李婧芸.论批判性思维的特性及高校教学因应策略[J].北京大学教育评论，2023，21（4）：160-175.

[202] 卢莉.理查兹论英语听力教学材料的设计[J].外语与外语教学，2000（5）：38-41.

[203] 卢艺.初中语文语感教学策略研究[D].西宁：青海师范大学，2023.

[204] 罗大珍，郑艳.学科教育教学中立德树人意识引导研究：以英语课程为例[J].校园英语，2016（7）：29-31.

[205] 罗选民.互动与创新：语言教学的核心：评介Penny Ur的《语言教学教程：实践与理论》[J].外语教学，2002（1）：87-91.

[206] 罗永华，阳程.核心素养导向下的高中英语深度教学评价指标体系的建构[J].课程·教材·教法，2024，44（3）：126-133.

[207] 吕丽盼，俞理明.双向文化教学：论外语教学跨文化交际能力培养[J].中国外语，2021，18（4）62-67.

[208] 吕良环.论外语自主学习能力之培养[D].上海：华东师范大学，2005.

[209] 吕叔湘.中学语文教师的语法修养[J].中学语文教学，1985（10）：36.

[210] 马黎华.影响第二语言听力理解的因素[J].西安外国语学院学报，2002（2）：68-71.

[211] 马莉萍, 冯沁雪. 本科生批判性思维能力及高影响力教育实践的影响: 基于某所"双一流"建设高校的实证研究[J]. 中国高教研究, 2022(5): 72-79.

[212] 毛浩然, 刘艳芹, 林杏.《义务教育英语课程标准（2022版）》的拐点、难点与奇点[J]. 教育评论, 2022(5): 24-30.

[213] 梅德明, 王蔷. 新时代义务教育英语课程新发展: 义务教育英语课程标准（2022年版）解读[J]. 基础教育课程, 2022(10): 19-25.

[214] 梅艳. 英语教学手段的新思考[J]. 外语电化教学, 2002(3): 35-38.

[215] 苗国芳, 陈仕品, 胥碧. 国内在线英语教育平台探析: 以VIPABC英语在线平台为例[J]. 中国教育信息化, 2016(19): 94-96.

[216] 彭望书. 关于基础教育课程改革中学习方式变革的反思[J]. 教育探索, 2005(11): 14-16.

[217] 彭伟强. 当代国外外语课程变革的经验及其借鉴[J]. 比较教育研究, 2002(4): 38-43.

[218] 彭泽平. 改革开放以来我国基础教育课程改革评析[D]. 上海: 华东师范大学, 2004.

[219] 戚谢美. 论在新课程改革中实现教师的自身发展[J]. 教育评论, 2002(2): 26-28.

[220] 钱家荣. 谈新课程之"新"[J]. 现代教育科学, 2002(8): 9-10, 44.

[221] 容中逵. 抵制、规避还是适应、胜任？: 论新基础教育课程改革实施中的教师问题[J]. 教育理论与实践, 2007(3): 105-107.

[222] 桑国元, 叶碧欣, 黄嘉莉, 等. 构建指向中国学生发展核心素养的项目式学习标准模型[J]. 中国远程教育, 2023, 45(6): 49-55.

[223] 沈洪木. 图式理论对新闻英语听力教学的启示[J]. 教育理论与实践, 2016, 36(27): 51-52.

[224] 沈琴. 英语听力教学中的预测技能[J]. 教学与管理, 2001(1): 61-62.

[225] 束定芳. 关于英语学科核心素养的几点思考[J]. 山东外语教学, 2017, 38(2): 35-41.

[226] 孙宝林. 新课程背景下教师角色的转变[J]. 青岛教育学院学报, 2002 (3): 1-3.

[227] 孙立会, 周亮. 生成式人工智能融入国家中小学智慧教育平台的实践逻辑[J]. 中国电化教育, 2024 (8): 71-79.

[228] 汤富华. 大学英语课堂应导入语感训练步骤[J]. 湘潭大学学报（哲学社会科学版）, 1999 (3): 112-113.

[229] 唐丽芳, 马云鹏. 文化自觉: 课程变革中的学校文化研究[J]. 中国教育学刊, 2007 (3): 33-37, 41.

[230] 田霞. 背诵对高中生英语写作能力提高的实效研究[D]. 武汉: 华中师范大学, 2015.

[231] 屠莉娅. 从素养表达走向素养实践: 聚焦核心素养的课程转化与行动要义[J]. 教育研究, 2023, 44 (9): 86-96.

[232] 王蓉. "以可视材料为基础的听力活动"在听说教学中的实践[J]. 外语电化教学, 2002 (1): 18-21.

[233] 王初明. 影响外语学习的两大因素与外语教学[J]. 外语界, 2001 (6): 8-12.

[234] 王光明, 甄祎明, 刘静. 教师核心素养和能力的实践样态: 基于对4661名教师的循证研究[J]. 教师教育研究, 2022, 34 (5): 23-32.

[235] 王卉, 黄颖思. 强化语言知识: 英语课程培养核心素养的关键[J]. 教育学术月刊, 2024 (2): 65-72.

[236] 王卉, 师曼, 苏涵仙, 等. 《义务教育英语课程标准（2022年版）》解读（笔谈）[J]. 湖南第一师范学院学报, 2022, 22 (3): 21-31.

[237] 王景云. 论"思政课程"与"课程思政"的逻辑互构[J]. 马克思主义与现实, 2019 (6): 186-191.

[238] 王立非, 张大凤. 国外二语预制语块习得研究的方法进展与启示[J]. 外语与外语教学, 2006 (5): 17-21.

[239] 王蔷, 李亮. 推动核心素养背景下英语课堂教—学—评一体化: 意义、理论与方法[J]. 课程·教材·教法, 2019, 39 (5): 114-120.

［240］王蔷.从综合语言运用能力到英语学科核心素养：高中英语课程改革的新挑战[J].英语教师，2015，15（16）：6-7.

［241］王蔷.理解与实施好《义务教育英语课程标准（2011年版）》[J].江苏教育，2013（5）：7-9.

［242］王蔷.深化改革理念，提升课程质量：解读《义务教育英语课程标准（2011年版）》的主要变化[J].课程·教材·教法，2013，31（1）：34-40.

［243］王庆霞，孟凡丽.学科核心素养导向下高中英语项目化学习的价值意蕴与实践路径[J].课程·教材·教法，2024，44（1）：143-148.

［244］王守仁.当代中国语境下个性化英语教学的理念与实践[J].外语与外语教学，2015（4）：1-4.

［245］王守仁.关于全面加强中国英语教育的思考[J].外语教学，2002（2）：89-92.

［246］王淑芳.互联网时代：英语学习者与英语教师[J].河海大学学报（哲学社会科学版），2001（3）：73-76.

［247］王田.大学生自主学习的现状及影响因素研究[D].长春：东北师范大学，2014.

［248］王湘玲，宁春岩.从传统教学观到建构主义教学观：两种教学观指导下的英语教学对比研究[J].外语与外语教学，2003（6）：29-31.

［249］王学俭，石岩.新时代课程思政的内涵、特点、难点及应对策略[J].新疆师范大学学报（哲学社会科学版），2020，41（2）：50-58.

［250］王颖.论输出对外语语感培养的作用[J].山东大学学报（哲学社会科学版），2003（6）：81-84.

［251］王瑜.大学生使用人工智能技术辅助移动学习英语词汇的行为意向影响因素研究[J].现代远距离教育，2023（5）：72-80.

［252］王宇.策略训练与听力教学[J].外语与外语教学，2000（8）：61-63.

［253］王展锋.中学英语听力教学浅探[J].中小学英语教学与研究，2001（4）：24-25.

[254] 文秋芳，王立非．影响外语学习策略系统运行的各种因素评述[J]．外语与外语教学，2004（9）：28-32．

[255] 邬向明．课程改革：问题与对策[J]．课程·教材·教法，2005（2）：4-7．

[256] 伍志鹏，吴庆麟．认知主义学习观与情境主义学习观[J]．上海教育科研，2010（10）：48-51．

[257] 席春玲．陶行知生活教育理论对当今中小学英语教学的启示[J]．课程·教材·教法，2006（10）：86-88．

[258] 夏谷鸣．正确把握英语课堂交互活动的走向：英语课程教学活动反思之二[J]．中小学外语教学（中学），2002（7）：23-26．

[259] 夏侯富生．我国中小学英语教学衔接问题与对策[J]．基础教育外语教学研究，2003（6）：12-15．

[260] 肖俊敏，王春辉．虚拟现实技术在语言教育中的应用：研究现状、作用机制与发展愿景[J]．首都师范大学学报（社会科学版），2023（5）：91-105．

[261] 谢志贤，张玉双．外语教学流派对基础教育英语教学大纲的影响[J]．长春大学学报，2007（3）：94-97．

[262] 辛继湘，李瑞．新课标视野下教师核心素养的构成及发展路径[J]．教育科学，2023，39（5）：51-58．

[263] 徐海铭．近30年中国英语课程设计范式变革之检讨及其现实启示[J]．南京师大学报（社会科学版），2005（3）：79-84．

[264] 杨惠雯．观照核心素养的人本价值：基于布鲁纳两种思维模式的反思与启示[J]．全球教育展望，2023，52（8）：30-44．

[265] 杨维东，贾楠．建构主义学习理论述评[J]．理论导刊，2011（5）：77-80．

[266] 杨祥，王强，高建．课程思政是方法不是"加法"：金课、一流课程及课程教材的认识和实践[J]．中国高等教育，2020（8）：4-5．

[267] 杨小鹃．外语教学法的继承与发展[J]．课程·教材·教法，2004（11）：68-73．

[268] 杨媛媛.基于核心素养的基础教育阶段英语课程政策实施研究[D].上海：上海外国语大学，2021.

[269] 银海强.大学生学习"缺位"分析与自主学习能力培养[J].中国大学教学，2020（7）：61-66.

[270] 余必正.听力课教学"三阶段"模式与英语素质教育[J].现代中小学教育，2001（3）：28-29.

[271] 余文森，龙安邦.实践：指向核心素养的课堂教学行动属性[J].教育研究与实验，2023（2）：58-65.

[272] 余文森.从三维目标走向核心素养[J].华东师范大学学报（教育科学版），2016，34（1）：11-13.

[273] 余文森.树立与新课程相适应的教学观念[J].教育研究，2002（4）：58-61.

[274] 俞聪妹.基于核心素养的英语教学深化改革[J].中国教育学刊，2023（8）：41-43.

[275] 张伯兴.陶行知的课程观及其现代价值[J].中国教育学刊，2004（10）：23-26.

[276] 张成国.浅谈中学英语听力教学[J].钦州师范高等专科学校学报，2004（2）：101-104.

[277] 张华，刘宇.试论课程变革的文化问题[J].教育发展研究，2007（1）：17-21.

[278] 张华.论核心素养的内涵[J].全球教育展望，2016，45（4）：10-24.

[279] 张佳妮.自主学习策略如何影响学业成绩？：基于四川省2153名高中毕业生的调查研究[J].教育科学研究，2024（7）：44-51.

[280] 张青根，唐焕丽.课程学习与本科生批判性思维能力增值：基于2016-2019年"全国本科生能力追踪调查"数据的分析[J].高等教育研究，2021，42（8）：79-88.

[281] 张献臣.新课程理念下中小学英语教学需要处理的几个辩证关系[J].课程·教材·教法，2007（4）：41-45.

［282］张艳华.当代国外外语课程变革经验及借鉴[J].辽宁教育行政学院学报，2006（4）：40，42.

［283］赵辉.实施新课程过程中教师应有的意识[J].安徽教育，2002（19）：27-29.

［284］赵连杰.基础英语教育的学科育人价值探究[J].中小学教师培训，2017（1）：52-56.

［285］赵昱.新课程标准下中小学英语教学衔接的研究[D].长春：东北师范大学，2006.

［286］赵中建，贾爱武.走向沟通和理解：美国21世纪外语学习的"5C"共同标准[J].全球教育展望，2002，31（6）：57-62.

［287］周相利.图式理论在英语听力教学中的应用[J].外语与外语教学，2002（10）：24-26.

［288］朱莎，李环，吴砥，等.面向未成年人的人工智能核心素养构建：面向未成年人的人工智能技术规范研究（二）[J].电化教育研究，2023，44（6）：15-21，53.

［289］朱莎，杨洒，李嘉源，等.智慧课堂情境的课程核心素养评价范式[J].开放教育研究，2024，30（1）：83-88.

［290］BENSON P, VOLLER P. Autonomy and independence in language learning[M]. London: Routledge, 2014.

［291］DUNKEL P. Listening in the native and second / foreign language : toward an integration of research and practice[J]. TESOL Quarterly, 1991, 25(3): 431-457.

［292］ELLIS R. Task-based language learning and teaching[M]. London: Routledge, 2017.

［293］KRASHEN S. Principles and practice in second language acquisition[M]. New York: Pergamon Press, 1982.

［294］LUND R J.A taxonomy for teaching second language listening[J]. Foreign language annals, 1990, 23(2): 105-115.

［295］GARMAN M. Psycholinguistics[M]. Combridge: Cambridge University Press, 2002.

［296］O'MALLEY J M, CHAMOT A U, KUPPER L. Listening comprehension strategies in second language acquisition[J]. Applied Linguistics, 1989, 10 (4): 418-437.

［297］ROST M, CANDLIN C N. Listening in language learning [M]. London: Routledge, 2014.

［298］ZHOU H Y.Listening improvement[J].纺织高校基础科学学报, 1998(3): 98-100.